关注
未成年人安全

以刑法视角解析案例

符艳红　李训季◎主编

中国社会出版社

国家一级出版社·全国百佳图书出版单位

图书在版编目（CIP）数据

关注未成年人安全：以刑法视角解析案例／符艳红，
李训季主编. —北京：中国社会出版社，2018.6

ISBN 978-7-5087-5596-0

Ⅰ.①关… Ⅱ.①符…②李… Ⅲ.①刑法—案例—
中国—青少年读物 Ⅳ.①D924.05-49

中国版本图书馆 CIP 数据核字（2018）第 130445 号

书　　名：关注未成年人安全：以刑法视角解析案例
主　　编：符艳红　李训季

出 版 人：浦善新
终 审 人：李　浩
责任编辑：陈贵红

出版发行：中国社会出版社　　　　邮政编码：100032
通联方式：北京市西城区二龙路甲 33 号
电　　话：编辑部：（010）58124828
　　　　　邮购部：（010）58124848
　　　　　销售部：（010）58124845
　　　　　传　真：（010）58124856
网　　址：www.shcbs.com.cm
　　　　　shcbs.mca.gov.cn
经　　销：各地新华书店

中国社会出版社天猫旗舰店

印刷装订：北京盛彩捷印刷有限公司
开　　本：170mm×240mm　　　1/16
印　　张：17
字　　数：230 千字
版　　次：2018 年 8 月第 1 版
印　　次：2018 年 8 月第 1 次印刷
定　　价：59.00 元

中国社会出版社微信公众号

编审委员会

献给关心下一代健康成长的家长和老师！
献给关心儿童健康成长的中国宋庆龄基金会！

目　录

第三编　家庭保护未成年人相关知识

第一编　父母职责依法保护未成年人

　　受"望子成龙，望女成凤""养不教父之过，教不严师之惰"等传统观念的影响，我国的绝大多数父母和教师对孩子都是严苛的，这种严苛有时候达到了不近人情甚至触犯刑律的程度。正如"南京虐童案"中小虎的养母一样，从为人父母的角度来看，她的出发点是好的，想把小虎培养出来，教育小虎做人要诚实不能撒谎。但是她的教育方式是不对的，从法理的角度看，是涉嫌犯罪的。可以这么说，这是一次带着责任与疼爱的虐童事件。有人认为"棍棒出孝子"，也有人认为，父母对孩子的教育本属于家事，法律无权干涉。笔者对上述两种观点均持否定态度。未成年人作为社会成员中的一员，其享有自身人权不受非法侵犯的权利，作为家庭成员的监护人也有尊重和保障未成年人人权的义务。"棍棒出孝子"的理论有可能造成家庭成员对未成年人人权的粗暴践踏，于情于法都是不能成立的伪命题。同时，在依法治国的大背景下，家庭不能也不应该成为法外之地。家庭成员对未成年人的教育也必须在法治的轨道上进行，否则将被追究法律责任。

保护未成年人的成长，不仅是中国家庭的责任和愿望，也是全世界人民的共同愿望和责任。在法治社会，依法保护未成年人已成为全世界的共识。为此，联合国在 1989 年 11 月 20 日的会议上通过了《儿童权利公约》，是第一部有关保障儿童权利且具有法律约束力的国际性约定，并涵盖所有人权范畴，保障儿童在公民、经济、政治、文化和社会领域中的权利。1999 年，该公约共有 192 个缔约国，得到大部分联合国成员承认，只有美国和索马里没有加入。

　　无论是大陆法系还是英美法系的立法，都反映出对未成年子女最大的利益保护，同时，在确定父母离婚后对子女的亲权问题时，都贯穿了"子女最佳利益"这一立法原则，不论是父母协议确定，还是法院裁决确定亲权，都要符合子女的最佳利益；亲权（或监护权）确定后，当事人不得擅自变更。若确因客观情况发生变化需要变更的，当事人可向法院提出申请，但是其变更仍以符合子女的利益为原则。当然，两大法系的立法仍有一定的差别。大陆法系中，国家对父母离婚后子女亲权的立法比较抽象，英美法系国家的立法则对裁决监护问题时的考虑因素予以明确规定，如父母的行为、身心健康状况、职业、住所、收入状况，子女的意愿、对父母的依赖程度，等等，都是法官裁量时的参考因素。

　　法治社会中，作为未成年人的家长、老师，对于未成年人的保护必须依法进行，而懂法则是前提和基础。此编内容从宏观层面介绍了与未成年人相关的法律权益知识，以帮助家长、老师及社会各界保护未成年人。

第一章 保护未成年人是父母最重要的职责

《中华人民共和国宪法》（以下简称宪法）第四十九条规定，"婚姻、家庭、母亲和儿童受国家的保护""父母有抚养教育未成年子女的义务，成年子女有赡养扶助父母的义务""禁止破坏婚姻自由，禁止虐待老人、妇女和儿童"。宪法上的这些规定，充分保证了未成年人的生命权、人身权、生存权、受教育权的实现，是我国实施未成年人保护的基本法律。以宪法为基础，我国又制定了《中华人民共和国未成年人保护法》（以下简称未成年人保护法）、《中华人民共和国预防未成年人犯罪法》（以下简称预防未成年人犯罪法）等专门保护未成年人的法律，还在《中华人民共和国民法总则》（以下简称民法总则）、《中华人民共和国刑法》（以下简称刑法）、《中华人民共和国义务教育法》（以下简称教育法）、《中华人民共和国治安管理处罚法》（以下简称治安处罚法）等法律中，作出了相应的保护未成年人合法权益的有关规定。以上这些构成了我国保护未成年人的法律体系。

所有这些规定中，最重要的职责、最直接的关系方、最重要的后果承担方，均指向家庭，指向父母。因此，本书第一章会着重说明父母是未成年人的第一责任人，是法定的责任人，也是法律后果的承担者，有必要且必须真正了解掌握如何教育未成年人。

第一节　与"未成年人"有关的名词

当今中国，孩子是很多家庭的中心和重心。

父母节衣缩食，只为孩子锦衣玉食；父母包揽一切，孩子只需专注课业；父母生日常被遗忘，孩子庆生必定大办一场；父母病了随便吃点药，孩子病了全家睡不好……原本该是"长者先，幼者后"，现在却常常相反。比如，一盘鸡肉端上桌，父母也好，祖辈也好，都会主动把鸡腿夹到孩子碗里，嘴里还叨念着："吃这个，长高高！"殊不知，家庭的正常秩序就在这小小的"一夹"中荡然无存，孩子的心理健康成长也在这"一夹"中被重创……

保护孩子是家长的责任。宪法第四十九条的规定："婚姻、家庭、母亲和儿童受国家的保护""父母有抚养教育未成年子女的义务。"这是父母的法定义务。依法保护孩子，确切地说，利用刑法知识保护孩子，是家长最基本的工作。保护孩子不受刑事犯罪的伤害，是底线；教育孩子不违法犯罪，更是家长的基本责任。因此，笔者认为，有必要普及一些与孩子相关的刑法知识，供家长了解、学习，用以保护和教育孩子。希望通过对刑法知识的普及，使所有孩子都远离刑事犯罪的伤害，也杜绝他们以刑事犯罪的形式伤害他人。

首先，我们要厘清与孩子有关的几个概念。

1. 未成年人

"未成年人"是指未达到法定成年年龄的公民。各国法律对成年年龄的规定不同。中国的法定成年年龄为十八周岁，未成年人就是指十八周岁以下的公民。根据《中华人民共和国民法通则》第 11 条规定："十八周岁以上的公民是成年人，具有完全民事行为能力，可以独立进行民事活动，是完全民事行为能力人。"未成年人保护法第 2 条规定："本法所称未成年人指不满十八周岁的公民。"可见，从刚出生的婴儿到十八周岁以内任何年龄层的公民，不论性别、民族、家庭背景、文化程度如何，都属于未成年人的范畴。

"未成年人"是一个法律概念，其界限是明确的，由法律直接规定。在民法通则及其解释、刑法及其解释中，都以"未成年人"这一概念对该特殊群体的相关问题作出了特殊的规定。比如，民法通则第 12 条规定："十周岁以上的未成年人是限制民事行为能力人，可以进行与其年龄、智力相适应的民事活动；其他民事活动由其法定代理人代理，或者征得其法定代理人的同意。不满十周岁的未成年人是无民事行为能力人，由其法定代理人代理民事活动。"第 16 条规定："未成年人的父母是未成年人的监护人。"刑法第 262 条规定："拐骗不满十四周岁的未成年人，脱离家庭或者监护人的，处五年以下有期徒刑或者拘役。"第 347 条中规定："利用、教唆未成年人走私、贩卖、运输、制造毒品，或者向未成年人出售毒品的，从重处罚。"类似的规定举不胜举。可见，"未成年人"一词是法律中确定特定人群的一个法律用语，具有规范性、明确性、法定性的特点。我国两部未成年人的专门立法——未成年人保护法和预防未成年人犯罪法，都采用了"未成年人"一词，更肯定了该词作为一个法律概念的地位。

仅就年龄阶段而言，未成年人是一个非常年少的特殊群体，较之成年人，他们在生理与心理上具有诸多不同特点：

第一，生理特点。包括以下两个方面：一是处于儿童期的未成年人在身体结构上还非常幼稚；各脏器功能尚不完备，力量弱小，处于生长发育阶段；思维、认识和判断能力都存在局限，自我生存和防御能力较差，任何不良物质因素或精神因素的侵入，都极易造成其身心受伤。二是处于青春期的未成年人身体发育急速进行，并趋于完成；性成熟所产生的性差别明确化，性本能随之产生；身体各器官及其功能急剧变化，却不能彼此协调进行，往往导致他们对物质和精神需求比成年人更为强烈。这种生理特征使他们在适应社会时，常常遇到障碍，如不能施以合理的保护和引导，极易造成身心发展的扭曲，甚至走上违法犯罪的道路。

第二，心理特点。包括以下两方面：一是处于儿童期的未成年人具有较强的依赖心理和苛求心理；角色感较强，具有一定的自我中心意识，易于偏执，对事物理想化，容易受到情感的左右。二是处于青春期的未成年人心理逐渐趋于成熟，对成年人的依赖感减弱，日渐呈现出独立意向；逐步形成以自我为中心的倾向；情感色彩较重，易于冲动，各心理态度之间具有矛盾性。

对未成年人给予特别保护体现了党和政府对该群体的关心和爱护，同时，这也是未成年人所具有的特性决定的。保障未成年人的合法权益，是维护我国宪法和法律的统一和尊严，以及促进社会稳定的需要；促进未成年人在品德、智力、体质等方面全面发展，把他们培养成为有理想、有道德、有文化、有纪律的社会主义"四有"新人，是我国社会主义事业前进和发展的长远需要。因此，基于未成年人所处的历史地位，以及保障其所担负的历史使命的实现，就必须对未成年人群体给予特别保护。国家在法律制度上，也必须作出特殊安排，以保护他们在有利于身心健康的环境下，自由自在地成长。

2. 青少年

"青少年"是一个社会学概念，不同语境下对其界定是不同的。它在年龄上与未成年人的界定范围不同。众多专家曾对"青少年"到底应该包括哪些年龄层的人产生过争论。有人认为应在 25 岁以下，有人认为在 30 岁以下，还有人认为应该确定为 6~25 岁。争论导致针对青少年犯罪的统计标准也不一样，这必然导致青少年犯罪数量和所占比重的统计结果出现差异，有的统计中甚至提到青少年犯罪占到整个犯罪数量的 70%，有点耸人听闻。青少年的年龄到底应该怎样界定？社会学家可以长期争论下去，但这种争论和差异不应在法学概念中出现。因此，"青少年"作为一个社会学概念就不适合在法学定义中使用。

3. 儿童

"儿童"一词在联合国《儿童权利公约》中是指"十八周岁以下的任何人，除非对其适用之法律规定成年年龄低于十八周岁"。公约中所指的"儿童（child）"与我国未成年人的概念是一致的。但在我国，"儿童"的概念却不是在这一意义上使用的，而是一个模糊的概念。比如，妇联系统认为儿童是指六周岁以下的孩子；刑法中猥亵儿童罪中的"儿童"，是指十四周岁以下的人。一般语境下，儿童是与父母、妇女、老年人相对的一个概念，通常被认为是比青少年年龄更小的一个群体，但具体界限却不是很明确。所以，它也是一个容易造成混淆和争议的概念，在我国不适合作为法律概念来使用。

"未成年人"是一个法律概念，"儿童"是一个文法概念，没有可比性。"未成年人"对应的是"成年人"，"儿童"对应的则是"婴儿""少年""青年""大人""老人"这样的词语。

4. 小孩子

根据我国的法律规定，不满一周岁的属于婴儿，一周岁以上不满六周岁的属于幼儿，六周岁以上不满十四周岁的属于儿童；如果采取另一种视角，不满十八周岁的都是"未成年人"。这些都是法律上的定义，民间的定义可就多了去了。作为一个汉语词汇，"孩子"泛指儿童、儿女；而三十多岁的成年人也会因心理不成熟，而被人称为"小孩子"；另外，在父母眼中，儿女永远都是"小孩子"，"孩子"成为一种爱称。

以上，是与"孩子"相关的几个概念。

联合国《儿童权利公约》是世界公认的最重要的保护儿童的国际公约，被誉为"儿童权利的宪章"。它将儿童的权益概括为四项基本权利：生存权、受保护权、发展权和参与权。具体分项权利则包括生存权、健康权、姓名权、国籍权、肖像权、荣誉权、智力成果权、受教育权、受抚养权、医疗保健权、遗传继承权、发展权、娱乐权、闲暇权、达到就业年龄的劳动权、危机救援权、司法保护权等。2006年，我国新修订的未成年人保护法明确规定：未成年人享有生存权、发展权、受保护权和参与权四项基本权利。这是对联合国《儿童权利公约》中儿童应享有的各种权利的高度概括，较好地体现了与国际公约接轨的立法思想。同时，又强调"未成年人享有受教育权，国家、社会、学校和家庭尊重和保障未成年人的受教育权"，充分体现了我国的实际国情。

未成年人权益保护，就是基于国家、社会、学校、家庭和法律等平台保障未成年人的人身、财产和其他合法权益不受侵犯，促进未成年人身心健康和全面发展。未成年人权益的法律保护，即指对未成年人权利与利益的法律保护，包括两层含义：一是在立法层面上，以法律确立对未成年人权益的强制保护，以与对未成年人的一般保护相区别；二是指对未成年人保护负有义务的组织和个人，严格执行和遵守国家法律关于未成年人权益保护的各项规定，按照作为或不作为的要求，确保未成年人法律权益的实现。

解释法律时，一般要使用"未成年人"的表述，如果非要写"儿童"时，必须把儿童的概念定义一下。所谓"儿童权利公约"，也是先定义"儿童"的概念，因为该词不是法律概念，在法律文本里必须先定义，否则容易造成混淆。

第二节　法治社会是社会发展的必然结果

法治社会是历史的必然选择。无论是社会的和谐还是权力的监督，都是现代社会必备的发展要件，更是人民对社会的殷切希望，而实现这两个目标的有效路径就是法治。法治的价值追求也是为了和谐与发展、公平与正义。现代社会实现发展的必备要件与法治的价值追求高度一致，我们选择法治之路是历史的必然。

我们为什么选择法治？想要回答这个问题，就必须寻根溯源，探知我们最初是如何形成"法治"这个概念或范畴的。同时，也要追寻我们起初是如何实践法治、运行法治的。

在中国漫长的奴隶社会和封建社会时期，固然充斥着人治的色彩，但国家机器也充分利用"法"作为统治工具，协调统治阶级处理内部矛盾，约束与剥削被统治阶级。春秋战国，百家争鸣，儒家提出以"德治"为核心的治国方略，与法家推崇的以"法、术、势"为核心的"法治"形成鲜明对比。这两种看似水火难容的治国哲学都深深影响了中国古代的历史进程，汉代"罢黜百家，独尊儒术"后，这两种治国哲学浑然一体，以"外儒内法"的形式影响了之后两千年的中国历史，锻造出中华民族独特的共同民族心理。

在共同的中华民族心理中，古人以"定分止争"作为"法治"的基本价值要求，强调法律是用来确定人的名分、权利以及物的权属等问题，"定分"之后才能"止争"，"止争"之后就会各司其职，互不相争，进而静心劳动与生产，根本上解决社会矛盾，发展社会经济，实现"天下大同"。

与古代中国不同，以古希腊、古罗马为代表的古代西方不仅产生了早期"法治"，同时也在其政治生活、国家生活中加以实践，为世界近代法治文明的产生与发展作出了巨大贡献。古代西方的法治不单纯为了"定分止争"，而是如英国思想家洛克所言："公民的权利必须保护，政府的权力必须限制，与此背离的就不是法治社会。"在"定分止争"的基础上，西方更强调分权与制衡。

无论是东方的"定分止争"，还是西方"权力制衡"，都有共同的社会价值追求，即希望实现社会的和谐与稳定，而这正是值得我们今天探寻与学习的合理成分。从改革开放之初提出的"发展才是硬道理""稳定压倒一切"到今天的"和谐中国""法治社会"，可以说，既是一脉相承，更是在实践中发展与进步。发展的目的终究是为了人，因此，我们今天提出营建以"以人为本"为核心要务的"和谐社会"。中国当代的法治价值也从简单、机械地为了稳定发展更新为了和谐。

明确为何选择法治，不仅让我们在前进路上少了些许茫然，更使我们多了一些果敢与坚定。2016 年，中国共产党确定了第一个"百年奋斗目标"——全面建成小康社会。若要实现该目标，必然要营造良好的发展环境，同时，要想实现全面的发展、社会的和谐、政治的清廉，这些都必须依靠法治。

中共十九大报告要求"坚持全面依法治国"，这既表明法治道路的长期性和艰巨性，也向全党迈入法治道路提出了更高的要求。宪法至上，强调"依法治国，首先是依宪治国；依法执政，首先是依宪执政"，而"依宪治国"实质上就是要坚持"党的领导、人民民主与依法治国"的有机统一。"以良法促进发展、保障善治"，既是对提高立法质量的要求，又是对良法和法治作用全面、精准的阐释。十九大报告进一步提出"深化司法体制综合配套改革"的历程。"制定国家监察法，依法赋予监察委员会职责权限和调查手段，用留置取代'两规'措施。"这表明：一方面，国家监察体制的改革将由点到面；另一方面，用留置取代"两规"措施，使其法治化。可以说，十九大报告指明了今后中国法治的建设方向。

事实上，在法治社会，人类社会行为是以法律为准绳的。

法律所规定的人权是社会发展确认无疑的，在法律圈定的范围内行使自己的权利，如财产、生命等权利，这是与日常生活息息相关的正常行为，此为第一。第二则为维权，即权利受到侵害而拿起法律武器夺回和保护自己的权利，如诉讼、仲裁等，前者体现的是防卫功能，后者体现的是攻击功能。因而，法律作为武器是个矛盾体。此时，司法者就显得非常重要，公平正义是其正确执法的唯一准则。律师作为用法的主体，将以法律作为武器，做矛做盾，视公民主体行为而定，护则用盾，攻则用矛。

法律甄别的是一种或几种人类行为，这也是法律面前人人平等的原始含义。法律制止的是人类行为，保护的是人类本身。法律之无形守法无处可见，法律之有形犯法如影随形。民不知有法，触法始知法有；颁法律于众不若示案例于世，见效，始知守法，守则不触。以无形之法律警示民众，以有形之法律惩治罪犯。

法之有形有效，无论对公民抑或政府来说，都非常容易理解和操作。司法的公平，以及法律的公平是大家正在努力争取的方向。

第三节　依法治国需要全民参与

全面推进依法治国，绝非一蹴而就之事，需要广大群众积极参与。从大的方面说，依法治国事关我党执政兴国，事关人民幸福安康，事关国家长治久安，与每位公民的利益息息相关；从小的方面说，每个公民的吃穿用度等问题皆离不开法律保障，只有做到法律面前人人平等，人民的合法权益才能得到保护，哪怕鸡毛蒜皮的民事纠纷，也需要得到法律的最终解释。

没有规矩，不成方圆，依法治国就是要依规矩行事。对国家而言就是用法律制度治国，对党而言就是用党章党规管党治党，对家庭而言就是用家规家训治家。不管政府、党员干部，还是普通百姓，在法治建设的大潮中，都要怀着敬畏之心，行规矩之事，共同绘就法治中国的宏伟蓝图。

可喜的是，如今，中央已开始绘制"法治蓝图"，下一步就需要全民不断落实。在建设依法治国的道路上，政府部门和党员干部要起好带头作用，正人先正己，贯彻执行党的十八届四中全会的部署；对于普通民众来说，践行依法治国也是责无旁贷的义务，应该自觉遵守和维护。

人民群众是依法治国的主体和力量源泉，建设社会主义法治国家，必须推进全民守法。所以，依法治国应当先依法治家。

众所周知，国家是由千千万万个家庭组成的，家庭是法治教育的重要学校。推进法治社会建设，使广大人民群众成为社会主义法治的忠实崇尚者、自觉遵守者、坚定捍卫者。因此，每一个公民都是全面依法治国的执行者，都应积极主动参与到构建法治社会的行动中来。十八届四中全会明确提出，"增强全民法治观念，推进法治社会建设"，要求把法治教育纳入国民教育体系和精神文明建设创建内容。这一要求把全面推进依法治国的目标与法治社会的具体生活方式统一了起来。建设法治中国，必须高度重视、优先推动教育法治化进程，从青少年抓起。

家庭是孩子的第一所学校，父母是孩子的第一任老师，因此，我们应该把更多的精力放在如何改进家庭教育上。人的观念塑造和习惯养成基本上是在青少年时期完成的，一旦形成，则十分牢固。这就是法治教育要"从青少年抓起"的根本原因。

青少年内心缺少对法制规则的敬畏，仅靠道德诚信教育所形成的软性约束是不够的。法治教育不仅可以让青少年知法懂法，树立法治理念和法律意识，还可以使他们长期浸润在崇尚法治的文化氛围里，自觉理性地遵纪守法，养成护法精神，并对法治充满坚定的信念。在深入开展法治宣传教育、推动全社会树立法治意识的过程中，把法治教育纳入家庭教育范围，使法治教育成为家长言传身教的重要内容，很有必要。

家庭教育不仅是家庭的私事，更是具有公共利益的社会公共事务。因家长责任缺失、监管不力，危害青少年生存发展甚至生命的事件时有发生，因此，家长必须对家庭教育负起主体责任。尤其是法治教育，这不仅是家长的责任，也是其最重大的利益所在。危害青少年生存发展乃至生命的事件一旦发生，受到损害最大、最直接的就是个体家庭，家长首当其冲。

法治精神、法治观念是法治被拥护和被信仰的道德基石，强烈而深厚的法治意识是良好法律制度得以实施的内在动力、精神要素和文化基础。法治尊严的维系和良好的法治秩序，很大程度上取决于全民的守法意识、护法精神、法治文化素养，以及对法律程序价值的理解和尊重。

第四节 保护未成年人是父母最重要的职责

一、保护未成年人是全社会的共同责任

当今世界，未成年人的生存、发展和保护已成为国际社会共同关注的主题，呈现出国际化、全球化态势。在我国，虽然党和政府对亿万未成年人的生存、发展与保护给予了高度关注，作出了巨大努力，但保护未成年人的形势依然严峻，未成年人的监护制度仍显粗糙、单薄和简陋，滞后于国际层面的要求和进程，滞后于各国未成年人监护法的现代化变革，滞后于中国社会发展的客观需求和未成年人的渴望与期盼。保护未成年人，是保护几亿孩子的大事，涉及亿万家庭，关乎国家未来。做好未成年人保护工作，有利于贯彻尊重和保障人权的宪法原则，能够更好维护未成年人的合法权益。未成年人保护法明确规定"未成年人享有生存权、发展权、受保护权、参与权等权利"，并特别强调了未成年人受教育的权利，有利于促进未成年人的健康成长，保证党和国家的事业后继有人。未成年人是祖国未来的建设者，是中国特色社会主义事业的接班人。他们的成长状况直接关系到中华民族的整体素质，关系到国家前途和民族命运。未成年人保护法的立法宗旨，就是保护他们的身心健康，保障他们的合法权益，促进他们在品德、智力、体质等方面全面发展，成为有理想、有道德、有文化、有纪律的社会主义建设者和接班人，且有利于构建社会主义和谐社会，促进社会稳定和家庭幸福。孩子的问题是社会的永恒话题，是人民群众最关心、最直接、最现实的问题之一。关心未成年人的成长，为他们的身心健康发展创造良好条件和社会环境，是党和国家义不容辞的职责，是开创国家和民族更加美好未来的战略工程，也是

实现亿万家庭最大希望和切身利益的民心工程。未成年人保护法着力解决未成年人保护工作面临的突出问题，着力营造有利于未成年人健康成长的环境，对于构建社会主义和谐社会具有巨大的促进作用。

二、保护未成年人的关键是社会组织

未成年人的健康成长需要家庭的保护，也需要外界的保护和培育。目前，我国社会正处于错综复杂的变革时期，未成年人面对来自各方面的不法侵害，自我保护力和防范意识极为有限，特别是在遭受外界侵害之时，他们在体力上与侵害者存在悬殊差异，心理上存在一定恐惧感。要让未成年人完全依靠家庭或自身的力量来保护自己，是非常困难的。尽管未成年人应当加强自我保护意识和能力，但这种培养需要一个过程。在孩子的整个未成年时期，外界的保护是必备的，也是主要的。未成年人保护法规定："保护未成年人，是国家机关、武装力量、政党、社会团体、企业事业组织、城乡基层群众性自治组织、未成年人的监护人和其他成年公民的共同责任。对侵犯未成年人合法权益的行为，任何组织和个人都有权予以劝阻、制止或者向有关部门提出检举或者控告。国家、社会、学校和家庭应当教育和帮助未成年人维护自己的合法权益，增强自我保护的意识和能力，增强社会责任感。"

当前，未成年人保护工作取得了长足发展，但仍有不尽如人意之处：一是未成年人保护法律宣传工作普及面不够，还有相当一部分人不知道未成年人保护法的具体规定。部分成年公民对未成年人保护工作只停留在道德认知的水平，监督执法不严；二是未成年人保护机构协调力不够。未成年人保护工作的职能分散在各个部门，由于这些机构缺乏权威性，较难发挥协调、监督作用，直接影响未成年人保护组织职能的充分发挥以及工作正常、有效地开展；三是未成年人公民素质教育有待进一步加强。未成年人身心尚处于成长阶段，对事物抵御性弱，人格可塑性强，因此，加强未成年人的公民素质教育是未成年人保护工作的一个重点；四是未成年人保护法没有规定讯问未成年犯罪嫌疑人时，监护人可以或必须在场，只在刑事诉讼法中规定"在讯问和审判时，可以通知犯罪嫌疑人、被告人的法定代理人到场"。由于未成年人心智不成熟，在法定代理人不在场的情况下，讯问和审判容易扰乱他们的情绪，导致紧张心理，不能充分维护未成年被告人的合法利益。

针对未成年人保护工作，不仅需要加强家庭和学校的保护，也要进一步加强社会保护，在强化责任意识的基础上，明确社会各部门的法律责任，形成完整的青少年社会保护系统。对侵犯未成年人合法权益的犯罪行为，公安、法院等部门要加大执法力度，为受害者提供及时、有效的帮助。

三、父母是最重要的责任人，也是最大的受益人

儿童是祖国的花朵，也是家庭的希望和未来。监护和抚养是法律规定父母必须履行的职责。无论从社会的角度，抑或亲情角度，父母都是保护未成年人最重要、最直接的责任人。因此，法律也赋予了父母诸多义务。

第一，父母要尊重和保护未成年人的权利，将其视为家庭保护之根本。未成年人保护法规定：在家庭中，父母不能虐待、遗弃未成年人，也不能实行家庭暴力，应保护其人身与财产权利不受侵犯。有的家长总是相信"棍棒底下出孝子"，动不动就使用武力，认为"自己的孩子想打就打，别人管不着"。为此，一是未成年人保护法明确规定："禁止对未成年人实施家庭暴力，禁止虐待、遗弃未成年人，禁止溺婴和其他残害婴儿的行为，不得歧视女性未成年人或者有残疾的未成年人。"这是站在保护未成年人人身权利和人格尊严的立场上，对中国固有的"棍棒出孝子""不打不成才"的传统观念的否定，是对父母凭借孩子对成年人在人身和经济等方面的依赖，任意伤害孩子的行为的限制。二是"父母或者其他监护人应当根据未成年人的年龄和智力发展状况，在作出与未成年人权益有关的决定时告知其本人，并听取他们的意见"。

这是对未成年人参与权的保护。换言之，父母应当把孩子作为独立个体，给他们表达意愿和选择的权利，不能忽视孩子的需求，而以自身的好恶违背孩子的意愿，决定他们的事项。三是规定"父母或者其他监护人应当关注未成年人的生理、心理状况和行为习惯，以良好的品行和适当的方法教育和影响未成年人，引导未成年人进行有益身心健康的活动"，与学校配合，"保证未成年学生的睡眠、娱乐和体育锻炼时间"，体现了对未成年人发展权的保护。所谓"适当"，就是要符合孩子的特点和需求，以孩子的长远利益为出发点，对他们实施教育和保护，不能只盯着孩子的学习，而忽视全面发展，不能只顾眼前，而不顾长远。对子女的不良行为要及时制止和有效地进行纠正，不能姑息迁就，包庇护短，更不能纵容，不予批评、不予处理，而应采取批评、教育、训斥的方式，晓之以理、动之以情、明之以害。

第二，父母作为监护人，依法履行监护未成年人的职责，是保护的关键。在我国，家庭保护方面的突出问题是漠视孩子的权利，父母作为未成年人的监护人存在"越位"与"缺位"两种极端倾向。如一些家长以"现在的孩子越来越不好管"为借口，私自截留孩子的信件并阅读，或偷偷翻阅孩子的日记。该行为不但伤害了孩子的感情，而且违法。未成年人保护法规定："对未成年人的信件、日记、电子邮件，任何组织或者个人不得隐匿、毁弃；任何组织或者个人不得开拆、查阅。""越位"表现为"保护过度"，在养育孩子的过程中，家长包办、代替过多，为了保证孩子的学习，许多日常生活之事均由父母代劳，结果弱化了孩子自身的生存和发展能力。"缺位"是指监护责任缺失，即父母不能很好履行、甚至不行使对孩子的抚养教育义务。在农村，很多家长双双外出打工，将孩子留在家里，情况好一点的，有年迈的祖辈代为照顾；情况差一点的，只有大一点的孩子照顾年龄尚小的弟妹。为了防止"生而不养、养而不教、教而不当"，未成年人保护法规定："父母因外出务工或者其他原因不能履行对未成年人监护职责的，应当委托有监护能力的其他成年人代为监护"，也就是父母外出时要找"代家长"。同时，针对当前一些父母抛弃、虐待孩子，以及其他不履行监护义务的行为，未成年人保护法明确规定："父母或者其他监护人不履行监护职责或侵害被监护的未成年人的合法权益，经教育不改的，人民法院可以根据有关人员或者有关单位的申请，撤销其监护人资格，依法另行指定监护人。"也就是说，法院可剥夺父母的监护权，而且被撤销监护资格的父母应当依法继续负担抚养费用。

第三，父母不得让孩子辍学。为了让孩子完成义务教育阶段的学业，未成年人保护法规定："父母或者其他监护人应当尊重未成年人受教育的权利，必须令适龄未成年人依法入学，接受并完成义务教育，不得使接受义务教育的未成年人辍学。"在农村，由于自身认识上的不足或其他原因，很多父母不愿供子女上学，把他们早早推入社会，赚钱养家。此行为严重侵犯了青少年受教育的权利。对故意导致青少年中途辍学，剥夺其接受教育权利的父母，应依照法律规定追究其法律责任。青海省就发生过父母因阻碍未成年人上学，被刑事处罚的案例。

第四，创造良好环境是保护未成年人的重要条件。社会研究表明，家庭关系越是恶劣，孩子离家出走的比例和频次越高。那些最终走上犯罪道路的未成年人，多是出自亲子关系糟糕的家庭。这种恶性循环对未成年人的成长造成了严重的不良后果。

第五，父母的角色学习与教育是保护未成年人的必要前提。近年来，父母对孩子的重视达到了空前的程度，但有两个最基本的问题被忽略了：一是，未成年人有什么权利，如何保护他们的权利；二是，父母对未成年人应当履行哪些职责，法律规定的权利义务是什么。因此，要把对未成年人监护人的普法教育与家庭教育指导有机结合起来，要把父母教育作为成人教育纳入国民教育整体规划，使家庭教育知识的学习成为每个有子女公民的必修课，从根本上起到帮助和促进父母正确履行其对未成年人家庭保护职责的作用。

第六，父母学习和掌握法律知识，尤其是刑法知识，是法治社会的需要，也是保护未成年人的需要。近年来，经常发生未成年人权益受到侵害的案件，引起社会热议，成为媒体焦点。如"南京火车站猥亵儿童案""李天一案""浦口虐童案"等。这些案件的发生都与父母不懂刑法知识不无关系。"南京火车站猥亵儿童案"中，孩子的父母在旁边，如果懂一点刑法知识，及时制止，这个案件就不会发生。"李天一案"炒作到沸沸扬扬，影响如此之大，也是在案发之后。其父母若懂一些刑法知识，对孩子多一点提示，可能会改变他的人生。"浦口虐童案"中的家长如果知道打骂小孩也是在触犯法律，惨案根本就不会发生。中国是法治社会，家长学习和掌握一些法律知识，尤其是刑法知识，非常必要。只有这样，才能更好地教育子女，引导他们知法守法，避免上述案件的发生。这是法治社会对未成年人家长的基本要求。

通过提高党政机关和公务员依法保障未成年人权益的意识和水平，推动模范守法、依法行政，发挥示范作用，提高未成年人保护的法治化水平；通过面向未成年人开展内容鲜活、形式新颖的宣传教育活动，引导他们学法、懂法、守法、用法，提高法制意识、权益观念和自护能力；通过面向与未成年人联系密切的学校、家长、未成年人保护工作者等单位和个人，加强未成年人保护法律法规的学习培训，形成全社会依法保护未成年人的良好氛围。

未成年人保护问题既与每个家庭密切相关，也关系到国家的前途、民族的未来。贯彻实施好与未成年人保护有关的法律，尤其是相关的刑法，普及与未成年人有关的刑法知识，有利于促进家庭幸福和社会稳定，提高群众的责任意识和参与意识，培养社会主义事业合格建设者和接班人，促进社会主义和谐社会建设；有利于运用国家权力实现未成年人合法权益，遏制损害未成年人身心健康的行为，创造出更好的物质文化条件和社会环境，保护广大未成年人健康成长，有利于推进社会主义民主法制进程。

家长接受家庭教育指导服务的愿望十分强烈，但现有家庭教育服务资源匮乏，与儿童有关的刑法知识教育资料尤其稀缺。为此，笔者着手编写了本书，供家长学习，方便家长掌握相关的刑法知识，依法保护未成年人合法权益，言传身教法律常识，使未成年人在法治理念的家庭中长大，便于他们长大成人后，更好地融入法治社会。"以过程为导向"，帮助未成年人通过对法律规则的理解和领悟来改造自己的价值观，成为具有法治理念的有责任的公民。新时期对未成年人的法治教育，不仅要注重权利教育和义务教育的均衡，也要注重刑事法律、行政法律、民商法律的均衡，使未成年人的法治教育系统而全面。这些是家长的责任。

第二章　我国保护未成年人的法律体系

除有专门法律外，我国相当多的法律法规中都含有对未成年人进行特殊保护的规定。

专门保护未成年人的法律有：1992 年 1 月 1 日起施行的未成年人保护法；1999 年 11 月 1 日起施行的预防未成年人犯罪法。

涉及未成年人保护内容的相关法律有：作为国家根本大法的宪法，在其规定的原则性条款中有两条直接涉及保护未成年人合法权益和培养未成年人的健康成长，即第 46 条第 2 款规定："国家培养青年、少年、儿童在品德、智力、体质等方面全面发展。"第 49 条第 1 款规定："婚姻、家庭、母亲和儿童受国家的保护。"在刑法中也存在大量对未成年人犯罪进行特殊保护的规定，如刑法规定对于未成年人犯罪应当从轻减轻处罚，并且不得适用死刑；对于犯罪时未满十八周岁，被判处五年有期徒刑以下刑罚的犯罪记录应予以封存等。其他涉及未成年人保护内容的法律还有监狱法、民法通则、婚姻法、收养法、妇女权益保障法、义务教育法、教育法、职业教育法、教师法、劳动法等。

在有的司法解释中，也有保护未成年人的内容，如最高人民法院《关于办理少年刑事案件的若干规定（试行）》和最高人民法院《关于办理未成年人刑事案件适用法律的若干问题的解释》等。

本章笔者将介绍我国涉及未成年人保护最重要的一些法律，同时，也会介绍国际上其他国家对未成年人保护的一些规定。目的是希望广大未成年人的监护人、教育者，对这一体系有一个基本的认知，更好地引导未成年人成长、学习，维护他们的权益。

第一节　我国保护未成年人的现状

　　未成年人是祖国的未来、民族的希望，他们的健康成长与国家的发展密切相关。然而，在社会群体中，未成年人又是困难群体，生理心理均尚未完全成熟。正因如此，整个国家和社会都对其给予了更多的关注和关爱。法律保护是国家对未成年人进行保护最为有效和直接的方式，更是最主要的方式。

一、未成年人法律保护的必要性

　　在我国法律中，未成年人是指未满十八周岁的公民；未成年人法律保护，则是指通过法律手段保护未成年人。笔者认为，未成年人法律保护是社会发展的必然要求，也是国家发展的必然选择，其必要性主要体现在以下几点：

1. 未成年人法律保护是人权保护的一部分

　　随着人类社会不断发展，人类文明达到一个新的高度，对于人权的保护也成为国际社会关注的重要问题。我国作为国际社会的重要组成部分，也十分重视人权保护，而未成年人法律保护正是人权保护的一部分。所谓人权保护，就是保护人作为社会组成中的个体，即人作为一个"人"的基本权利。在人权保护的过程中，对于老弱病残、妇女儿童的保护是基本要求。前文提到，未成年人本身就属社会困难群体，因此，其基本权利更易受到侵害，而法律作为保护权利的基本途径，自然要对未成年人予以特殊的保护。总之，未成年人法律保护是人权保护的一部分，这是未成年人法律保护必要性的重要体现。

2. 未成年人法律保护是依法治国推进的重要方式

　　所谓依法治国，就是依照体现人民意志和社会发展规律的法律治理国家，而非依照个人意志、主张治理国家；要求国家的政治、经济运作，以及社会各方面的活动通通依照法律进行，而不受任何个人意志的干预、阻碍或破坏。简单地说，就是国家的各项活动均严格依照法律规定进行。从人权的角度，从国家长远发展的角度，社会都应该保护未成年人，而在依法治国的推进过程中，这种保护除了基本的道德上的保护之外，更多的还需要依靠法律途径；而从另一个角度讲，未成年人法律保护是践行依法治国的体现。

二、未成年人法律保护的现状

对于未成年人的法律保护，不同的国家有不同的方式。国际上有联合国《儿童权利公约》，以国际法的形式保护未成年人。除此之外，各国以单独立法或在立法中明确保护未成年人的形式，实现了未成年人的法律保护。我国未成年人法律保护依赖于国家颁行的法律。我国初步建成的相对独立和完整的未成年人权益保护法律体系，包括宪法、行政法律、民事法律、刑事法律、程序法和国际法等法规，以及少年司法制度等具体法律制度。其中，不同类型的法律发挥着不同的作用。传统的权利保护模式强调这些法律规范的有效性，通过法律制度来引导和塑造公民、法人和其他社会组织的行为，并通过制裁或司法救济来约束和保障他们的权利。这是非常典型的法治主义理念。权利保护的核心地带正是"行为规范、权利救济、司法审查"，而少年司法制度自然是重中之重。

宪法为未成年人权益保护提供了基础。宪法是国家的根本大法，其创设的公民基本权利以及国家义务都对未成年人发挥效力。同时，宪法还特别规定了有关青少年/未成年人的内容，主要体现在宪法第46条。通过宪法规范能够建立起一套青少年/未成年人的权益保护机制。宪法上的"基本权利—国家义务"结构是青少年权益保护机制的核心。宪法保护是"一般保护"和"特殊保护"的结合——"一般保护"是指宪法的规定对其而言都是有效的，而"特殊保护"则指宪法关于青少年／未成年人的特殊规定具有特殊保护的意义。实际上，"一般保护"和"特殊保护"在本质上都要求国家承担起特定的义务，只不过义务的范围及内容稍有不同；而"特殊保护"之"特殊"是因为它还能成为限制基本权利行使的理由。这些国家义务首先就是立法（机关）具体化宪法内容的义务，向立法义务的延展说明宪法保障的复杂性，它直接开启了一个未成年人权益保护的政治过程，并确定了这个过程必须遵循的一般原则。而且，宪法规定的内涵彰显了政府主动发挥管理职能的可能和意义，表明在青少年权益保护方面国家的积极义务，这是国家特别介入到未成年人权益保护领域的重要依据。此外，宪法还要求国家机构建设一定的协调和配合机制，这也属于政治过程层面的内容。易言之，从宪法规范出发的未成年人权益保护，本身不只是强调规则之治，也关注组织结构和政治过程——这就包括国家机关、社会组织及其相互关系和功能发挥，以及政治过程中不同利益集团的接近、施压和平衡。

在我国的法律体系中，有些部门法以专门法律条文的形式规定了对未成年人的保护。有些部门法虽未有明确的法律条文规定，但在总则中以原则形式，或者通过在整个立法过程中提出保护未成年人的精神形式，实现了保护未成年人的目的。行政法律、民事法律、刑事法律、程序法等法律，为落实宪法保护未成年人权益提供了具体的支持。在民法中，也有关于保护未成年人的规定，比如对民事行为能力人的规定，实际上就是保护未成年人的一种形式。如民法中对未成年人民事行为能力的划分，保护了未成年人在不同年龄阶段不同的保护需求。行政法规定了对未成年人侵权发生后的行政处罚措施，这是通过行政手段保护未成年人的强制保证。我国刑法中对未成年人的保护是比较多的，不管从定罪方面，还是在量刑中，以及刑法的执行环节，都有关于未成年人的特殊规定：十四周岁以下的儿童不受刑法追究；十四周岁到十八周岁之间的未成年人犯罪从轻处罚。当然，对侵犯儿童权益的违法犯罪要从重处罚。在程序法上，对未成年人犯罪设置了不公开审理的特殊程序。

这些部门法中，关于未成年人保护的具体规定与宪法一道，构成了未成年人保护的法律体系，在制度上实现全面保护未成年人的合法权益。

此外，未成年人权益保护的两部基本法律——未成年人保护法和预防未成年人犯罪法，在目标和制度设计方面都具有综合性和全面性。我国的未成年人保护法于1991年公布，此后，以社会发展和实践需求为基础，不断被完善和修改；2012年第二次修订之后，已基本能够满足社会保护未成年人的需求。未成年人保护法的目标是"保护未成年人的身心健康，保障未成年人的合法权益，促进未成年人在品德、智力、体质等方面全面发展，培养有理想、有道德、有文化、有纪律的社会主义建设者和接班人"。这也反映出该法在具体内容上设定的责任和义务主体是具有广泛性的，"保护未成年人是国家机关、武装力量、政党、社会团体、企业事业组织、城乡基层群众性自治组织、未成年人的监护人和其他成年公民的共同责任。"保护措施也是多样的，包括家庭保护、学校保护、社会保护、司法保护等。因此，从目标、主体与措施上看，未成年人权益保护彰显的正是法治社会背景下，对国家权力、社会自治以及公民行为在保护未成年人健康成长过程中的具体要求。未成年人保护法包括总则、分则和附则三部分，其中，总则部分规定了未成年人保护法的基本原则以及保护范围等，而分则部分则从家庭、社会、学校以及司法四个角度列明了各个社会主体在保护未成年人过程中所应承担的义务和基本责任。可以说，我国的未成年人保护法已经比较详细地规定了社会主体的义务，以及未成年人的权利，同时也规定了侵害未成年人权利的处罚，这是保护未成年人的明确法律指导，突出了未成年人在社会生活中的重要性。

第二节　国外对未成年人的特殊法律保护

一、大陆法系国家对未成年人权益的保护

大陆法系国家对未成年人权益的保护主要体现在亲权制度上。亲权制度在父母子女血缘关系的基础上，依法律的直接规定而发生，认为是人类社会的一种天职。父母对未成年子女的哺育、监护或教育就是亲权制度的核心内容。"大陆法系国家的亲权制度大多受日耳曼法影响，以保护、抚育未成年子女为中心，不仅表现为权利，而且更多地表现为义务。"虽然，各国法律对亲权的规定表述不同，但其基本内容大致一样。各国亲权立法大都以明示的方法赋予父母保护教养子女的权利，并对权利的内容作出了明确的规定。如《日本民法典》规定未成年子女要服从父母的亲权，并指明亲权的内容包括身体上的监护权及财产管理权；亲权人在法律规定范围内，可以自主决定教养子女的事项和实施有关保护行为，自主地要求他人履行法定义务，在权利受到侵害时，自主地选择救济方式，从而实现保护教养子女的目的。亲权同时又是父母的法定义务。由于亲权以保护教养子女为目的，为使子女权益有所保障，法律同时确认亲权人负有保护教养子女的义务。因此，父母原则上不得抛弃法律所认可的家长身份与地位，不得转移此权利于他人。父母对无独立生活能力的子女进行教养、保护，是人类的天性，也是对国家社会应尽的义务。

随着离婚率迅猛上升，卷入离婚纠纷的子女不断增加，人们开始强烈意识到保障未成年子女利益的必要性。20 世纪六七十年代，各国纷纷把"子女最佳利益"写进离婚立法。

《德国民法典》规定：当父母不能同居在一起时（暂时分居除外），父母应

决定由何方行使对子女的亲权；在处理父母分居后的子女亲权问题时，始终贯穿着"子女最佳利益"这一立法原则：如果子女已满十四周岁，须考虑该子女的意见；只要父母能达成一致意见，且不违背子女利益，父母即使分居仍可共同行使亲权；但当父母不能达成一致意见，或者家事法院不能接受父母所提出的建议，或者因子女已满十四周岁并提出不同于父母的建议时，家事法院只能以"子女最佳利益"为判决标准，来决定子女亲权的归属。

《法国民法典》第287条规定："根据未成年子女的利益，对子女的照管可托付于夫妻一方或他方。有特别情形，或子女的利益所要求，前项对子女的照管须托付于其亲属中优先选定的一人，如有可能，亦须托付于教育机构。"第287-1条规定："在对子女的临时或最终照管以及对探视权利作出裁决以前，法官须委派一切有资格人士进行社会调查。调查的目的是为收集家庭的物质和精神状况，其子女生活及受教育的条件以及有必要采取的措施等情况。如夫妻中一方对社会调查结论提出异议，须请求进行复核调查。"第289条规定："应夫妻一方、家庭某一成员或监察部门的请求，法官须就由何方照管子女行使亲权的方式作出裁决。"第290条规定，法官应考虑到："①夫妻间已签订的协定；②根据第287-1条规定所作的社会调查及复核调查中收集到的情况；③未成年子女的意见，如有必要听取其意见，而听取意见对其又无不便之处。"由此可见，法国立法对父母离婚后的子女亲权问题持十分谨慎的态度，以期法官能够作出符合未成年子女最佳利益的裁决。裁决作出后，法官还可以根据有关当事人或监察部门的请求，对原决定作出修改或补充。第292条规定："在双方共同请求离婚的情况下，因重大理由并应夫妻一方或检察部门的请求，须重新审议。"法国的父母离婚时，对子女的亲权等问题允许其进行协商，但这些问题的最终裁决仍须由法官作出。

在日本，父母离婚时，应协商确定由何方行使对子女的亲权，如果达不成协议，则由法院裁决。《日本民法典》第819条规定："（1）父母协议离婚时，应以其协议确定一方为亲权人；（2）裁决离婚情形时，法院确定父母一方为亲权人;(3)父母于子女出生前离婚时,由母行使亲权。但子女出生后,可以以父母的协议确定父为亲权人。(4)第一款和第三款或前款的协议不成或不能协议时,家庭法院经父母一方的请求,可以以审判代替协议。"还就亲权之变更作出规定:"认定为子女利益所需要时,家庭法院因子女亲属的请求,可以变他方为亲权人。"

二、英美法系国家对未成年人权益的保护

大陆法系一般严格区分亲权和监护权,并对二者内容有不同的规定,对亲权保护的未成年人不设监护人。而英美法系国家法律并未明确设立亲权制度,"亲权与监护不分,总称为监护,父母为当然监护人;无父母时,再另设监护人。"英美法系国家也非常注重对未成年人权益的保护,强调家庭生活条件要符合孩子的最大利益。如美国设有许多未成年人福利政策。儿童保护服务、寄养照顾及领养服务是美国自 1960 年以来儿童福利政策的重点。近年来,儿童福利服务更包括了儿童的日托照顾、对未婚少女怀孕的服务及妇幼卫生保健等项目。美国国会于 1974 年通过了预防虐待儿童法,要求"各州制定法律,对虐待、忽视或遗弃儿童情况必须举报,以便于儿童保护部门能够及时对处境危险的儿童提供救济",并于 1980 年通过了收养援助及儿童福利法,确立了美国儿童保护的实施做法及取向。有关儿童照顾方面的联邦政策与法令,有家庭保护法案、儿童营养修正案、儿童安全保护法案、儿童健康法案等;为防止虐待未成年人,颁布了家庭暴力保护法案、儿童虐待受害者权利法案等;还有防止未成年人遭受性侵犯的儿童性暴力及色情法案、儿童保护及猥亵执行法案等。

在对离婚家庭未成年子女的保护上,《英国家庭法》规定法院在处理父母离婚后的子女问题时,也以符合子女的最佳利益为原则。法院在作出裁决时,须考虑子女的意愿、父母的行为及住所等各方面因素。在美国,处理离婚后的子女保护同样以符合子女最佳利益为原则。《美国统一结婚离婚法》第 402

条明确规定："法庭应使有关监护权的决定符合子女的最佳利益。法庭要考虑所有有关事实，包括：①子女的父母一方或双方在监护问题上的愿望；②子女在监护人选问题上的愿望；③子女与父母一方或双方，其兄弟姐妹及其他对其最大利益有影响的人相互之间的作用和关系；④子女对家庭、学校和居住区的适应；⑤所有有关监护关系者身心健康状况。"

以上两大法系的立法都反映出在亲权问题上对未成年子女最大的利益保护，同时，在确定父母离婚后对子女的亲权问题上，都贯穿了"子女最佳利益"这一立法原则，不论是父母协议还是法院裁决确定亲权，都要符合子女的最佳利益；亲权（或监护权）确定后，当事人不得擅自变更。若确因客观情况发生变化需要变更，当事人可向法院提出申请，但是其变更仍以符合子女的利益为原则。当然，两大法系的立法仍有一定的差别。大陆法系国家对父母离婚后子女亲权的立法比较抽象，英美法系国家的立法则对裁决监护问题时的考虑因素予以明确规定，如父母的行为、身心健康、职业、住所、收入状况，子女的意愿，子女对父母的依赖程度等等，都是法官裁量时的参考因素。两大法系对亲权（监护权）制度的详细规定都值得我国借鉴。

第三节　我国保护未成年人的重要法律

一、宪法

宪法规定了国家的根本制度和根本任务，公民的基本权利和义务，国家机构的组织原则和职权，是国家的根本大法，是治国安邦的总章程，具有最高的法律地位、法律权威、法律效力，具有根本性、全局性、稳定性、长期性，任何组织或者个人都不得有超越宪法和法律的特权。一切违反宪法和法律的行为，都必须予以追究。

《中华人民共和国宪法》是中华人民共和国全国人民代表大会制定和颁布的国家根本大法，具有最高的法律效力，一切法律、法规都必须依据宪法，不得同其相抵触。中华人民共和国建立前夕颁布的《中国人民政治协商会议共同纲领》起到了临时宪法的作用。中华人民共和国成立后，先后制定了四部宪法，即 1954 年、1975 年、1978 年和 1982 年的《中华人民共和国宪法》。第四部宪法自颁布实施以来，先后作过四次修改和补充。

1.首部宪法（1954年）

1954 年 9 月 20 日，第一届全国人大一次会议通过、颁布了《中华人民共和国宪法》。这是中华人民共和国的首部宪法，是在对新中国成立前夕由全国政协制定的具有临时宪法作用的《共同纲领》的基础上进行修改制定的。毛泽东率领宪法起草小组，为中华人民共和国起草了第一部宪法草案。他说："宪法是一个国家的根本法，从党的主席到一般老百姓都要按照它做，将来我不当国家主席了，谁当也要按照它做，这个规矩要立好。"

对于宪法草案的内容，毛泽东在《宪法草案初稿说明》中进行了总结：一是宪法草案从法律上保证实施过渡时期的总路线；二是宪法草案从法律上保证发展国家的民主化；三是宪法草案从法律上加强各民族的团结；四是宪法草案是《共同纲领》的发展；五是宪法草案的结构和文字力求简明，字数连序言不超过一万字。

1954 年 6 月 14 日，毛泽东主持召开中央人民政府委员会第三十次会议，通过了《中华人民共和国宪法草案》和《关于公布中华人民共和国宪法草案的决议》。9 月 20 日，第一届全国人民代表大会第一次会议通过了《中华人民共和国宪法》。

2. 第二部宪法（1975年）

1975年1月17日，第四届全国人大第一次会议通过、颁布了中华人民共和国第二部宪法，共四章三十条。

3. 第三部宪法（1978年）

1978年3月5日，第五届全国人大第一次会议通过、颁布了中华人民共和国第三部宪法，共四章六十条。1979年7月的第五届全国人大二次会议和1980年9月的第五届全国人大三次会议分别对这部宪法进行了修改。

4. 第四部宪法（1982年）

1980年下半年，在叶剑英委员长直接主持下，我国开始对宪法进行大规模、全局性的修订。经过两年多的讨论、修改，以及全民讨论，1982年12月4日，中华人民共和国第四部宪法在第五届全国人大第五次会议上正式通过并颁布。该宪法继承和发展了1954年宪法的基本原则，总结了中国社会主义发展的经验，吸收了国际经验，是一部具有中国特色、适应中国社会主义现代化建设需要的根本大法。它明确规定了中华人民共和国的政治制度、经济制度、公民的权利和义务、国家机构的设置和职责范围、今后国家的根本任务等。其根本特点是，规定了我国的根本制度和根本任务，确定了四项基本原则和改革开放的基本方针。它规定全国各族人民和一切组织都必须以宪法为根本的活动准则，任何组织或个人都不得有超越宪法和法律的特权。这部宪法分为序言，总纲，公民的基本权利和义务，国家机构，国旗、国歌、国徽、首都五个部分，共四章一百三十八条。

5. 对第四部宪法的修改和完善

为适应中国经济和社会的发展变化，全国人大分别于1988年4月、1993年3月、1999年3月、2004年3月对1982年颁布的宪法逐步进行了修改、完善。

1988年4月12日，第七届全国人大一次会议通过的宪法修正案，对私营经济的地位、作用和国家对私营经济的政策作了明确规定；对土地使用转让的问题作了补充规定。这是中国第一次采用宪法修正案的形式修改宪法。

1993 年 3 月 29 日，第八届全国人大第一次会议通过的宪法修正案，对原宪法作了九处修改，将"社会主义初级阶段""建设有中国特色的社会主义的理论""坚持改革开放"及"中国共产党领导的多党合作和政治协商制度"等写入宪法；将"国营经济"修改为"国有经济"；将"国家在社会主义公有制基础上实行计划经济"修改为"国家实行社会主义市场经济"。修正案内容还涉及政协制度、县市级人民代表大会任期等。

1999 年 3 月 15 日，第九届全国人大二次会议再次通过宪法修正案，对原宪法作了六处修改，把"邓小平理论"的指导思想地位、依法治国的基本方略、国家现阶段的基本经济制度和分配制度以及非公有制经济的重要作用等写进了宪法。

2004 年 3 月 14 日，第十届全国人大二次会议通过宪法修正案，对原宪法做了修改。宪法修正案确立"三个代表"重要思想在国家政治和社会生活中的指导地位，增加推动物质文明、政治文明和精神文明协调发展的内容，在统一战线的表述中增加社会主义事业的建设者，完善土地征用制度，进一步明确国家对发展非公有制经济的方针，完善对私有财产保护的规定，增加建立健全社会保障制度的规定，增加尊重和保障人权的规定，完善全国人民代表大会组成的规定，作出关于紧急状态的规定，规定国家主席进行国事活动的职权，修改乡镇政权任期的规定，增加对国歌的规定等。

在 2004 年的宪法修改中，将人权单独成章，凸显国家对人权的重视。摒弃人治，实行依法治国是对我国多年治国经验的总结，也为 21 世纪的国家治理指明了方向。

宪法针对未成年人的权益保护方面，也有很多更明确、更具体的规定。宪法第 19 条规定："国家发展社会主义的教育事业，提高全国人民的科学文化水平。国家举办各种学校，普及初等义务教育，发展中等教育、职业教育和高等教育，并且发展学前教育。""国家鼓励集体经济组织、国家企业事业组织和其他社会力量依照法律规定举办各种教育事业。""国家推广全国通用的普通话。"第46条规定："中华人民共和国公民有受教育的权利和义务。""国家培养青年、少年、儿童在品德、智力、体质等方面全面发展。"第49条规定："婚姻、家庭、母亲和儿童受国家的保护。""父母有抚养教育未成年子女的义务，成年子女有赡养扶助父母的义务。""禁止破坏婚姻自由，禁止虐待老人、妇女和儿童。"

以上这些规定，是对未成年人人权的基本保障，可作如下解读：

（1）国家保护未成年人的生存权。这主要体现在宪法第49条："婚姻、家庭、母亲和儿童受国家的保护。""父母有抚养教育未成年子女的义务，成年子女有赡养扶助父母的义务。""禁止破坏婚姻自由，禁止虐待老人、妇女和儿童。"

家庭是以婚姻和血缘关系为基础而结成的共同生活组织，主要包括父母、子女等成员。法律保护家庭是指法律保护家庭成员的身份关系、由身份关系而产生的各种权利和义务关系，以及财产关系、继承关系、抚养关系等。宪法规定了家庭关系中父母具体的义务：①父母有抚养教育未成年子女的义务。"抚养"即抚助养育，是指父母为子女提供基本的生活保障，照顾子女的身心健康，并保护他们的权利和利益。"教育"是指家庭教育，即父母在家庭中有责任对子女进行德、智、体方面的基本教育。"未成年子女"是指未满十八周岁的子女。②禁止虐待老人、妇女和儿童。"虐待"是指在生活上、身体上、精神上对老人、妇女和儿童进行摧残和迫害的行为。根据我国刑法的规定，破坏婚姻自由以及虐待老人、妇女和儿童，情节恶劣者，构成犯罪行为，需要承担相应的刑事责任。

（2）保护未成年人的受教育权。宪法第49条规定："父母有抚养教育未成年子女的义务。"第46条规定："中华人民共和国公民有受教育的权利和义务。""国家培养青年、少年、儿童在品德、智力、体质等方面全面发展。"

"受教育的权利"，是指公民有从国家获得接受教育的机会以及接受教育的物质帮助的权利。其中，教育的形式有学校教育、社会教育、成人教育、自学等。教育内部的等级包括学龄教育、初等教育、中等教育、高等教育以及职业教育等。人的社会性决定了人必须受教育，才能获得身心的发展，成为社会中合格的一员，实现个人的其他自由和权利。人类历史发展的规律决定了人作为社会的一员，只有接受教育，才能适应社会和历史发展的要求，才能做社会和国家的主人，并在社会和历史的发展中起推动作用。受教育权是实现其他人权的基础。受教育权是公民文化权利的重要内容。这一权利在很大程度上决定了公民其他权利实现的程度。公民在政治方面的言论、出版、选举等自由和权利的实现程度，取决于其受教育的程度。一切公民不分种族、性别、身份、财产、宗教、阶级、党派，受教育的机会应当一律平等，不得以各种外加条件，剥夺公民的受教育权。受教育权的平等，是指受教育机会的平等。教育权的平等有两个限制：一个是年龄的限制，比如九年制义务教育的对象只能是适龄儿童；另一个是能力的限制。平等是按能力的平等。教育是一个特殊的领域，要完成受教育的任务，一个根本性的条件就是以能力为限，而检验能力的标准就是考试。所以，考试制度是在教育方面实现受教育机会平等的基本标准。我国宪法规定，公民在法律面前一律平等。教育法第 9 条规定："公民不分民族、种族、性别、职业、财产状况、宗教信仰等，依法享有平等的受教育机会。"第 36 条规定："受教育者在入学、升学、就业等方面依法享有平等权利。""学校和有关行政部门应当按照国家有关规定，保障子女在入学、升学、就业、授予学位、派出留学等方面享有与男子平等的权利。"

　　将公民受教育的义务界定于学龄儿童、少年阶段，主要是基于以下几项考虑：第一，作为社会的成员之一，每一个公民都必须掌握一些区别于动物的基本生产、生活技能，包括阅读、书写、计算等。一旦公民具备部分或者完全的民事行为能力后，就必须赖此生产、生活。这些基本的生产、生活技能比较简单，应当是学龄儿童的启蒙知识。第二，对于那些复杂的知识科学，特别是专门的知识和理论的教育，需要进一步的或者是特殊的能力，才能接受，要求每一个公民都去学习掌握既不现实，也没有必要。对于更高层次的教育，国家所能做的只是提供平等的受教育机会，而不宜强制每个公民都去接受教育。第三，国家的财政能力有限。公民义务教育的费用相对有限，由国家予以负担没有问题，但更高层次的教育费用是一笔庞大的开支，国家就难以负担了。即使国家的财力强大，也还是用于帮助公民创造接受更高层次教育的机会，而不是用来强制公民接受更高层次的教育。

青少年和儿童是祖国的未来，幼儿教育、小学教育、中学教育和大学教育是青少年儿童成长的关键阶段。在每一个阶段，国家都确立对他们的培养方针和目标，使得青年、少年、儿童在品德、智力、体质等方面全面发展，成为有社会主义觉悟、掌握科学文化知识、身体健康的社会主义公民。

宪法上的这些规定，首先保证了未成年人的生存权、人身权受到国家保护，并且指出在生活上未成年人的依赖对象是父母。其次，保证了未成年人的受教育权利。最后，国家为保证未成年人教育权利的实现，提供了必要的条件：在家庭，由父母提供教育；在社会，由学校提供教育服务。

以上这些规定，充分保证了未成年人的生命权、人身权、生存权、受教育权的实现。

在宪法规定的基础上，我国又制定了未成年人保护法、预防未成年人犯罪法等专门保护未成年人的法律，也在民法、刑法、教育法、治安处罚法等许多部门法中，对未成年人的权利规定了相应的保护措施。这样，就形成了以宪法为统领，以专门法规定为主干，以散见于其他法律中的条款为补充，完整的保护未成年人合法权益的法律体系。

二、民法总则

民法总则已由第十二届全国人民代表大会第五次会议表决通过，并于2017年10月1日开始实施。这标志着我国民法典的编纂工作迈出了坚实的第一步，对保护民事主体的合法权益、正确调整民事关系、维护社会和经济秩序、适应中国特色社会主义发展要求、弘扬社会主义核心价值观，具有十分重要的意义。

编纂民法典是党的十八届四中全会提出的重大立法任务。民法总则是民法典的开篇之作，在民法典中起统领性作用。民法总则规定民事活动必须遵循的基本原则和一般性规则，统领民法典各分编；各分编在总则的基础上，对各项民事制度作具体可操作的规定。民法总则以 1986 年制定的民法通则为基础，将民事法律制度中具有普遍适用性和引领性的内容纳入其中，既构建了我国民事法律制度的基本框架，也为各分编的规定提供依据。民法总则共 11 章 206 条，规定了民法的基本规定、自然人、法人、非法人组织、民事权利、民事法律行为、代理、民事责任、诉讼时效、期间的计算等内容，确立并完善了民事基本制度。

民事基本原则集中体现了民法的基本价值，反映了民事立法的目的、方针和导向，是民事主体从事民事活动和司法机关进行民事司法活动应当遵循的基本准则。民法总则在民法通则的基础上，结合三十多年来的民事法律实践，进一步明确了民事主体的人身权利、财产权利，以及其他合法权益受法律保护，任何组织或者个人不得侵犯。进一步确立了平等原则、自愿原则、公平原则、诚信原则和守法原则这传统的五大民事基本原则，这些原则体现了社会主义核心价值观的精神。同时，增加了绿色原则，即民事主体从事民事活动，应当有利于节约资源、保护生态环境。将绿色原则确立为我国民事基本原则，体现了鲜明的时代特征。

关于民事法律的适用规则，民法总则作了以下规定：一是处理民事纠纷，应当依照法律；法律没有规定的，可以适用习惯，但不得违背公序良俗。民事关系十分复杂，对法律没有规定的事项，人民法院在一定条件下，根据民间习惯或者商业惯例处理，有利于民事纠纷的解决。二是其他法律对民事关系有特别规定的，依照其规定。著作权法、专利法、保险法等民商事特别法既涉及民事法律关系，也涉及行政法律关系，还有一些涉及特殊商事规则，这些法律很难也不宜纳入民法典。这条规则明确了民法典与民商事特别法的关系。

民事主体是民事关系的参与者、民事权利的享有者、民事义务的履行者和民事责任的承担者。民法总则用三章的篇幅规定了自然人、法人、非法人组织是三类民事主体。

自然人是从事民事活动的重要民事主体。自然人从事民事活动需要具备民事权利能力和民事行为能力。自然人一出生就具有民事权利能力，也就是拥有享有权利和承担义务的资格。但是自然人能否自己将这些权利和义务转变为现实，还需要一种能力，这就是民事行为能力。民事行为能力是指自然人独立实施民事法律行为、行使民事权利和履行民事义务的资格。现实中，每个自然人都有民事权利能力，但并不是所有自然人都有民事行为能力。民法通则根据自然人年龄、智力、精神健康状况等方面的不同，将民事行为能力分为完全民事行为能力、限制民事行为能力和无民事行为能力。民法总则在民法通则的基础上，对自然人制度作了以下完善：一是增加了保护胎儿利益的规定。自然人的民事权利能力始于出生，胎儿尚未出生，原则上不具有民事权利能力。但为了保护胎儿的遗产继承权、接受财产赠予等权利，有必要在需要时赋予胎儿一定的民事权利能力。民法总则规定，涉及遗产继承、接受赠予等胎儿利益保护的，胎儿视为具有民事权利能力。二是将限制民事行为能力的未成年人的年龄下限由民法通则的"十周岁"下调为"八周岁"。这样规定的主要考虑是，随着社会的进步和教育水平的提高，儿童的认知能力、适应能力和自我承担能力也有了很大提高，法律上适当降低年龄下限标准，符合现代未成年人心理、生理的发展特点，有利于未成年人从事与其年龄、智力相适应的民事活动，更好地尊重未成年人的自主意识，保护其合法权益。三是完善了监护制度。监护制度是保护无民事行为能力人或者限制民事行为能力人的合法权益，弥补其民事行为能力不足的法律制度。民法总则以家庭监护为基础，社会监护为补充，国家监护为兜底，对监护制度做了完善，明确了父母子女间的抚养、赡养等义务，扩大了被监护人的范围，强化了政府的监护职能，完善了撤销监护制度，并就遗嘱监护、协议监护、监护人的确定、指定监护、监护职责的履行等制度作出明确规定。

法人是指依据法律成立，具有民事权利能力和民事行为能力，依法独立享有民事权利、承担民事义务的组织。法人制度是民事法律的一项基本制度。完善法人制度，对全面深化改革、促进社会主义市场经济发展意义重大，是这次民法总则制定中的重点问题。民法通则将法人分为企业法人和机关法人、事业单位法人、社会团体法人四类。民法总则遵循民法通则关于法人分类的基本思路，适应社会组织改革发展要求，按照法人设立目的和功能等方面的不同，将法人分为营利法人、非营利法人和特别法人三类。对营利法人和非营利法人，民法总则列举了公司法人、事业单位法人、社会团体法人、基金会法人、社会服务机构法人等几类比较典型的具体类型。对现实生活中已经存在或者可能出现的其他法人组织，可以按照其特征，分别归入营利法人或者非营利法人。民法总则规定了以下几类特别法人：一是机关法人，二是农村集体经济组织法人，三是基层群众性自治组织法人。其中，村民委员会、居民委员会等基层群众性自治组织在设立、变更和终止，行使职能和责任承担上都有其特殊性，有必要将其作为特别法人。

保护民事权利是民事立法的重要任务。改革开放以来，我国高度重视对民事权利的保护。民法通则专章对民事主体的人身权利、财产权利作了规定。此后制定的合同法、物权法、侵权责任法等法律对民事权利的保护也作了相应规定。民法总则继承了民法通则的做法，设专章全面系统地规定了民事主体享有的各项民事权利。民法总则规定了以下主要内容：一是人身权利。自然人的人身自由、人格尊严受法律保护；自然人享有生命权、健康权、身体权、姓名权、肖像权、名誉权、荣誉权、隐私权、婚姻自主权等权利。在信息化社会，自然人的个人信息保护尤其重要，民法总则对此有针对性地规定：自然人的个人信息受法律保护。二是财产权利。民法总则规定，民事主体的财产权利受法律平等保护。民事主体依法享有物权、债权、继承权、股权和其他投资性权利。三是知识产权。民法总则对知识产权作了概括性规定，以统领各知识产权单行法律。四是为了适应互联网和大数据时代发展的需要，民法总则规定，法律对数据、网络虚拟财产的保护有规定的，依照其规定。五是规范民事权利的行使。民法总则规定，民事主体行使权利时，应当履行法律规定的和当事人约定的义务。民事主体不得滥用民事权利，损害国家利益、社会公共利益或者他人合法权益。此外，民法总则还对困难群体民事权利的保护作了特别规定：法律对未成年人、老年人、残疾人、妇女、消费者等的民事权利保护有特别规定的，依照其规定。

再说民事法律行为和代理制度。民事法律行为，是指民事主体为了设立、变更、终止民事法律关系而实施的行为。代理是民事主体通过代理人实施民事法律行为。民法总则在民法通则和合同法规定的基础上，对民事法律行为和代理制度主要作了以下完善：一是扩充了民事法律行为的内涵，既包括合法的法律行为，也包括无效、可撤销和效力待定的法律行为。二是增加了意思表示的规则。意思表示是民事主体希望产生特定法律效果的内心意愿的外在表达，是构成民事法律行为的基础。民法总则对其作出方式、生效和撤回等作了规定。三是完善了民事法律行为的效力规则。民法总则在规定民事法律行为有效条件的同时，对重大误解、欺诈、胁迫、显失公平等行为的撤销，恶意串通行为的无效等分别作了修改补充。四是完善了代理的一般规则以及委托代理制度。

还有民事责任和诉讼时效制度。民事责任是民事主体不履行民事义务时所应承担的法律后果，也是对不履行义务行为的一种制裁。民法总则主要作了以下规定：一是民事主体依照法律规定和当事人约定，履行民事义务，承担民事责任。二是列举了停止侵害、返还财产、恢复原状、赔偿损失、惩罚性赔偿等承担民事责任的主要方式。三是为匡正社会风气，民法总则规定，因自愿实施紧急救助行为造成受助人损害的，救助人不承担民事责任；因保护他人民事权益而使自己受到损害的，由侵权人承担民事责任，受益人可以给予适当补偿。没有侵权人、侵权人逃逸或者无力承担民事责任，受害人请求补偿的，受益人应当给予适当补偿。四是旗帜鲜明地规定了对英雄烈士名誉、荣誉的保护。民法总则规定，侵害英雄烈士等的姓名、肖像、名誉、荣誉，损害社会公共利益的，应当承担民事责任。诉讼时效是指权利人在法定期间内不行使权利，当时效期间届满之后权利不受保护的法律制度。民法总则主要作了以下规定：一是将民法通则规定的两年一般诉讼时效期延长为三年。二是增加了未成年人遭受性侵害后诉讼时效的特殊起算点，给受性侵害的未成年人成年后提供寻求法律救济的机会，保护未成年人利益。三是明确了不适用诉讼时效的情形，包括请求停止侵害、排除妨碍、消除危险；不动产物权和登记的动产物权的权利人请求返还财产；请求支付抚养费、赡养费或者扶养费；以及依法不适用诉讼时效的其他请求权。

共 206 条的民法总则是"民事权利的百科全书"，影响着每个中国人的社会生活。

总则第 16 条规定："涉及遗产继承、接受赠予等胎儿利益保护的，胎儿视为具有民事权利能力。"如果有人指明由胎儿来继承遗产或者接受赠予的财物，胎儿是有这个权利的。这条规定确认了胎儿的民事权利能力。自然人的权利能力"始于出生，终于死亡"，是各国和地区的共同做法。这条规定不仅承认为胎儿保留必要的继承份额，还在其他方面明确了保护胎儿利益。"如果胎儿在母体受到侵害，导致具有先天缺陷，出生后依然享有损害赔偿请求权。"

根据总则，婴儿的人身自由、人格尊严受法律保护，享有生命权、身体权、健康权、姓名权、肖像权、名誉权、荣誉权、隐私权、婚姻自主权等权利。虽然这时他们还不能独立保护自己的权益，但已进入总则保护的网络。

总则第 19 条规定："八周岁以上的未成年人为限制民事行为能力人。"年满八岁的未成年人可以用自己的零花钱购买零食，也可与班上同学交换价值差不多的玩具。当然，如果他把父母的钱打赏了一名网络主播，那么，这种赠予行为在法律上也是有效的，不过需要满足一个前提：打赏要与未成年人的年龄、智力相适应，巨额打赏还是不行的。未成年人玩游戏产生的"网游装备"等网络虚拟财产，别人也不能觊觎。总则首次规定，"法律对数据、网络虚拟财产的保护有规定的，依照其规定。"

在未成年时期，未成年人享有的权利很多。如果他（她）的父母尽不到应有责任，总则会主持公道，必要时甚至会撤销其父母的监护资格，并指定新的监护人。在找不到合适的监护人前，未成年人也不会挨饿受冻。根据总则第31条规定，他（她）居住地的居民委员会、村民委员会、法律规定的有关组织或者民政部门将担任临时监护人。上学期间，未成年人如果有了发明创造，成果也是受到承认和保护的。课外时间，未成年人可能会参加一些私立的兴趣培训班，他可以自己签订合同，承担由此产生的权利、义务。此外，如果未成年人不幸遭受性侵害，到了十八周岁仍可追究对方责任。总则第191条规定，"未成年人遭受性侵害的损害赔偿请求权的诉讼时效期间，自受害人年满十八周岁之日起计算。"也就是说，受害者在年满十八周岁后仍可追究侵害方责任，要求其给予民事赔偿。

可见，中国的民法总则对未成年人民事权利的特殊保护制度，在世界上都是领先的。民法总则顺应了社会生活的变化，体现了社会对未成年人更深更多的关爱和呵护。

三、刑法

（一）刑法的基本内容

刑法第1条规定："为了惩罚犯罪，保护人民，根据宪法，结合我国同犯罪做斗争的具体经验及实际情况，制定本法。"

制定刑法的目的就是为了"惩罚犯罪，保护人民"。我国宪法第1条规定：

"中华人民共和国是工人阶级领导的、以工农联盟为基础的人民民主专政的社会主义国家。社会主义制度是中华人民共和国的根本制度。禁止任何组织或者个人破坏社会主义制度。"因此，它决定了我国的刑法与其他一切剥削阶级的刑法是根本不同的，它是工人阶级和广大人民意志的体现，是保护社会主义经济基础、政治制度和社会秩序的有力工具，是掌握在工人阶级和广大人民手中的法律武器，因而也决定了制定我国刑法的目的只能是"惩罚犯罪，保护人民"。其中，"惩罚犯罪"就是通过刑法，规定什么是犯罪、哪些行为是犯罪、犯什么罪、应受到什么样的惩罚、对任何触犯刑法规定的犯罪分子依照刑法的规定追究其刑事责任。为惩罚犯罪提供法律武器，这是制定刑法的目的之一。"保护人民"是制定刑法的根本目的，这里说的"保护人民"，不仅指保护公民个人的人身权利、民主权利、财产权利等合法权利不受侵犯，也包括代表人民根本利益的国家安全、社会主义政治制度、社会主义经济基础不遭到破坏。

制定我国刑法的依据有两个：一是宪法，二是我国同犯罪作斗争的具体经验及实际情况。宪法关于国家维护社会秩序、镇压叛国和其他危害国家安全的犯罪活动，制裁危害社会治安、破坏社会主义经济和其他犯罪的活动，惩办和改造犯罪分子的规定，关于国家的政治、经济的基本制度的规定，关于保护公共财产、公民私人所有的财产的规定，关于保护人身权利、民主权利的规定等，都是制定刑法的依据。宪法序言中所确定的指引中国革命走向胜利并取得社会主义事业成就的马克思列宁主义、毛泽东思想，也是制定我国刑法的指导思想和根据。新中国成立以来，我国在同各种刑事犯罪的斗争中，曾制定了惩治反革命条例、惩治贪污条例等单行刑事法规，特别是1979年制定了我国第一部刑法典，以及随着实际情况的发展，全国人大常委会又通过了一系列的"决定"和"补充规定"，对刑法加以修改和补充。这些法律的实施对加强和巩固人民民主专政政权，保障社会主义事业的顺利进行都发挥了巨大的作用。同时，随着我国改革开放和社会主义市场经济的不断深入，国内外敌对势力对我国的渗透、颠覆活动也从未停止，出现了一些新的犯罪形式。因此，不断总结我国同犯罪作斗争的具体经验，针对实践中出现的新的犯罪，调整我国的刑事政策，以适应我国的实际情况，有效地打击各种犯罪活动，也是我国制定刑法的依据。

刑法第 2 条规定："中华人民共和国刑法的任务是用刑罚同一切犯罪行为作斗争，以保卫国家安全，保卫人民民主专政的政权和社会主义制度，保护国有财产和劳动群众集体所有的财产，保护公民私人所有的财产，保护公民的人身权利、民主权利和其他权利，维护社会秩序、经济秩序，保障社会主义建设事业的顺利进行。"

其具体任务有以下几个方面：

（1）保卫国家安全、保卫人民民主专政的政权和社会主义制度是刑法的首要任务。我国的国家安全、人民民主专政的政权和社会主义制度，是我国人民经过长期革命斗争取得的。宪法确立的国家政治、经济制度，是我国进行改革开放和社会主义现代化建设的根本保证。因此，用刑罚方法同一切组织、策划、实施武装叛乱、武装暴乱、颠覆国家政权、推翻社会主义制度以及勾结外国危害我国主权、领土完整和安全、组织、策划、实施分裂国家、破坏国家统一等犯罪做斗争，是刑法一项很重要的任务。刑法的打击锋芒，就是指向这类危害最严重的犯罪，这是符合国家和人民最根本利益的。

（2）保护国有财产和劳动群众集体所有的财产，保护公民私人所有的财产。国家所有的财产和劳动群众集体所有的财产，是社会主义的公共财产，是社会主义的物质基础，是进行现代化建设的物质保证。根据宪法关于公共财产神圣不可侵犯的规定，刑法保护国有财产和劳动群众集体所有的财产，具有特别重要的意义。公民私人所有的财产是公民生产、工作、生活所必需的物质条件，同样受国家法律保护。因此，刑法将侵犯公民私人所有财产的行为规定为犯罪，并规定了相应的处罚。

（3）保护公民的人身权利、民主权利和其他权利。在我国，人民是国家的主人，我国宪法规定了公民的各项基本权利。人身权利是指公民的生命、健康、人身自由等方面的权利；民主权利是指公民依照法律参加国家管理和政治生活的各项权利；其他权利是指劳动、婚姻自由，老人、儿童不受虐待、遗弃等权利。同侵犯公民人身权利、民主权利的犯罪行为作斗争，维护公民的合法权益，是刑法的重要任务。

（4）维护社会秩序、经济秩序。我国进行改革开放和社会主义现代化建设，需要稳定的社会秩序和经济秩序，否则，什么事情也办不成。因此，维护社会秩序和经济秩序是刑法的一项重要任务，对于扰乱社会秩序和经济秩序的犯罪，依照刑法予以打击。

刑法第 3 条规定："一切危害国家主权、领土完整和安全，分裂国家、颠覆人民民主专政的政权和推翻社会主义制度，破坏社会秩序和经济秩序，侵犯国有财产或者劳动群众集体所有的财产，侵犯公民私人所有的财产，侵犯公民的人身权利、民主权利和其他权利，以及其他危害社会的行为，依照法律应当受刑罚处罚的，都是犯罪，但是情节显著轻微危害不大的，不认为是犯罪。"

犯罪不是自古就有的，也不是永恒存在的现象，而是属于一定历史阶段的社会现象。犯罪的概念是刑法中的一个基本概念，不同社会制度的国家对于什么是犯罪，往往有着不同的界定。以上这条规定包含了两层意思：

一是规定了哪些行为是犯罪。根据本条规定，犯罪必须是同时具备三个特征行为：①具有社会危害性，即行为人通过作为或者不作为的行为对社会造成一定危害。这些行为包括危害国家主权、领土完整和安全的行为；分裂国家、颠覆人民民主专政的政权和推翻社会主义制度的行为；破坏社会秩序和经济秩序的行为；侵犯国有财产或者劳动群众集体所有财产的行为；侵犯公民私人所有财产的行为；侵犯公民的人身权利、民主权利和其他权利，以及其他危害社会的行为。没有危害社会的行为，不能认为是犯罪。②具有刑事违法性，即犯罪行为应当是刑法禁止的行为。危害社会的行为多种多样，不仅包括各种违法行为，而且包括各种违纪、违反社会道德的行为。由于各种危害行为违反的社会规范不同，其社会危害程度也不同，不是所有危害社会的行为都是犯罪，只有其社会危害性达到一定程度，刑法才规定为犯罪。因此，刑法规定的危害行为都是比较严重危害社会的行为。③具有应受刑罚惩罚性，即犯罪是依照刑法规定应当受到刑罚处罚的行为。刑法中没有规定给予刑事处罚的行为，只能通过行政处罚、党纪、政纪、批评教育处理。危害行为应受刑罚处罚性，是犯罪行为与其他违法行为的基本区别。以上三点是犯罪缺一不可的基本特征。

二是规定了刑法不认为是犯罪的例外情况，这是对犯罪概念的重要补充。它从不认为是犯罪的例外情况说明什么是犯罪，进一步划清了罪与非罪的界限。根据本条规定，"情节显著轻微危害不大的，不认为是犯罪"，即行为人的危害行为虽属于刑法规定禁止的行为，但情节显著轻微，其社会危害尚未达到应当受刑罚处罚的程度，法律不认为是犯罪。

（二）刑法对未成年人的保护

年龄是反映一个人知识能力、辨别能力，以及心智健全与否的重要因素，而这些都决定了一个人对其行为的认识和控制力，这也就是法律对未成年人这个群体给予特殊保护的原因。作为犯罪人，未成年人因辨认和控制能力较差，所以对于刑事责任的承担应该有别于成年人；作为被害人，未成年人也同样因辨认和控制能力较差，加之生理发育尚未成熟，更容易受到伤害，所以需要特别的保护。作为惩罚犯罪、保护人民的有力工具，刑法在未成年人的问题上发挥着重要作用，具有保护未成年人合法权益和保障违法犯罪未成年人人权的双重功能。

1. 我国刑法对未成年人的立法保护

（1）对未成年受害人的刑法保护

刑法制定的主要目的在于保护公民和社会不受犯罪行为的侵害，通过对一定行为苛以刑罚，防止和遏止该行为的出现，以保护公民和社会的利益。

为了实现这种保护功能，刑法加大了针对未成年人犯罪行为的打击力度，规定的具体罪名有强奸罪（第 236 条第 2 款、第 3 款第 1、2 项）；猥亵儿童罪（第 237 条第 3 款）；绑架罪（第 239 条第 2 项）；拐卖妇女、儿童罪（第 240 条）、收买被拐卖的妇女、儿童罪（第 241 条）；聚众阻碍解救收买的妇女、儿童罪（第 242 条）；遗弃罪（第 261 条）；拐骗儿童罪（第 262 条）；引诱幼女卖淫罪（第 359 条第 2 款）；嫖宿幼女罪（第 360 条第 2 款）。其中对奸淫幼女罪和拐卖妇女、儿童罪规定了死刑，对奸淫幼女及猥亵儿童罪规定了较之一般强奸罪、强制猥亵侮辱妇女罪更重的处罚。此外，为了保证学生的生命安全，专门规定了教育设施重大安全事故罪（第 138 条）。为了维护未成年人的身心健康，预防未成年人犯罪，刑法第 29 条第 1 款规定"教唆不满十八周岁的人犯罪的，应当从重处罚。"这也从另一方面体现了国家对未成年人合法权益的保护。

（2）对未成年犯罪人的刑法保障

刑法第 3 条明文规定了罪刑法定的基本原则，确保犯罪嫌疑人不受刑罚权的任意制裁。刑法的保障功能有两层含义：一是任何公民只要不实施刑法规定的犯罪行为就不能对其处以刑罚，即法无明文规定不处罚；二是对已实施犯罪行为的犯罪人，刑法也要保障其不受刑法规定以外不正当的刑罚处罚。未成年人实施犯罪的原因具有多元化和外在化，其思想尚未定型，可塑性极强，易于接受教育改造，国家"对犯罪的未成年人追究刑事责任，实行教育、感化、挽救方针，坚持教育为主、惩罚为辅的原则"。我国现行刑法充分贯彻了这一思想，通过法条具体规定保障其身心健康发展的权利。

2. 我国刑法对未成年人的司法保护

（1）定罪过程中的非犯罪化

刑法总则第 17 条第 1 款规定："已满十六周岁的人犯罪，应当负刑事责任。"第 2 款规定："已满十四周岁、不满十六周岁的人，故意杀人，故意伤害致人重伤或者死亡、强奸、抢劫、贩卖毒品、放火、爆炸、投毒罪的，应当负刑事责任。"这两款规定说明十四周岁以上十六周岁以下公民实施八种特定犯罪以外的危害社会行为，均不负刑事责任。而所列举的八类犯罪都是未成年人能够明辨其社会危害性并能控制自己意志的行为，这也体现了主客观相一致原则，防止罪及无辜。另外，最高人民法院在《关于审理未成年人刑事案件具体应用法律若干问题的解释》（2006 年 1 月 23 日）（以下简称"2006 年高法解释"）中规定了可以不认为是犯罪的几种情形："①已满十四周岁不满十六周岁的人使用轻微暴力或者威胁，强行索要其他未成年人随身携带的生活、学习用品或者钱财数量不大，且未造成被害人轻微伤以上或者不敢正常到校学习、生活等危害后果的；已满十六周岁不满十八周岁的人符合前款规定情形的，一般也不认为是犯罪；②已满十六周岁不满十八周岁的人，实施盗窃行为未超过三次，盗窃数额虽已达到数额较大标准，但案发后能如实供述全部盗窃事实并积极退赃，且在共同盗窃中起次要或者辅助作用，或者被胁迫或具有其他轻微情节的；③已满十六周岁不满十八周岁的人盗窃自己家庭或者近亲属财物，或者盗窃其他亲属财物但其他亲属要求不予追究的；④已满十六周岁不满十八周岁的人盗窃未遂或者中止的；⑤已满十四周岁不满十六周岁的人偶尔与幼女发生性行为，情节轻微、未造成严重后果的。"通过以上规定，尽量缩小对未成年人定罪的范围，使其免受犯罪阴影笼罩一生，给予其改过自新的机会。

（2）量刑过程中的减免处罚

刑法总则第 17 条第 3 款规定："已满十四周岁不满十八周岁的人犯罪，应当从轻或者减轻处罚。"这是处罚未成年人犯罪的总原则。根据这一原则，刑法第 49 条规定，对"犯罪的时候不满十八周岁的人"不适用死刑。这不仅充分体现了对未成年人以教育为主、惩罚为辅的刑事政策，而且与我国已加入的联合国《儿童权利公约》第 37 条的规定相符合。根据"2006 年高法解释"，"未成年人犯罪只有罪行极其严重的，才可以适用无期徒刑。对已满十四周岁不满十六周岁的人犯罪，一般不判处无期徒刑；除刑法规定'应当'附加剥夺政治权利外，对未成年罪犯一般不判处附加剥夺政治权利；对未成年罪犯实施刑法规定的'并处'没收财产或者罚金的犯罪，应当依法判处相应的财产刑，对未成年罪犯实施刑法规定的'可以并处'没收财产或者罚金的犯罪，一般不判处财产刑；对未成年罪犯判处罚金时，应当依法从轻或者减轻判处，并根据犯罪情节，综合考虑其缴纳罚金的能力，确定罚金数额。但罚金的最低数额不得少于五百元人民币。"

3. 我国刑法对未成年人的行刑保护

"2006 年高法解释"指出："对未成年罪犯符合刑法第 72 条第 1 款规定的，可以宣告缓刑。如果同时具有初次犯罪或积极退赃或赔偿被害人经济损失的或者具备监护、帮教条件的，对其适用缓刑确实不致再危害社会的，应当宣告缓刑。"此规定较之对成年罪犯的"可以宣告缓刑"（现行刑法第 72 条）更为宽大。

无论刑法总则还是刑法分则，都存在对未成年人保护方面的不足，但随着我国法治的进步，立法机关对刑法相关内容修改完善，一定能弥补这些疏漏，更好地维护未成年人的合法权益。

四、未成年人保护法

（一）未成年人保护法的立法背景和过程

未成年人保护法是我国第一部保护未成年人合法权益的专门法律，是为了保护未成年人的身心健康，保障未成年人的合法权益，促进未成年人在品德、智力、体质等方面全面发展，培养有理想、有道德、有文化、有纪律的社会主义建设者和接班人。

1991 年 9 月 4 日，第七届全国人民代表大会常务委员会第二十一次会议通过该法；2006 年 12 月 29 日，第十届全国人民代表大会常务委员会第二十五次会议修订该法；2012 年 10 月 26 日，根据中华人民共和国第十一届全国人民代表大会常务委员会第二十九次会议关于《全国人民代表大会常务委员会关于修改〈中华人民共和国未成年人保护法〉的决定》，第二次修订该法，2013 年 1 月 1 日起施行。

（二）未成年人的范畴和享有的权利

未成年人保护法中所称的"未成年人"是指未满十八周岁的公民，不分性别、民族、种族、家庭财产状况、宗教信仰等，依法平等地享有权利。

（三）未成年人保护法的基本原则

1. 依法保护原则。我国制定未成年人保护法的目的在于保护未成年人的身心健康，保障其合法权益，促进他们在品德、智力、体质等方面全面发展，培养有理想、有道德、有文化、有纪律的社会主义建设者和接班人。制定本法的母法是我国的宪法。

2. 平等保护原则。未成年人享有生存权、发展权、受保护权、参与权等权利，国家根据未成年人身心发展特点给予特殊、优先保护，保障未成年人的合法权益不受侵犯。未成年人享有受教育权，国家、社会、学校和家庭尊重和保障未成年人的受教育权。未成年人不分性别、民族、种族、家庭财产状况、宗教信仰等，依法平等地享有权利。

3. 各方共同保护原则。保护未成年人是国家机关、武装力量、政党、社会团体、企业事业组织、城乡基层群众性自治组织、未成年人的监护人和其他成年公民的共同责任。对侵犯未成年人合法权益的行为，任何组织和个人都有权予以劝阻、制止或者向有关部门提出检举或者控告。国家、社会、学校和家庭应当教育和帮助未成年人维护自己的合法权益，增强自我保护的意识和能力，增强社会责任感。中央和地方各级国家机关应当在各自的职责范围内做好未成年人保护工作。

（四）未成年人保护法的主要内容

未成年人保护法共 7 章 72 条：第 1 章是总则、第 2 章是家庭保护、第 3 章是学校保护、第 4 章是社会保护、第 5 章是司法保护、第 6 章是法律责任、

第 7 章是附则。

1. 主要内容

首先规定了六大权利：生存权、发展权、受保护权、参与权、受教育权、平等权；其次是三大原则：尊重未成年人的人格尊严，适应未成年人身心发展、品德、智力、体质的规律和特点，教育与保护相结合；最后是四大保护：家庭保护、学校保护、社会保护、司法保护。

2. 主要亮点

（1）体现法律关怀的国际化与本土化。未成年人保护法第 3 条明确规定了未成年人享有"生存权、发展权、受保护权和参与权"四项基本权利，这是对联合国《儿童权利公约》中儿童应享有的各种权利的高度概括，较好地体现了与国际公约接轨的立法思想。同时，又强调"未成年人享有受教育权，国家、社会、学校和家庭尊重和保障未成年人的受教育权"，"未成年人不分性别、民族、种族、家庭财产状况、宗教信仰等，依法平等地享有权利"，则较好地体现了公约中的"平等原则"和我国宪法的原则，体现了中国的实际国情。

（2）体现国家对未成年人的保护责任。未成年人保护法第 7 条规定：国务院和地方各级人民政府领导有关部门做好未成年人保护工作；将未成年人保护工作纳入国民经济和社会发展规划以及年度计划，相关经费纳入本级政府预算。体现了国家责任主义原则。从某种程度上说，法律规定未成年人享有什么权利，并不是说儿童和家长可以干什么，而是国家应该为保障儿童权利做什么。

（3）体现对未成年人健康和生命安全的关怀。未成年人保护法第 20 条规定："学校应当与未成年学生的父母或者其他监护人互相配合，保证未成年学生的睡眠、娱乐和体育锻炼时间，不得加重其学习负担"；第 23 条规定："教育行政等部门和学校、幼儿园、托儿所应当根据需要，制定应对各种灾害、传染性疾病、食物中毒、意外伤害等突发事件的预案，配备相应设施并进行必要的演练，增强未成年人的自我保护意识和能力。"

（4）体现对权利的敬畏，强化对未成年人的司法保护。未成年人保护法第 51 条规定："在司法活动中对需要法律援助或者司法救助的未成年人，法律援助机构或者人民法院应当给予帮助，依法为其提供法律援助或者司法救助。"第 56 条规定："公安机关、人民检察院讯问未成年犯罪嫌疑人，询问未成年证人、被害人，应当有监护人在场。"

（5）更加关注优化未成年人的成长环境。未成年人保护法除了规定有关部门要为未成年人健康成长提供文化生活需要的活动场所和设施外，还对生产、销售用于未成年人的食品、药品、用具和游乐设施等作出明确规定，第 34 条规定："禁止任何组织、个人制作或者向未成年人出售、出租或者以其他方式传播淫秽、暴力、凶杀、恐怖、赌博等毒害未成年人的图书、报刊、音像制品、电子出版物以及网络信息等。"第 37 条规定："禁止向未成年人出售烟酒。经营者应当在显著位置设置不向未成年人出售烟酒的标志；对难以判明是否已成年的，应当要求其出示身份证件。同时规定，任何人不得在中小学校、幼儿园、托儿所的教室、寝室、活动室和其他未成年人集中活动的场所吸烟、饮酒。"

（6）更加关注对困境中的未成年人的保护。未成年人保护法第 16 条对留守儿童的保护问题明确规定，"父母因外出务工或者其他原因不能履行对未成年人监护职责的，应当委托有监护能力的其他成年人代为监护。"关于流浪儿童的救助问题，第 43 条规定："县级以上人民政府及其民政部门应当根据需要设立救助场所，对流浪乞讨等生活无着未成年人实施救助，承担临时监护责任；公安部门或者其他有关部门应当护送流浪乞讨或者离家出走的未成年人到救助场所，由救助场所予以救助和妥善照顾，并及时通知其父母或者其他监护人领回。对孤儿、无法查明其父母或者其他监护人的以及其他生活无着的未成年人，由民政部门设立的儿童福利机构收留抚养。未成年人救助机构、儿童福利机构及其工作人员应当依法履行职责，不得虐待、歧视未成年人；不得在办理收留抚养工作中牟取利益。"

（7）更加关注保护未成年人的受教育权。未成年人保护法第 13 条规定："父母或者其他监护人应当尊重未成年人受教育的权利，必须使适龄未成年人依法入学接受并完成义务教育，不得使接受义务教育的未成年人辍学。"第 18 条规定："学校应当尊重未成年学生受教育的权利，关注、爱护学生，对品行有缺点、学习有困难的学生，应当耐心教育、帮助，不得歧视，不得违反法律和国家规定开除未成年学生。"第 28 条明确要求"输入地政府要承担起农民工同住子女义务教育的责任：各级人民政府应当保障未成年人受教育的权利，并采取措施保障家庭经济困难的、残疾的和流动人口中的未成年人等接受义务教育。"第 57 条对羁押、服刑的未成年人受教育权，也给予了充分保障："对羁押、服刑的未成年人没有完成义务教育的，应当对其进行义务教育；解除羁押、服刑期满的未成年人的复学、升学、就业不受歧视。"

（8）重点强调素质教育为学生减负。未成年人保护法针对目前中小学生日益加重的学习负担，处处体现了以学生为本、实行素质教育的呵护。第 20 条规定："学校应当与未成年学生的父母或者其他监护人互相配合，保证未成年学生必要的睡眠、娱乐和体育锻炼时间，不得加重其学习负担。"第 21 条规定："学校、幼儿园、托儿所的教职工应当尊重未成年人的人格尊严，不得对未成年人实施体罚、变相体罚或者有其他侮辱人格尊严的言行。"

（9）重点强调建立校园安全网，制定突发事件预案。未成年人保护法第 22 条明确规定："学校、幼儿园应当建立安全制度，加强对未成年人的安全教育，采取措施保障未成年人的人身安全。"第 23 条规定："教育行政等部门和学校、幼儿园、托儿所应当根据需要，制定应对各种灾害、传染性疾病、食物中毒、意外伤害等突发事件的预案，配备相应设施并进行必要的演练，增强未成年人的自我保护意识和能力。"

（10）重点强调戒除未成年人网瘾。未成年人保护法坚定不移地要把孩子们从对网络的沉迷中拉回来，明确规定国家采取措施，预防未成年人沉迷网络。第33条规定："国家鼓励研究开发有利于未成年人健康成长的网络产品，推广用于阻止未成年人沉迷网络的新技术。"第36条要求"中小学校园周边不得设置营业性歌舞娱乐场所、互联网上网服务营业场所等不适宜未成年人活动的场所，不得允许未成年人进入，经营者应当在显著位置设置未成年人禁入标志；对难以判明是否已成年的，应当要求其出示身份证件"。

（11）重点强调明确有关保护责任主体以及相关处罚措施。未成年人保护法本着对未成年人犯罪实行"教育、感化、挽救"的方针，明确有关保护责任主体以及相关处罚措施，处处体现着对未成年人的人性关怀。

五、预防未成年人犯罪法

青少年的健康成长离不开法律。法律是由一定物质生活条件所决定的统治阶级意志的体现，是由国家强制力保证实施的规范体系，它通过对人们的权利和义务的规定，确认、保护和发展有利于统治阶级的社会关系和社会秩序。简单扼要地说，法律就是社会生活中由政府控制的人与人之间相互关系的游戏规则。

（一）为什么要制定预防未成年人犯罪法

1. 青少年的身心健康需要法律给予特殊保护

青少年的心志尚未成熟，容易受到外界各种因素的影响。其中一些不良影响对青少年的身心发展危害极大。

调查显示，大部分因杀人而进少管所的少年犯的业余爱好都是看武侠小说、视频和玩电子游戏，视武艺高强的武侠英雄为偶像。他们认为暴力是英勇的表现。而许多犯偷盗罪的少年犯最向往的则是成为有钱人。某少年犯说父母很宠他，每月给他上千元的零花钱，但和社会上那些出入娱乐场所挥金如土的富家子比，他觉得自己仍很寒酸，便与不三不四的人一起去偷盗。

2. 青少年的健康成长关系重大，需要国家给予特殊关注

青少年能否健康成长，能否肩负起历史赋予的重任，直接关系到革命前辈开创的社会主义事业是否后继有人。因此，党和国家历来重视对青少年的教育、引导和保护，但当今社会仍存在着一些不利于青少年健康成长的因素，所以，我国相继制定了未成年人保护法和预防未成年人犯罪法，这两部法律是保护青少年的专门法律，在青少年学法用法中显得尤为重要。

（二）青少年的不良行为

预防未成年人犯罪法共八章五十七条，我们着重讲解该法规定的未成年人九类不良行为，分析这些不良行为产生的原因、危害，以及如何进行矫治。

人类有很多行为，有的行为符合道德和法律，有的违背道德和法律。违背道德和法律的行为会对社会构成不同程度的危害，如盗窃、辱骂他人、侵犯他人人身权利等。预防未成年人犯罪法规定："未成年人的不良行为是指容易引发未成年人犯罪，严重违背社会公德，尚不够刑事处罚的行为。"

根据预防未成年人犯罪法的列举，未成年人的不良行为共计九类：

1. 旷课、夜不归宿。现实生活中，学生旷课的原因多种多样，有人纯粹是贪玩；有人是对学习产生厌倦情绪；有人可能是对老师或某些同学有意见、有隔阂，不愿去学校；也有人结交了不好的朋友，利用旷课时间从事一些不健康的活动。青少年正处于接受教育的阶段，旷课不仅会影响正常学习，还可能在旷课时间因得不到有效的监护而养成不良习气，甚至走上犯罪道路。可以说，旷课是学生走下坡路的重要信号，必须引起重视。

2. 携带管制刀具。管制刀具是法律规定限定特定人员配备的，用于特定范围、特定用途，禁止私自生产、买卖、持有。根据公安部门的规定，管制刀具主要包括匕首、三棱刀、带有自锁装置的弹簧刀等。携带管制刀具是一种违反治安管理的不良行为，有"屡教不改"的情节就属于严重的不良行为。"屡教不改"是指经两次以上教育仍拒绝改正的情形。不久前，某县就发生这么一件事，高一学生陈某是个武术迷，特别喜欢武侠小说，为模仿书中侠客

携宝剑潇洒闯荡江湖的形象，花一周时间用钢锯精心制作了一把短剑，然后做了一个精美的皮鞘，整日斜挂在书包内，每当老师不在的时候，就拔出宝剑挥舞一通，向同学们炫耀一番。一天，他又带上心爱的宝剑骑车飞快往学校赶，没想到从三岔路口迎面冲出一辆三轮车。他下意识地急刹车，已来不及，两车撞在一起。他重重摔在水泥地上，一下子被惹火了，坐在地上就破口大骂起来。三轮车主也不甘示弱，双方你来我往就展开了对骂。陈某愤而起身，从书包里拔出短剑，威胁三轮车主，所幸路边群众及时报警，及时制止了一场打斗。陈某被公安人员带到派出所，鉴于他非法制造携带管制刀具，违反了治安管理处罚法规定，公安人员对他进行了罚款，并没收了他的短剑。由于尚未造成严重后果，加之陈某属未成年人，且有悔改表现，没有给予治安拘留。但警方还是通知了学校和其父母，要求对其严加管教。就该案看，如果警察没有及时赶到，后果将不堪设想。可见，携带管制刀具的危害之大。

3. 打架斗殴、辱骂他人。某校曾发生了一件因打架斗殴酿成的血案。下课时，李某在教学楼四楼走廊上与几个同学玩儿，不经意间朝廊外吐了一口痰，不偏不倚落在正经过楼下的陈某身上。怒火中烧的陈某冲到四楼，责问李某，并要求对方赔礼道歉。在校内小有名气的李某矢口否认，拒不道歉，二人便吵了起来，相互推搡。这时，李某的班主任闻讯赶到，把二人喝止住，并带到办公室。经过一番批评教育，二人各写了一份检讨书。事情本应到此结束，可李某为此耿耿于怀。几天后的周末，李某与其他三位同学来到一家网吧，一进门就发现陈某也在那里。李某回头跟另外三人嘀咕了几句。四人便围上去，对陈某一通拳打脚踢。陈某连声求饶，可众人并未停手。李某打得兴起，顺手掏出一把水果刀，对陈某连刺多刀，致使陈某重伤。随后，李某等人慌忙逃离现场。法网恢恢，疏而不漏。李某很快被公安机关逮捕归案，并因故意伤害致人重伤，被判有期徒刑六年。原本一件小事，却酿成血案，得不偿失。同学间应学会正确处理人际关系，学会宽容对待他人，切莫盲目冲动，更不应崇尚暴力，为小矛盾而伺机报复，害人害己。

4. 强行向他人索要财物。多次强行向他人索要财物就是严重不良行为，如果采取暴力强行索要他人财物，则转化为抢劫罪，已构成犯罪，而不再仅仅是不良行为。某学校的高一女生陈某和郭某放学时与初二的林某偶然相遇。林某无意间多看了两人几眼，便引起了陈某的不满。一阵推搡过后，林某被吓哭。陈某灵机一动，计上心头，对她说："你看了我们半天，也该付点精神补偿金嘛！"林某慌忙从书包里摸出二十元钱递给陈某便逃走了。这不费吹灰之力得来的钱，使陈某、郭某欣喜不已。之后，两人勾结王某、章某、赵某等五人开始物色年龄相仿的看似有钱的女孩，进行勒索。若对方不予理睬，五人就一起围攻，拳脚相加，直到对方讨饶方止，并抢走对方的现金、手机、金项链、钢笔等所有值钱的物品。短短两个月内，这五名少女先后抢劫作案二十多起，共抢得财物折合人民币四千余元。"冰冻三尺，非一日之寒"。她们从结伙至被抓获，时间不长，但其堕落之快，行为之恶劣，绝非一蹴而就。她们都具有一定文化水平，但法律知识近乎为零。案发后，她们还以为只要父母替她们还钱后就可以没事回家了，甚至认为有一次只抢到几元钱，不应算作抢劫。可见，她们对法律的无知。我国刑法规定，凡以武力或武力威胁强迫他人交出财物的行为，不管其实际抢得的财物价值多少，都应认定为抢劫罪。从该案例可以预见强行向他人索要财物发展下去的可怕后果。

5. 偷窃、故意毁坏财物。只要实施三次以上的偷窃行为，就属于严重不良行为。典型案件如下：我们都知道孔乙己"窃书不算偷"的理论，可案件中的主人公却因偷书付出了惨重的代价。十七岁的周某是高二学生，嗜书如命。他的家庭不算富裕，为了买书，他舍不得买新衣服，不吃零食，甚至千方百计从微薄的伙食费里抠出钱来买书。热爱阅读使他拥有了丰富的知识，同学们都非常佩服他的渊博。一天，学校接到派出所打来的电话，称周某在一个书店偷书，被当场抓获送至派出所。学校对此大为震惊，在交纳罚款并对其进行批评教育后，老师将他领了回来。老师本以为此次偷书事件是因周某的一念之差，谁知打开他的柜子后，大家都惊呆了——里面满满的全是书，许多书都赫然盖着图书馆的印章。据周某交代，他从高一起就千方百计地搜集图书，甚至不惜采用偷盗的方式。最后，学校给予周某留校察看的处分。在老师耐心细致的教育下，周某终于认识到偷窃行为的危害性。他为自己的无知和错误付出了代价，流下了悔恨的泪水。为什么有的人会有偷窃行为？该行为是由错误的认识支配的。在行窃者看来，不义之财实惠得很，何必去管他人的苦头呢！他们恰恰忘记了一条真理：在一切使人堕落的不道德品质中，贪婪是最可恨、最可耻的。正如《伊索寓言》所说：有些人因为贪婪，想得到更多东西，却把已经有的也失掉了。法律是严肃的、无情的，不可违反的。有偷窃行为的人与盗窃犯之间，仅一步之遥，不改掉小偷小摸的恶习，以后就可能变成盗窃罪犯，到身败名裂时再后悔，已来不及了。

6. 参与赌博或者变相赌博。现实中有许多事实告诉我们，学生赌博害处多：一是赌博容易使人产生贪欲，久而久之，会使他们的人生观、价值观发生扭曲；二是赌博会浪费大量学习和休息的时间，以至于严重影响学习，导致成绩落后，甚至造成退学；三是赌博会毒害学生的心灵，使人产生好逸恶劳、尔虞我诈、投机侥幸等不良心理；四是赌博成瘾容易改起来难。因此，赌博对学生是有百害而无一利的。上海曾发生过这么两件为还赌债而酿成的凶杀案。

一件是十六岁的某校学生黄某因无力偿还欠同学的赌债两百多元，故铤而走险用电工刀威胁舅妈拿出钱来，见威胁并未得逞便起了杀意，将舅妈和年仅三岁的表妹刺伤，后因舅妈拼命呼救仓皇而逃。十余天后，黄某被警察抓获，成了杀人未遂的凶手。另一件凶杀案的主角是一位初二学生。该生因赌博共欠赌债三百元，因无力偿还而被债主恼羞成怒失手杀死。这样的不幸还有很多。《福建法制报》曾报道了当地某市四少年为了赌博，当上了劫匪，竟然窜到福厦高速公路某路段结伙抢劫七起，后被民警抓获。在这七起抢劫案中，他们都是先抢后赌，赌输后又去抢，如此恶性循环，最后沦为罪犯。还有三名学生因赌博无钱，后一起抢劫出租车司机的案件。该案件中最小的施暴者才十三岁，最大的十六岁。无数活生生的事例告诉我们——千万不要陷入赌局。

7. 观看、收听色情淫秽的音像制品、读物等。我国刑法第 364 条规定："传播淫秽的书刊、影片、音像、图片或其他淫秽物品，情节严重的处两年以下有期徒刑、拘役或者管制。"某工读学校学生刘某曾到各地学校进行现身说法。他原是某重点中学的学生会主席，学习刻苦，成绩名列前茅，上进心很强，多次被评为"三好学生"及校"优秀学生干部"。他对低级趣味的东西极其厌恶，认为自己是好学生，有天然的免疫力。一次，刘某无意间在自己课桌上发现同学忘记带走的一本书，随手翻开一看，发现是一本黄色书籍。在好奇心的驱使下，竟鬼使神差地看起来。之后，他的思想完全被书中的情节所迷惑，常常想入非非，学习成绩急剧下降。短短一年多的时间里，他先后利用"谈心""学生会有事"之名，猥亵女同学达十余人之多。一个积极上进的孩子就这样堕落了，最后，被送进了工读学校。报告会上，他多次失声痛哭，表示后悔不已。淫秽物品的危害性极大，是人类的"精神鸦片"，会毒化社会风气，污染人的心灵，诱发各种犯罪，严重危害未成年人的身心健康，已成为社会的一大公害。自控能力较差的未成年人对此更要当心，要自觉抵制淫秽物品。

8. 出入法律、法规限制未成年人进入的营业性歌舞厅等场所。近年来，随着国民物质生活水平不断提高，人们的精神生活变得越来越丰富多彩，各种各样的歌厅、舞厅、电子游戏厅、网吧等娱乐场所随处可见。但大多数营业性舞厅的气氛光怪陆离，环境也较为复杂，对正处于身心发育阶段的未成年人容易产生许多负面影响。首先，一些中小学生沉湎于跳舞、电子游戏及其他娱乐，会令学习兴趣减退，成绩下降；其次，学生本身没有收入，经常出入娱乐场所免不了给家庭增加一大笔开销；更严重的是，有的学生因此误入歧途，被别有用心的坏人勾引、利用。有的人因钱不够花，就去偷去抢，从而走上违法犯罪的道路。

9. 其他严重违背社会公德的不良行为。如离家出走，经常考试作弊、欺负弱小同学等。该法还规定，"未成年人的父母或者其他监护人和学校应当教育未成年人不得吸烟、酗酒。"

（三）对未成年人严重不良行为的矫治

由于未成年人实施严重不良行为对社会危害较大，预防未成年人犯罪法规定，"对这种行为应当及时予以制止，对未成年人的不良行为矫治提供方案。"

1. 送工读学校进行矫治和接受教育

工读学校是对有违法和轻微犯罪行为的青少年进行教育的半工半读学校，其招生对象是年龄在十二周岁至十七周岁，有违法或轻微犯罪行为，但又不够劳动教养、收容教养或者刑事处罚的行为，不适宜留在原学校继续学习的学生。对未成年人送工读学校进行矫治和接受教育，应当由其父母或者其他监护人，或者原所在学校提出申请，经教育行政部门批准。

工读学校的课程除按照教育法的要求，设置与普通学校同样的课程外，还加强了法制教育内容。对这些具有不良行为的未成年人应当进行严格的管理和教育，有针对性地开展矫治工作。

2. 由公安机关依法予以治安处罚

预防未成年人犯罪法第 37 条规定："未成年人有本法规定严重不良行为，构成违反治安管理行为的，由公安机关依法予以治安处罚。因不满十四周岁或者情节特别轻微免予处罚的，可以予以训诫。"换言之，由于未成年人的许多严重不良行为本身也违反治安管理的规定，公安机关要依法予以治安处罚。处罚方式根据治安管理处罚法第 3 章的规定："可以有警告、罚款、治安拘留等。"

3. 由政府依法收容教养

我国刑法明确规定："已满十六周岁的人犯罪应负刑事责任。已满十四周岁不满十六周岁的人，一般不负刑事责任，但犯故意杀人、故意致人重伤或者死亡、强奸、抢劫、贩卖毒品、放火、爆炸、投毒罪的，则应当负刑事责任。不满十四周岁的人不负刑事责任。"那么，未满十四周岁的犯罪人就不需要负责任了吗——错！法律另有规定："对于不满十六周岁不予刑事处罚的，责令其家长或监护人加以管教，或劳动教养。"所以，还是要给予适当制裁的。收容教养是一种强制性教育改造措施，由当地设区市以上级别的公安机关审批，并由少年管教所执行。收容教养期限一般为一至三年。

以上这些案例说明了未成年人不良行为的危害，提出了一些预防和矫治的措施和建议，希望各位家长警钟长鸣，及时矫治孩子的不良行为，令其远离违法犯罪。愿家长们从现在起，严格教育自家的孩子，从小事做起，遵纪守法，遵守社会公德，让孩子们在法律的保护和滋润下茁壮成长，谱写出美妙动听的青春乐章，演绎出灿烂辉煌的壮丽人生。

六、刑事诉讼法

所谓诉讼，就是平时所讲的"打官司"，诉讼法就是关于如何打官司的法律规定。日常生活中常会碰到的诉讼主要有民事诉讼（即民事纠纷的官司）、行政诉讼（即公民与有关国家机关之间管理上的纠纷的官司）和刑事诉讼。刑事诉讼则是有关犯罪的官司。刑事诉讼法就是一部确保刑法的实施，关于诉讼程序方面的法律。

刑事诉讼法有狭义和广义之分。狭义的刑事诉讼法是指国家立法机关制定的成文的刑事诉讼法典。在中国，是指 1979 年 7 月 1 日第五届全国人民代表大会第二次会议通过，1996 年 3 月 17 日第八届全国人民代表大会第四次会议修正的《中华人民共和国刑事诉讼法》。广义的刑事诉讼法指一切与刑事诉讼有关的法律规范。

刑事诉讼法是国家制定或认可的调整刑事诉讼活动的法律规范的总称。它调整的对象是公、检、法机关在当事人和其他诉讼参与人的参加下，揭露、证实、惩罚犯罪的活动。其内容主要包括刑事诉讼的任务、基本原则与制度，公、检、法机关在刑事诉讼中的职权和相互关系，当事人及其他诉讼参与人的权利、义务，以及如何进行刑事诉讼的具体程序等。刑事诉讼法的渊源是指它的表现形式，是刑事诉讼法律规范的存在形式或载体。中国刑事诉讼法的法律渊源有以下几个：

（一）宪法

宪法作为根本法，是其他法律、法规赖以产生、存在、发展和变更的基础和前提条件，是一个国家法律制度的基石，是公民权利的保障书，是依法治国的前提和基础。同样，刑事诉讼法的制定和修改也必须以宪法为根据。通过制定刑事诉讼法，将宪法中有关刑事诉讼程序的抽象的法律规范变为可操作的、具体的刑事诉讼法的法律条文，使宪法的精神得以具体化。中国刑事诉讼法第 1 条明确规定："根据宪法制定本法。"宪法中规定的如国家维护社会秩序，镇压叛国和其他危害国家安全的犯罪活动，制裁危害社会治安、破坏社会主义经济和其他犯罪活动，惩办和改造犯罪分子（第 28 条）、被告人有权获得辩护（第 125 条）等内容，都在刑事诉讼中得到了体现。在现代法治国家，刑事诉讼法被称作"宪法的适用法""应用宪法""国家基本法之测震器"，刑事诉讼中的人权保障被提升到宪法的高度。在中国，这方面的研究比较薄弱，应当加强从宪法、宪政的高度来关注刑事诉讼、关注刑事司法。

（二）刑事诉讼法典

1979 年 7 月 1 日通过、1996 年 3 月 17 日修正的刑事诉讼法，是中国刑事诉讼法主要的法律渊源。

（三）与刑事诉讼法有关的法律

比较重要的有刑法、人民检察院组织法、人民法院组织法、国家赔偿法、监狱法、律师法等。

（四）与刑事诉讼法有关的法律解释

主要是指 1998 年 1 月 19 日公布的《最高人民法院、最高人民检察院、公安部、国家安全部、司法部、全国人大常委会法制工作委员会关于〈刑事诉讼法〉实施中若干问题的规定》（以下简称六机关《规定》）、1998 年 6 月

29 日公布的《最高人民法院关于执行〈中华人民共和国刑事诉讼法〉若干问题的解释》（以下简称最高人民法院《解释》）、1999 年 1 月 18 日公布的《人民检察院刑事诉讼规则》（以下简称最高人民检察院《规则》）、1998 年 4 月 20 日公布的《公安机关办理刑事案件程序规定》（以下简称公安部《规定》）。

（五）与刑事诉讼法有关的行政法规、规定

指国务院制定的法规和主管部、委、局制定的规定中有关刑事诉讼法的规定。如国务院制定的《看守所条例》等。

（六）与刑事诉讼法有关的国际条约

中国目前加入的与刑事诉讼有关的国际条约有《禁止酷刑和其他残忍、不人道或有辱人格的待遇和处罚公约》《联合国少年司法最低限度标准规则》《北京规则》，以及中国政府已签署尚待批准的《公民权利和政治权利国际公约》。当然，依据最高人民法院《解释》第 317 条的规定，"中华人民共和国缔结或者参加的国际条约中有关于刑事诉讼程序具体规定的，适用该国际条约的规定。"但是，中国声明保留的条款除外。

为了真正保障在刑事诉讼过程中依法办案，确保刑法的施行，从而保证准确、及时地查明犯罪事实，惩治犯罪分子，保障无罪的人不受刑事追究，保护公民的人身权利、财产权利、民主权利和其他权利，保障社会主义建设事业的顺利进行的根本目的，必须制定一部内容详尽和明确的刑事诉讼法。

刑事诉讼法中也特别彰显了对未成年人的特殊保护。未成年人身心不成熟，具有不同于成年人的群体特性，应当以未成年人利益最大化和有利于其未来发展为基点，来制定刑事司法政策和设计具体的诉讼制度、程序和规则。近年来，各地司法机关普遍给予涉嫌犯罪的未成年人以特别保护，积累了丰富的经验。从实践需要的角度看，有必要在立法层面将这些实践成果予以确认，并系统化、制度化。相较 1996 年的刑事诉讼法，新颁布的刑事诉讼法在关于未成年人刑事诉讼程序方面的变化较为突出，在第五编特别程序第一章中设置了未成年人刑事案件诉讼程序，共十一个条文，使未成年人刑事程序

在立法体例上相对独立，在诸多方面丰富、完善了未成年人刑事司法制度，充分反映出我国对未成年人权益保护的关注。

一是明确规定了对犯罪的未成年人实行"教育、感化、挽救"的方针，坚持"教育为主、惩罚为辅"的原则。这是由未成年人案件的特殊性决定的。未成年人犯罪的动机相对简单，犯罪行为带有很大的盲目性和随意性，多是由意志薄弱或情感冲动造成的，主观恶性不深，加之他们智力、身心发育尚未成熟，对外界事物的重新认识和对内心世界的自我评价具有较大的可塑性。从一定意义上讲，未成年人犯罪，更多的责任应由学校、家庭、社会等各个方面共同承担。未成年人本身就是受害者。同时，相对于成年人，他们社会经验不足、对法律了解相对欠缺，自身的保护意识和防御能力较弱，因此，他们在诉讼中明显处于困难地位。这也决定了其在诉讼中更加需要关照和保护。尽管之前的相关法律已对该原则作出了规定，但首次在刑事诉讼法中明确规定该原则，仍具有十分重大的意义。这意味着办理未成年人案件应当将未成年人利益放在首位，以"少年权益最大化"为出发点，使其顺利健康回归社会。这体现了我国对未成年人的关爱，并为办理未成年人刑事案件提供了明确的指导思想。

二是明确规定了"办案人员专业化"。这就要求国家设立专门的机构或相对稳定的专员办理未成年人案件。办案人员应熟悉未成年人的特点，善于做他们的教育工作，具有一定的专业性。这一要求与联合国司法准则是一致的。《联合国少年司法最低限度标准规则》（下称《规则》）第22条规定："应利用专业教育、在职培训、进修课程以及其他各种适宜的授课方式，使所有处理少年案件的人员具备并保持必要的专业能力。"因此，新刑事诉讼法第266条第2款规定，"对于未成年人刑事案件，应当由熟悉未成年人身心特点的审判人员、检察人员、侦查人员承办。"

三是明确规定对未成年犯罪嫌疑人、被告人实行强制辩护。新刑事诉讼法第267条规定："未成年犯罪嫌疑人、被告人没有委托辩护人的，人民法院、人民检察院、公安机关应当通知法律援助机构指派律师为其提供辩护。"由于受年龄、智力发育程度所限，未成年人通常很难理解控辩双方争辩的实质内容，不知道如何行使诉讼权利。有辩护人的参与，就能为其及时提供需要的法律帮助，有效保护其合法权益。与 1996 年的刑事诉讼法相比，新刑事诉讼法将法律援助从审判阶段向前延伸至侦查阶段，将义务机关扩大到公检法机关。根据规定，"没有委托辩护人"是未成年犯罪嫌疑人、被告人获得法律援助的唯一条件。换言之，只要未成年犯罪嫌疑人、被告人没有委托辩护人，公安、司法机关就必须通知法律援助机构指派律师为其辩护。

四是对未成年犯罪嫌疑人、被告人实行社会调查制度。新刑事诉讼法第 268 条规定："公安机关、人民检察院、人民法院办理未成年人犯罪案件时，可根据情况对未成年犯罪嫌疑人、被告人的成长经历、犯罪原因、监护教育等情况进行调查。"这意味着办理未成年人犯罪案件要综合考虑当事人实施犯罪的动机和目的，犯罪性质、情节和社会危害程度，以及是否属于初犯，归案后是否悔罪，成长经历、一贯表现和监护教育条件等因素。这一规定也是联合国刑事司法准则的要求。《规则》第 16 条规定："所有案件除涉及轻微违法行为的案件外，在主管当局作出判决前的最后处理之前，应对少年生活的背景和环境或犯罪的条件进行适当的调查，以便主管当局对案件作出明智的判决。"社会调查也是许多国家办理未成年人刑事案件的惯例，是未成年人刑事诉讼程序贯彻刑罚个别化和全面调查原则的具体表现。进行社会调查不仅可以有针对性地对违法犯罪的未成年人进行教育挽救，还可以促使其认罪悔改。社会调查报告还是侦查机关对涉罪未成年人采取取保候审，检察机关决定逮捕、起诉，法院定罪量刑以及刑罚执行和社区矫正的考量依据。

五是对犯罪嫌疑人、被告人严格适用逮捕措施和分案处理。新刑事诉讼法第 269 条明确规定："对未成年犯罪嫌疑人、被告人应当严格限制适用逮捕措施。人民检察院审查批准逮捕和人民法院决定逮捕，应当讯问未成年犯罪嫌疑人、被告人，听取辩护律师的意见。对被拘留、逮捕和执行刑罚的未成年人与成年人应当分别关押、分别管理、分别教育。""严格限制适用逮捕措施"是指对未成年犯罪嫌疑人、被告人应当尽量不适用逮捕措施，可捕可不捕的不捕。"应当讯问未成年犯罪嫌疑人、被告人，听取辩护律师的意见"是强制性规定，指人民检察院审查批准逮捕和人民法院决定逮捕时，不仅必须讯问犯罪嫌疑人、被告人，还需要听取犯罪嫌疑人、被告人辩护律师的意见。之所以要听取律师意见，是因为律师作为受过专业训练的人员，更了解与未成年人案件相关的事实中哪些情形对采取非羁押措施更有意义。《规则》第13 条规定："审前拘留应仅作为万不得已的手段使用，而且时间应尽可能短"，"如有可能，应采取其他替代办法，诸如密切监视、加强看管或安置在一个家庭或一个教育机构或环境内。"联合国《儿童权利公约》第 37 条（b）项规定："不得非法或任意剥夺任何儿童的自由。对儿童的逮捕、拘留或监禁应符合法律规定并仅应作为最后手段，期限应为最短的适当时间。"新刑事诉讼法规定"对犯罪嫌疑人、被告人严格适用逮捕措施并与成年人分别处理"，体现了对未成年人的特殊保护，有利于减少关押带来的弊端，使未成年人能顺利回归社会。对被拘留、逮捕和执行刑罚的未成年人与成年人应当分别关押、分别管理、分别教育，这是分案处理原则的要求。应当强调的是，分案处理原则不应仅是办案机关在采取拘留、逮捕时应当遵守的原则，而是贯穿刑事诉讼始终的原则性规定。

六是确立了讯问和审判未成年人时要有合适的成年人在场制度。新刑事诉讼法第 270 条规定："未成年人刑事案件在讯问和审判时，应当通知未成年犯罪嫌疑人、被告人的法定代理人到场。无法通知、法定代理人不能到场或者法定代理人是共犯的，也可以通知犯罪嫌疑人、被告人的其他成年亲属，所在学校、单位、居住地基层组织或者未成年人保护组织的代表到场，并将有关情况记录在案。到场的法定代理人可以代为行使未成年犯罪嫌疑人、被告人的诉讼权利。"1996 年的刑事诉讼法第 14 条第 2 款规定："对于不满十八周岁的未成年人犯罪的案件，在讯问和审判时，可以通知犯罪嫌疑人、被告人的法定代理人到场。"新刑事诉讼法将原来的"可以通知"改成"应当通知",并扩大了到场人的范围。需要注意的是,这里"也可以通知"的含义是指讯问、审判未成年人案件,应当首先通知法定代理人到场,在法定代理人不能到场的情况下,应当通知其他的合适成年人到场。"也可以通知"并不是授权性规范,而是强制性的。根据新刑事诉讼法第 270 条第 2 款规定,确立合适成年人在场制度不仅可以帮助未成年人与讯问人沟通,还可以对讯问过程是否合法、合适进行监督,保护未成年人的合法权益不受侵害。需要指出的是,根据新刑事诉讼法第 270 条第 5 款规定,如果被害人、证人是未成年人,询问时也应当通知其法定代理人到场,法定代理人无法到场时,应通知其他合适的成年人到场。

七是设立了未成年人的附条件不起诉制度。根据新刑事诉讼法第 271 条的规定,对于未成年人涉嫌刑法分则第 4 章、第 5 章、第 6 章规定的犯罪,即涉嫌侵犯公民人身权利、民主权利,侵犯财产以及妨害社会管理秩序的犯罪,可能判处一年有期徒刑以下刑罚,符合起诉条件,但有悔罪表现的,人民检察院可以作出附条件不起诉的决定。人民检察院在作出附条件不起诉的决定以前,应当听取公安机关、被害人的意见。对附条件不起诉的决定,公安机关要求复议、提请复核或者被害人申诉的,适用本法第 175 条、第 176 条的规定。未成年犯罪嫌疑人及其法定代理人对人民检察院决定附条件不起诉有异议的,人民检察院应当作出起诉的决定。这一规定充分体现了未成年人刑事司法非刑罚化的处理原则。理解这一规定,需要注意几个问题:第一,适用的案件范围是侵犯公民人身权利、民主权利,侵犯财产以及妨害社会管理秩序的犯罪案件,犯罪嫌疑人可能被判处一年有期徒刑以下刑罚。第二,符合起诉条件,但犯罪嫌疑人有悔罪表现的,人民检察院可以作出附条件不起诉的决定。第三,在程序上,应当事先听取公安机关、被害人意见。但该项仅属于程序条件,并非实质要件,不影响作出附条件不起诉决定。若公安机关、被害人有异议,可以在附条件决定作出后申请复议、复核或者申诉。

第四，未成年犯罪嫌疑人及其法定代理人对适用附条件不起诉没有异议。这与新刑事诉讼法第 173 条第 2 款规定的"酌定不起诉"不同。根据新刑事诉讼法第 177 条的规定，对于人民检察院作出酌定不起诉，被不起诉人如果不服的，只能向人民检察院申诉。

八是规定了未成年人犯罪记录封存制度。新刑事诉讼法第 275 条规定："犯罪的时候不满十八周岁，被判处五年有期徒刑以下刑罚的，应当对相关犯罪记录予以封存。犯罪记录被封存的，不得向任何单位和个人提供，但司法机关为办案需要或者有关单位根据法律法规规定进行查询的除外。依法进行查询的单位，应当对被封存的犯罪记录的情况予以保密。"未成年人犯罪封存制度充分考虑到"一失足成千古恨"的不良影响，给犯罪未成年人顺利回归社会提供机会，减少社会对立面，有利于社会长久稳定。需要说明的是，根据中央综治委预防青少年违法犯罪工作领导小组、最高人民法院、最高人民检察院、公安部、司法部、共青团中央六部门联合制定的《关于进一步建立和完善办理未成年人刑事案件配套工作体系的若干意见》，非有法定事由，不得公开未成年人的行政处罚记录和被刑事立案、采取刑事强制措施、不起诉或因轻微犯罪被判处刑罚的记录。按照有利于当事人的原则，新刑诉法的这一规定并不妨碍"若干意见"的执行。

总体而言，针对未成年人刑事案件设置相对独立的特别诉讼程序，体现了我国对未成年当事人的特殊保护，使办理未成年人案件的程序更有针对性，更有利于通过诉讼活动为犯罪的未成年人改过自新和回归社会创造有利条件。可以说，该程序的确立，在我国未成年人诉讼制度发展史上，具有划时代的意义。

七、治安管理处罚法

我国治安管理处罚法于 2005 年 8 月 28 日，由第十届全国人大常委会第十七次会议审议通过，当日以主席令第三十八号予以公布，2006 年 3 月 1 日起施行。该法与1986年制定的治安管理处罚条例（共五章四十五条）相比，具有"宽严更适度，程序更严格，处罚更规范、监督更有效、管理更到位"的特点，深入了解这部"离老百姓最近的法律"很有必要。

治安管理处罚法取代了治安管理处罚条例，成为老百姓新的行为规范。诸如足球场闹事、偷窥偷拍、酒鬼闹事、制造噪声、宠物扰民……这些以往在老百姓心目中算不上什么大事的行为，现在都纳入了治安管理处罚法的调整范围，都可能成为违法行为，受到法律的制裁。这更符合中国国情，能够适应公安机关加强治安管理的需要，也符合宪法关于尊重和保障人权的原则，有利于防止公民权利被侵犯。这次调整不仅在条文数量上有了很大增幅，由原来的73种升至238种，在内容方面也有新变化。近几年突出的治安问题，如强行乞讨、拉客招嫖、强买强卖、发送信息干扰他人正常生活、破坏计算机网络系统、扰乱大型群众性活动秩序、招摇撞骗、强迫他人劳动以及用暴力威胁他人劳动等扰乱公共秩序和侵犯公民人身、财产权利等行为均明确纳入了治安管理处罚法的调整范围，规定的违反治安管理行为名称有151种，可以处以拘留的行为占到93%。

治安管理处罚法由我国最高权力机关全国人民代表大会及其常务委员会制定，治安管理处罚条例属于行政法规，而治安管理处罚法属于基本法，法律地位的改变有利于执法，也体现了我国对社会管理秩序的重视。可见，随着市场经济的进一步发展，我国将加大治安管理的力度。

治安管理处罚法体现了以人为本的执法理念。随着我国民主法制建设的不断发展，建设社会主义和谐社会，以人为本、程序公正、执法为民的理念不断深入人心，治安管理处罚法在立法、执法上包含了民主法治、公平正义的内容。该法在立法目的及立法宗旨方面明确表明是维护社会秩序，保障公共安全，保护公民、法人和其他组织的合法权利，规范和保障公安机关及其人民警察依法履行治安管理职责。在治安处罚方面，首先非常注重尊重和保障人权，保护公民、法人和其他组织的合法权益不受侵犯，将尊重和保障人权作为一项基本原则；其次对治安处罚的种类和适用度作出了更加具体的规定；最后，以专章的形式严格规定处罚程序，制定执行监督机制，从而有效限制公权力的行使，为私权利的实现创造良好的社会环境。

治安管理处罚法体现了法制的统一精神，与刑法、行政处罚法、行政复议法、行政诉讼法等法律相衔接，增强了与其他法律、法规的协调统一性，便于操作执行。

治安管理处罚法规定治安处罚的构成要件必须同时满足四个条件：一是具有社会危害性；二是违法性，即违反了治安管理的法律法规；三是不够刑事处罚性，即该行为不构成犯罪；四是应受处罚性。以上四者缺一不可。

治安管理处罚法规定治安处罚的基本原则如下：

1. 以事实为依据原则。

2. 错罚相当原则。处罚与行为性质、情节、对社会危害程度相当，重错重罚，轻错轻罚，罚过相当。另外，法律有从轻、从重、减轻情节的，也要考虑四种情形的从重处罚：即有较严重后果的；教唆、胁迫、诱骗他人违反治安管理的；对报案人、控告人、举报人、证人打击报复的；六个月内曾受过治安管理处罚的。减轻处罚或者不予处罚的五种情形有：情节特别轻微的；主动消除或者减轻违法后果，并取得被侵害人谅解的；出于他人胁迫或者诈骗的；主动投案，向公安机关如实陈述自己违法行为的；有立功表现的。

3. 公开、公正、保障人权原则。公开是指实施治安管理处罚的依据和被处罚当事人享有的权利应公布于众。行政案件的办理公开本身并不能直接实现实体权利与义务的公正，是用以公正的保障。公正是指"公平正直，没有偏私"。在实施治安管理处罚的过程中，首先，应当平等地对待各方当事人，不以当事人的身份为实施处罚轻重的标准；其次，所给予的治安管理处罚与违反治安管理行为的社会危害程度相适应。达到公正的实施治安管理处罚，就要正确行使自由裁量权。

4. 教育与处罚相结合的原则。防止重处罚、轻教育，为处罚而处罚。该原则的基本精神是：处罚不是目的，而是一种手段，教育也是一种手段，通过处罚和教育，预防和减少违法犯罪的发生。

治安管理处罚法规定了治安处罚中的民事责任承担及调解。违反治安管理的行为对他人造成损害的，行为人或者其监护人应当依法承担民事责任。对于因民间纠纷引起的打架斗殴或者损毁他人财物等违反治安管理行为，情节较轻的，公安机关可以调解处理。经公安机关调解，当事人达成协议的，不予处罚。经调解未达成协议或者达成协议后不履行的，公安机关应当依照本法的规定对违反治安管理行为人给予处罚，并告知当事人可以就民事争议依法向人民法院提起民事诉讼。

治安管理处罚法规定治安管理处罚的种类分为：警告、罚款、行政拘留、吊销公安机关发放的许可证。对违反治安管理的外国人，可附加适用限期出境或者驱逐出境。

治安管理处罚法规定了治安管理处罚中的收缴和追缴。办理治安案件所查获的毒品、淫秽物品等违禁品，赌具、赌资，吸食、注射毒品的用具以及直接用于实施违反治安管理行为的本人所有的工具，应当收缴，按照规定处理。违反治安管理所得的财物，追缴退还被侵害人；没有被侵害人的，登记造册，公开拍卖或者按照国家有关规定处理，所得款项上缴国库。

治安管理处罚法规定治安管理处罚的法定责任年龄为年满十八周岁。对未满十八周岁的未成年人，有特别照顾的规定："已满十四周岁不满十八周岁的人违反治安管理的，从轻或者减轻处罚""不满十四周岁的人违反治安管理的，不予处罚，但是应当责令其监护人严加管教。"对特殊人群违反治安管理的，也进行特别的照顾：一是精神病人在不能辨认或者不能控制自己行为的时候违反治安管理的，不予处罚，但应当责令其监护人严加看管和治疗。间歇性的精神病人在精神正常的时候违反治安管理的，应当给予处罚。二是盲人或者聋哑人违反治安管理的，可从轻、减轻或者不予处罚。三是醉酒者违反治安管理的，应当给予处罚。醉酒者处于醉酒状态，对本人有危险或者对他人人身、财产或者公共安全有威胁的，应当对其采取保护性措施约束至酒醒。

治安管理处罚法对处罚的拘留执行也作了明确规定。有两种以上违反治安管理行为的，分别决定，合并执行。合并执行最长不超过二十日。对决定给予行政拘留处罚的人，在处罚前已经采取强制措施限制人身自由的时间应当折抵。限制人身自由一日，折抵行政拘留一日。对未满十八周岁的未成年人，有特别照顾的规定，即不执行行政拘留，对象包括：已满十四周岁不满十六周岁的；已满十六周岁不满十八周岁，初次违反治安管理的。对特殊人群违反治安管理的，也进行特别的照顾，不执行行政拘留，对象包括：七十周岁以上的；怀孕或者哺乳自己不满一周岁婴儿的妇女。

下面，针对未成年人违反治安管理行为的处罚办法试举一例。

小学五年级学生晓祥（化名）受到同学晓明（化名）的欺负，遂找到六年级好友田田（化名）帮忙教训晓明一下。当天放学回家的路上，田田与晓祥将晓明打伤，导致晓明因养伤耽误上学半个月。晓明的父母得知事情缘由后，找到晓祥和田田的父母讨说法，并要求公安机关依法对晓祥和田田进行治安拘留。晓祥和田田的父母均表示了歉意，但拒绝晓明父母提出的条件。那么，晓祥和田田是否要受到治安处罚？晓明受伤后，晓祥与田田的监护人（家长）应承担民事赔偿责任，但孩子可不被治安处罚。《公安机关办理未成年人违法犯罪案件的规定》第3条规定："办理未成年人违法犯罪案件，应当对违法犯罪未成年人进行法制宣传教育，主动向其提供法律咨询和帮助，并明确告知其依法享有的权利和应当承担的义务。"第27条规定："对违反治安管理的未成年人，应当尽量避免使用治安拘留处罚。对在校学生，一般不得予以治安拘留。"办案部门和学校可对晓祥和田田予以教育、训诫。

治安管理处罚法对违反治安管理处罚的时效也有明确的规定。违反治安管理行为在六个月内没有被公安机关发现的，不再处罚。时效期限从违反治安管理行为发生之日起计算；违反治安管理行为有连续或者继续状态的，从行为终了之日起计算。

治安管理处罚法从四个方面对违法行为作出规定：一是扰乱公共秩序的行为和处罚；二是妨害公共安全的行为和处罚；三是侵犯人身权利、财产权利的行为和处罚；四是妨害社会管理的行为和处罚。内容详细、具体，具有很强的可操作性。

治安管理处罚法中的第40条对未成年人有特殊保护的规定："组织、胁迫、诱骗不满十六周岁的人或者残疾人进行恐怖、残忍表演的，处十日以上十五日以下拘留，并处五百元以上一千元以下罚款。情节较轻的，处五日以上十日以下拘留，并处两百元以上五百元以下罚款。"第四十三条规定："殴打他人的，或者故意伤害他人身体的，处五日以上十日以下拘留，并处两百元以上五百元以下罚款。情节较轻的，处五日以下拘留或者五百元以下罚款。殴打、伤害残疾人、孕妇、不满十四周岁的人或者六十周岁以上的人的，处十日以上十五日以下拘留，并处五百元以上一千元以下罚款。"第四十四条规定："猥亵他人的，或者在公共场所故意裸露身体，情节恶劣的，处五日以上十日以下拘留。猥亵智力残疾人、精神病人、不满十四周岁的人或者有其他严重情节的，处十日以上十五日以下拘留。"

程序公正是实现实体公正的基础，治安管理处罚法对治安处罚程序设立专章，在处罚程序中，对治安案件的受理，证据的收集，涉案物品的扣押、保管、处置，传唤的批准权限和传唤时限，询问笔录要求，对涉案场所、物品、人身的检查，处罚的决定权限，决定书应当载明的内容，处罚的告知程序、听证程序，罚款处罚的罚缴分离原则，拘留处罚的暂缓执行制度，以及被处罚人依法申请复议或者提起行政诉讼等都作了明确规定。治安管理处罚法对未成年人的处罚程序也有特别的要求，第84条规定："询问不满十六周岁的违反治安管理行为人，应当通知其父母或者其他监护人到场。""通知其父母或者其他监护人到场"不仅是被询问的未成年人的权利，也是其父母或者其他监护人的法定权利。但是未成年人的父母或者其他监护人到场，并不是为了代替被询问人回答问题，也不得干扰询问查证的进行。

八、《儿童权利公约》

《儿童权利公约》是一项有关儿童权利的国际公约。联合国在 1989 年 11 月 20 日的会议上通过该公约有关议案，1990 年 9 月 2 日生效。《儿童权利公约》是关于儿童权利的首条具有法律约束力的国际公约，并涵盖所有人权范畴，保障儿童在公民、经济、政治、文化和社会中的权利。该公约共有 192 个缔约国，得到大部分联合国成员承认，其中只有美国和索马里没有加入。

儿童的幸福和权利始终是联合国组织关心的主要问题。联合国最初采取的行动之一就是于 1946 年 12 月 11 日设立了联合国儿童基金会。1948 年，联合国大会通过的《世界人权宣言》承认儿童必须受到特殊的照顾和协助。此后，联合国始终在一般性的国际条约，如国际人权公约和专门针对儿童权利的文件（1959 年 11 月 20 日的《儿童权利宣言》）中都强调保护儿童的权利。《儿童权利宣言》不具有条约法的效力，而给儿童权利以条约法的保障已日益成为必要，尤其是在筹备"国际儿童年"的过程中，这种必要愈加明显。在 1978 年联合国人权委员会会议上，波兰的亚当·洛帕萨教授（后为公约起草工作组主席）倡议起草《儿童权利公约》。波兰向联合国大会提交了一份关于儿童权利的公约草案。1979 年，联合国人权委员会开始起草《儿童权利公约》的工作。同年，波兰向人权委员会提交了《儿童权利公约》草案的修正文本。人权委员会授权一个不固定的工作小组继续就该文本进行工作。1984 年，联合国大会要求人权委员会尽一切努力完成公约草案，并于 1985 年提交大会通过。1988 年，联合国大会再次要求人权委员会对公约草案工作给予优先考虑，力求于 1989 年，即为纪念《儿童权利宣言》发表 30 周年和"国际儿童年"设立 10 周年之时完成公约全文的拟定工作。1979 至 1989 年的 10 年间，人权委员会详尽研究了公约草案，于 1989 年如期完成了公约的拟定工作，并经由经济及社会理事会提交联合国大会。1989 年 11 月 20 日，联合国大会通过了本公约。

公约共 54 条，将"儿童"界定为"十八周岁以下的任何人"。公约强调，各国应确保其管辖范围内的每一儿童均享受公约所载的权利，不因儿童或其父母或法定监护人的种族、肤色、性别、语言、宗教、政治或其他见解、国籍或社会出身、财产、伤残、出生或其他身份等而有任何差别。

公约如下规定：

一、每个儿童有固有的生命权，各国应最大限度地确保儿童的生存与发展（第 6 条）。

二、每个儿童都有自出生起即获得姓名和国籍的权利（第 7 条）。

三、尊重儿童维护其身份包括法律所承认的国籍、姓名及家庭关系而不受非法干扰的权利（第 8 条）。

四、法庭、福利机构或行政当局在处理儿童问题时，应将儿童的最大利益作为首要考虑事项（第 9 条）。

五、各国应为便利家庭团聚准许入境或出境（第 10 条）。

六、各国应采取措施制止非法将儿童移转国外和不使返回本国的行为（第 11 条）。

七、确保有主见能力的儿童有权对影响到其本人的一切事项自由发表自己的意见，对儿童的意见应按照其年龄和成熟程度给予适当的看待（第 12 条）。

八、儿童享有自由发表言论的权利；思想、信仰和宗教自由的权利；结社自由及和平集会自由的权利（第 13 ~ 15 条）。

九、儿童的隐私家庭、住宅或通信不受任意或非法干涉（第 16 条）。

十、父母对儿童成长负有首要责任，但各国应向他们提供适当协助和发展育儿所（第 18 条）。

十一、各国应保护儿童免受身心摧残、伤害或凌辱，忽视、虐待或剥削，包括性侵犯（第 19 条）。

十二、各国应为失去父母的儿童提供适当的其他照管；确保得到跨国收养的儿童享有与本国收养相当的保障和标准（第 20、21 条）。

十三、确保申请难民身份的儿童或按照适用的国际法或国内法及程序可视为难民的儿童，不论有无父母或其他任何人陪同，均可得到适当的保护和人道主义援助（第 22 条）。

十四、残疾儿童应享有得到特殊待遇、教育和照管的权利（第 23 条）。

十五、儿童有权享有可达到的最高标准的健康；每个儿童均有权享有足以促进其生理、心理、精神、道德和社会发展的生活水平；儿童有受教育的权利；学校执行纪律的方式应符合儿童的人格尊严；教育应本着谅解、和平和宽容的精神培育儿童（第 24、27 ~ 29 条）。

十六、宗教、语言等方面属于少数人或原为土著居民的儿童有享有自己的文化、信奉自己的宗教，或使用自己语言的权利（第 30 条）。

十七、儿童应有时间休息和游戏，有同等的机会参加文化和艺术活动（第 31 条）；

十八、各国应保护儿童免受经济剥削和从事任何可能妨碍或影响儿童教育或有害儿童健康或身体、心理、精神、道德或社会发展的工作（第 32 条）。

十九、各国应保护儿童不致非法使用毒品和涉及毒品生产或贩运（第 33 条）。

二十、应采取一切适当措施，防止诱拐、买卖或贩运儿童。（第 35 条）。

二十一、对未满十八周岁人所犯罪行，不应判处死刑或无期徒刑；被监禁的儿童应与成年犯隔开；不得对儿童施以酷刑或残忍、不人道或有辱人格的待遇或处罚；十五岁以下儿童不得参与任何敌对行动；遭受武装冲突之害的儿童应受到特别保护；受到虐待、忽视或监禁的儿童应得到适当的医疗或康复和复原疗养；处理触犯刑法儿童的方式应在于促进他的尊严和价值感，目的是使他们重返社会（第 37 ~ 40 条）。

按照公约的规定，在其生效后六个月成立儿童权利委员会，以审查缔约国在履行根据公约所承担的义务方面取得的进展。缔约国应定期向委员会提交关于它们为实现公约确认的权利所采取的措施，以及关于这些权利的享有方面的进展情况的报告。

中国于 1991 年 12 月 29 日批准《儿童权利公约》，而且积极履行，并落实在未成年人保护法、预防未成年人犯罪法等国内的专门法律中。同时，宪法第 46 条、49 条也规定了对儿童保护的内容，在其他的部门法中也有规定。如民法总则中，涉及了关于未成年人财产保护的内容；在刑法中有针对未成年人的保护条款，以及禁止适用死刑的明确规定；在治安管理处罚法中，对未成年人有从轻处罚、不处罚的规定。以上这些都是中国政府在落实《儿童权利公约》的内容，以充分保护儿童的权利，关爱儿童的健康成长。

第二编 刑法对未成年人保护的案例解析

　　法律的目的是对受法律支配的一切人公正地运用法律，借以保护和救济无辜者。未成年人作为我国社会成员的一分子，作为国家的未来和希望，理应受到良好的保护。法律作为守护公平正义的最后一道防线，也同样应该在对心理和生理都尚不成熟的未成年人的保护上发挥更大的作用，这是我们每个法律人的期许，是一种应然状态。

　　侵犯未成年人权益的犯罪，是指行为人故意或者过失侵犯未成年人合法权益，依法应当负刑事责任的行为。为了保护孩子的健康成长，我国颁布了一系列与未成年人有关的专门法律，如宪法、未成年人保护法、预防未成年人犯罪法、治安管理处罚法、刑法、民法总则、教育法等，都为未成年人的成长设置了方方面面的保护措施。

　　本编主要讲解刑法中对未成年人的保护措施，以及对犯罪后的未成年人进行刑事处理所依据的特殊原则。首先，介绍刑法的原则性规定；然后，以案例形式介绍未成年人犯罪后必须处罚的罪名并配以法理分析。

第三章　我国保护未成年人权利的最后防线
—— 刑法对未成年人保护的法律规定

　　在刑法中，作为犯罪主体的未成年人是指已满十四周岁不满十八周岁的公民。处于这一年龄段的人，虽有一定辨认、控制自身行为的能力，但因生理、心理等尚处于发育阶段，思想观点并不像成年人那样成熟和稳定，可塑性大，容易接受教育和改造。未成年人保护法第 38 条明文规定："对违法犯罪的未成年人，实行教育、感化、挽救的方针，坚持教育为主、惩罚为辅的原则。"这就要求我们一方面坚持适用刑法面前人人平等原则；另一方面又能照顾未成年人的特殊性，定罪、量刑、行刑等方面都不能等同于成年人。

　　本章主要介绍未成年人在刑法上的特殊保护，包括对无辜未成年人的保护，以及对犯罪的未成年人的保护，只是保护的方法不同。作为家长和老师要清楚，对未成年人的保护是国家的意志，如何保护在法律上是有规定的。

第一节　我国刑法对未成年人的保护

一、我国刑法对未成年人犯罪主体的保护

1. 定罪过程中的非犯罪化处理

非犯罪化，是指对于那些虽然符合刑法规定，但情节轻微，没有较严重的社会危害性的行为，能不作为犯罪处理的，就不作为犯罪。比对现行刑法的这一政策，我国刑事诉讼法第 15 条规定："对情节显著轻微、危害不大、不认为是犯罪的，不追究刑事责任；已经追究的，应该撤销案件，或者不起诉，或者终止审理，或者宣告无罪。"因此，对于符合刑事诉讼法第 15 条规定情形的未成年犯罪嫌疑人，人民检察院有权作出不起诉的决定；公安机关在侦查期间，能作为治安处罚的就不作为犯罪追究；人民法院不认为其犯罪的则不定罪。公、检、法三大系统全面协调贯彻对未成年人定罪过程中的非犯罪化政策。

我国现行刑法第 17 条第 1、2 款明文规定："刑事责任年龄不满十四周岁的，不能成为犯罪主体；满十四周岁不满十六周岁的，可以成为故意杀人、故意伤害致人重伤或死亡、强奸、抢劫、贩卖毒品、放火、爆炸、投放危险物质罪八大罪的犯罪主体；未满十六周岁可以成为任何罪的主体。"由此可见，此上述八种罪中，满十四周岁不满十六周岁的未成年人和满十六周岁不满十八周岁的未成年人，在定罪方面等同于成年人，这是未成年人定罪过程中的例外，因为以上八大罪对社会的危害性太大了。因此，才有例外的规定。

2. 量刑过程中的减免处罚政策

刑法第 17 条第 3 款规定："已满十四周岁不满十八周岁的人犯罪，应当从

轻或者减轻处罚。"第 49 条规定："犯罪时，不满十八周岁的人不适用死刑。"这是我国现行刑法在量刑方面对未成年人减免处罚的总脉络，不仅充分体现了对未成年人"以教育为主，惩罚为辅"的刑事政策，而且与我国已加入的联合国《儿童权利公约》第 37 条的规定相符合，即"缔约国应确保儿童不受酷刑或其他形式的残忍、不人道或有辱人格的待遇或处罚，对未满十八周岁的人所犯罪行不得判以死刑或无释放可能的无期徒刑。"对未成年人来说，在刑法总则中量刑方面的这些规定，给司法实践带来总的指导方向，体现了对未成年人罪后特殊照顾的处理原则。

（1）对未成年人适用缓刑是量刑过程中减免处罚政策的重要方法

缓刑作为国家控制犯罪的重要刑事政策，被认为是除了刑罚、保安处分两个控制犯罪支柱外的第三个支柱，是特殊的刑罚手段。这一特殊刑罚手段对促进罪犯改过自新、预防罪犯再次犯罪起着很大作用。由于未成年人可塑性大，容易偏离生活正常轨道而走向犯罪，但也容易认识错误改过自新，因此，缓刑的适用对于预防未成年人再次犯罪以及重新回归社会的作用更为显著。刑法第 72 条第 1 款规定："对于被判处拘役、三年以下有期徒刑的犯罪分子，根据犯罪分子的犯罪情节和悔罪表现，适用缓刑确实不致再危害社会的，可以宣告缓刑。"这是我国现行刑法对缓刑适用条件的界定。另外，第 74 条规定"累犯不适用缓刑"。

根据我国法律对未成年人特别保护的原则，对需要判处刑罚的未成年人，只要符合刑法第 72 条规定的缓刑条件的，一般都应适用缓刑。这样做有利于对未成年罪犯进行教育、挽救和改造，可以避免和防止在监狱或劳改场所的交叉感染，最大限度地发挥刑罚的功能。但在如何判定未成年罪犯的犯罪情节和悔罪表现，以及在掌握未成年罪犯"确实不致再危害社会"的条件时，刑法并没有作出有别于成年罪犯的规定。

（2）对未成年人免于刑罚处罚是量刑过程中减免处罚政策的另一表现

我国刑法第 17 条第 2 款规定未成年人犯罪的处罚原则是"应当从轻或者

减轻处罚"。这是考虑到未成年人的认知与控制自身行为的能力较成年人而言有所减弱，其法律上的可责难性小，因此，基于主体年龄的因素，可以从宽处理。最高人民法院在《关于办理未成年人刑事案件适用法律的若干问题的解释》中规定："已满十四周岁不满十六周岁的人被胁迫、诱骗参与犯罪，被教唆犯罪或者属于犯罪预备、中止、未遂、情节一般的，可以免除处罚或者不认为是犯罪。"既然司法解释都规定了免予处罚的情形，司法实践中也适用免除处罚。

依据联合国《儿童权利公约》第 37 条关于"不得非法或任意剥夺任何儿童的自由。对儿童的逮捕、拘留或监禁应符合法律规定并仅应作为最后手段，期限应为最短的适当时间"的规定，未成年人的年龄情节已经被视为适用免刑的条件之一，而且也得到司法解释的确认。解释规定，未成年犯罪中的初犯、偶犯，如果罪行较轻，悔罪表现好，属于预备犯、中止犯、防卫过当、避险过当，共同犯罪中的从犯、胁从犯，以及犯罪后自首或有立功表现的，一般应适用刑法第 37 条的规定，免予刑事处分。

3. 行刑过程中的从宽处理政策

法律面前人人平等，是刑法三大原则之一。与此相对应的是执行刑罚亦人人平等。罪行轻重不同，主观恶性不同，改造难易不同而给予差别处理，这是行刑中的应有之义。但由于未成年人的主观恶性、改造难易程度明显不同于成年人，对该人群给予区别对待，体现了司法公正的精神，这不违反行刑人人平等的原则。恰恰是行刑平等的实质体现，诠释了司法公正的精神。1997 年 11 月，最高人民法院颁布实施的《关于办理减刑、假释案件具体应用法律若干问题规定》第 13 条规定："对犯罪时未成年人罪犯的减刑、假释，在掌握标准上可以比照成年罪犯依法适当放宽。"立法的不足通过司法解释的方式来补救，未成年人"可以比照"，成年罪犯适度放宽，行刑平等原则实施中切实保护未成年人的利益。

4. 封存制度

我国刑事诉讼法第 275 条规定："犯罪的时候不满十八周岁，被判处五年有期徒刑以下刑罚的，应当对相关犯罪记录予以封存。犯罪记录被封存的，不得向任何单位和个人提供，但司法机关为办案需要或者有关单位根据国家规定进行查询的除外。依法进行查询的单位应当对被封存的犯罪记录的情况予以保密。"这被称为"未成年人轻罪犯罪记录封存制度"。该制度对未成年犯的复学、就业以及保证其顺利回归社会具有重要现实意义。

未成年人轻罪犯罪记录封存制度的适用对象除被判处五年有期徒刑以下刑罚的未成年犯外，未成年人相对不起诉和附条件不起诉记录封存也应参照适用，而且从长远来看，应适用于所有未成年人：在法律效力上应严格限定"国家规定"的范围，并协调与其他相关法律的关系，适用主体除公安机关、检察院、法院和未成年犯管教所外，还包括知晓未成年人犯罪记录的有关机关、单位以及当事人、辩护人、诉讼代理人和其他知晓其犯罪记录的个人。为充分发挥该制度的重要价值，应当将其"升级"为未成年人犯罪记录消灭制度。

根据我国刑事诉讼法第 275 条规定："犯罪时不满十八周岁，被判处五年有期徒刑以下刑罚以及免除刑事处罚的未成年人的犯罪记录,应当封存。"2012年 12 月 31 日以前审结的案件符合前款规定的，相关犯罪记录也应当封存。司法机关或者有关单位向人民法院申请查询封存的犯罪记录的，应当提供查询的理由和依据。对查询申请，人民法院应当及时作出是否同意的决定。

二、域外未成年人犯罪记录的处理模式

从国际社会立法看，对未成年人刑事犯罪记录实行前科消灭制度已成为世界刑事立法的趋势，但世界各国对未成年人犯罪记录消灭在范围大小、罪行轻重、考察期限设置等方面存在诸多差异，主要表现有：

犯罪记录消灭的方式多为未成年人犯罪记录自动、完全消灭。主要有两种：一是附期限的消灭，如澳大利亚的青少年起诉法规定："警方对未成年人的犯罪记录不能保留到其成年之后，十八周岁以后必须销毁，以便使其以无罪记录的身份进入社会，过正常人的生活。若被法院宣告无罪释放的，该青少年的一切涉罪档案资料也必须销毁。"法国的刑事诉讼法典第 770 条规定："对未成年人作出的裁判决定，在此种决定作出三年期限届满后，如未成年人已经得到再教育……从犯罪记录中撤销与前项裁判相关的登记卡，经宣告撤销犯罪记录登记卡时，有关原决定的记述不得留存于少年犯罪记录中，与此裁判相关的犯罪记录登记卡应销毁。"二是附条件的消灭，如德意志联邦少年法院法规定："如果一个有前科者能够证明自己在上次犯罪后遵纪守法，保持良好的品性，就可以请求法院通过裁定的方式把自己在联邦中央犯罪登记簿中关于自己前科的登记消除掉。"

犯罪记录消灭的法律后果为直接视作无犯罪记录。国际上通行做法是犯罪记录消灭，消灭的是犯罪记录对行为人回归社会的障碍和阻滞，而非刑罚执行本身。如日本少年法规定："因少年时犯罪被判刑并已执行终了，或免于执行的人，在关于人格法律的适用上，得视为没有受过刑罚处分的人。少年时因犯罪被判刑而接受缓期执行的，在缓期执行期间，可视为刑期期满，适用前款的规定。"德意志联邦少年法院法规定："前科登记消除后，关于证明自己个人品行的材料中也不能有关于前科的记载，且本人不负有告知他人的责任。"

犯罪记录消灭的执行主体不一。各国关于犯罪记录消灭程序的启动模式，规定不一，有本人或检察机关申请的，有依职权而为的；有法院依法裁决的，亦有司法部统领之的。如韩国刑法规定："在刑罚被执行完毕或者免除的罪犯，如果在依法把受害者的损失补偿好后，法院再对其判决、判处的刑罚是停止资格以上的，那么，经过七年的考验期限后，本人或是检察官都可以申请法院依法宣告之前的判决失效。"《西班牙刑法典》规定："罪犯在服刑期满后，如果符合应当宽恕的条件，在得到法官的通知后，可以要求司法部注销自己被判处刑罚所留下的前科。"法国刑事诉讼法典则规定："犯罪记录消灭需少年法庭应其本人申请、检察官申请或依职权进行。"

关于犯罪记录消灭的例外规定。某些国家从犯罪类型上对犯罪记录消灭作出了禁止性规定，主要体现为对惯犯、瘾癖犯、危害国家安全犯罪及严重刑事犯罪犯的保留，如匈牙利刑法第 70 条规定："凡因违反国事罪，以及军职犯罪和侵犯劳动人民利益的犯罪而被判刑的人，法院不得消灭其前科。"而其他一些国家则从刑罚的轻重程度上对犯罪记录消灭予以限制，如英国前科消灭法规定："曾被处以终身监禁和超过三十个月监禁的人，其前科不得消灭。"

三、我国未成年人轻罪犯罪记录封存制度的理论基础

1. 人权理论基础

改革开放取得的经济成就奠定了我国人权保障的基础。在法律上，主要表现为 2004 年我国宪法明确规定"国家尊重和保障人权"，这是人权在我国法律发展上首次入宪，也是国家重视人权保障的直接体现。人权保障是刑事法治理念的基础性要求，也是当代刑事司法制度所蕴含的基本理念。马歇尔·克林纳认为，没有天生的犯罪人，犯罪人是由正常人演变而来的。从社会学和心理学的角度看，违法犯罪是一种社会偏差行为，是由社会化过程的缺陷或障碍导致的，是犯罪人个体认识方式，特别是思维方式发生偏离并由此引起的个人意识、自我意识缺陷、价值定向蜕变及道德意识退化、个人法律意识的缺陷等表现。因此，刑事司法制度，特别是在涉及未成年人的刑事诉讼过程中，应当更加关注为未成年人提供程序上的人文关怀，力求在实体上使刑罚后遗效果最小化，有效促进未成年人顺利回归社会，避免"犯罪标签"对未成年人的成长和回归形成阻碍。

少年兴，则国兴；少年强，则国强。未成年人作为正在蓬勃发展的群体，

其身心发育尚未成熟，价值观发展具有不稳定性，认知能力也处于低级发展阶段，不能辩证、发展地看待问题和处理复杂问题。这是他们实施越轨行为的重要因素，同时也是他们具有较强可塑性的基础。未成年人身心发展尚未成熟，承压、抗压能力差，在涉及未成年审判中，重教育更应当重保护，避免因犯罪记录外流而引发社会公众对未成年犯的非规范性评价，形成"标签效应"，阻碍未成年犯顺利复归社会。建立未成年人轻罪犯罪记录封存制度，一方面可以减轻未成年人的心理负担，重树其做人的勇气和决心，体现教育、感化、挽救的方针；另一方面也可以使未成年人平等地享受各种权利和机会，为其复归社会创造一个良好的人文环境。

2. 法律理论基础

联合国《保护被剥夺自由少年规则》第 19 条规定："释放时，少年的记录应封存，并在适当时候加以销毁。" 1984 年，我国签署的联合国《少年司法最低限度标准》第 21 条规定："对未成年罪犯的档案应当严格保密，不能让第三方利用。对只有与案件直接有关的工作人员或其他经正式授权的人员才可以接触这些档案。" 同时规定："未成年罪犯的档案不得在其后的成人诉讼案中加以引用。" 作为公约签署国，我国有责任推进犯罪记录封存制度的建立和完善，这既是我国的承诺，也是作为一个负责任的大国应有的态度。刑法修正案（八）第 19 条对原刑法条文第 100 条之规定外，增加一款规定："犯罪的时候不满十八周岁被判处五年有期徒刑以下刑罚的人，免除前款规定的报告义务。" 未成年人保护法第 57 条 "解除羁押、服刑期满的未成年人的复学、升学、就业不受歧视" 等规定表明我国对涉罪未成年人的保护立场，但对实行前科封存制度还是实行犯罪记录消灭制度则未明确表态。2009 年 3 月，最高人民法院发布的《人民法院第三个五年改革纲要（2009—2013）》中明确提出，法院系统要配合有关部门有条件地建立未成年人轻罪犯罪记录消灭制度，先于法律首次对我国如何对待未成年人犯罪记录作出了明确的表态，意味着未成年人犯轻罪有望可以消灭犯罪前科。2012 年 3 月 14 日新修订的刑事诉讼法

第 275 条规定："犯罪的时候不满十八周岁，被判处五年有期徒刑以下刑罚的，应当对相关犯罪记录予以封存。"这是我国首次对未成年人犯罪记录实行封存制度在法律上的明确规定，否定了前科封存、犯罪记录消灭等诸多不规范提法，同时也为该制度功能的正确定位和统一适用提供了规范指引，是我国刑事法律制度的一大进步。

3. 对未成年犯实施特殊社会保护的需求

犯罪记录通常被视为人格缺陷的一种否定性、偏颇性评价，容易引发社会公众的防范、敌视等非规范性评价，及作为非规范性评价结论的"标签效应"，阻碍未成年犯顺利复归社会。鉴于未成年犯犯罪时未满十八周岁，其时正处于生理和心理发育的关键时期，心智发育尚不成熟，人生观、世界观、价值观尚未成型，社会阅历和法律知识淡薄，辨别是非和自我控制能力较差，这些特点决定了未成年人一方面容易受外界的不良诱惑走上违法犯罪道路；另一方面在受到正确规范、指引下也可以得到良好的有效的改造，顺利回归社会。实施未成年人轻罪犯罪记录封存制度可以消除犯罪前科给前科者带来的显性或隐性不利后果，能够及时有效恢复其人格尊严，有效促进未成年犯顺利回归社会，防止其重新犯罪；封存制度的实施同时还能为未成年犯提供宽松、无歧视的社会包容环境，让他们得到更多的来自社会各方面的帮助与关爱。通过开展未成年轻罪犯罪记录封存工作，杜绝和限制犯罪记录流向社会公众，严格控制相关可接触人员，免除前科报告制度，在实体上可以使刑罚后遗效果最小化，帮助未成年犯"无痕迹"地顺利回归社会。

四、未成年人轻罪犯罪记录封存程序

1. 适用的对象

新刑事诉讼法对未成年人轻罪犯罪记录封存制度的适用对象作出了明确规定，即"犯罪的时候不满十八周岁，被判处五年有期徒刑以下刑罚"的人。

从主体上看，封存制度仅适用于犯罪时不满十八周岁的未成年人，即十四至十八周岁的未成年人，强调的是犯罪时间而非接受审判的时间；从刑罚的轻重程度上看，仅适用于被判处五年有期徒刑以下刑罚的人，具体应包括五年以下有期徒刑、拘役、管制、单处罚金刑罚。此外，笔者认为对未成年人犯罪嫌疑人的相对不起诉和附条件不起诉的记录同样参照适用未成年人轻罪犯罪记录封存，相较被公诉机关起诉而被判刑的案件，该两种不起诉案件中的未成年犯罪嫌疑人罪行较轻，符合轻罪犯罪封存的宗旨，理应予以封存。

2. 封存操作程序

新刑事诉讼法对如何启动封存程序并未作出相应规定，从我国过去的实践中看，有当事人（或法定代理人）申请、法院依职权封存等几种模式。在法院审理阶段的案件应当以法院依职权启动为原则，当事人申请为例外，由法院在监禁刑或非监禁刑执行期满后进行封存。封存应当以裁定的方式作出，封存裁定书作出后应立即向所有知晓未成年人犯罪记录的机关、单位以及个人送达，同时送达公诉机关、户籍所在地暂住地的公安机关、社区矫正工作机构等。包括法院在内，所有保存或知悉未成年人犯罪情况的相关单位、组织、个人都应当负有保密责任，相关案件材料应当专柜放置，专人负责，加密保管。

3. 封存的效力

对未成年人作出轻罪记录封存裁定后，任何机关都不得披露该未成年人的犯罪记录，受刑事处罚的法律文书也不再记入其户籍及人事档案，未成年人在填写各种表格时，不再填写"曾受过刑事处罚"的字样，视作没有犯罪。同时，根据刑法第100条第2款规定："犯罪的时候不满十八周岁被判处五年有期徒刑以下刑罚的人，免除前款规定的报告义务。"

4. 封存的解除

轻罪犯罪记录封存的效果意在消除或减少犯罪的后遗效应，并没有消灭未成年人犯罪的客观事实，应当区别于犯罪记录消灭制度。轻罪犯罪记录封存意在使犯轻罪的未成年人免受犯罪记录的后遗效应，若未成年人在轻罪犯罪记录封存期间又犯罪，或者被发现尚有未受追究的犯罪行为，而不符合轻罪犯罪记录封存的条件时，应当对已经作出的封存裁定通过书面形式予以解除，作出解除裁定原则上应当由作出封存裁定的机关进行。

五、我国刑法对未成年被害人的保护

1. 刑法严厉打击以未成年人为侵害对象的犯罪

我国刑法直接规定以未成年人为侵害对象的罪名主要集中规定在侵犯公民人身权利，民主权利罪和妨害社会管理秩序罪中，具体是指刑法第 237 条规定的猥亵儿童罪，把儿童作为犯罪对象的，从重处罚；第 241 条规定的拐卖儿童罪和收买被拐卖的儿童罪；第 242 条第 2 款规定的聚众阻碍解救被拐卖的儿童罪；第 262 条规定的拐骗儿童罪，即"拐骗不满十四周岁的未成年人脱离家庭或者监护人的，处五年以下有期徒刑或者拘役"。把不满十四周岁的未成年人规定为该罪的犯罪对象，从而体现对未成年被害人的保护。第 359 条第 2 款规定的引诱幼女卖淫罪，把"引诱不满十四周岁的幼女卖淫的"单独列款，并规定相关的惩罚，以示对未成年被害人的特殊保护。第 360 条第 2 款规定的嫖宿幼女罪，对"嫖宿不满十四周岁的幼女的"与一般该行为相比，其处罚更为严厉，"处五年以上有期徒刑并处罚金。"

刑法修正案（四）第 4 条规定的雇用童工从事危重劳动罪，刑法修正案（六）第 17 条规定的组织残疾人、儿童乞讨罪，规定"以暴力、胁迫手段组织残疾人或儿童乞讨的，处三年以下有期徒刑或者拘役，并处罚金，情节严重的，处三年以上有期徒刑，并处罚金"。

这些罪名都把未成年人作为侵害对象，刑法则将其作为专有罪名规定，或单独成条或单独成款，并且制定了更为严厉的处罚，或从重或加重，以示对未成年人的特殊保护。

2. 把侵害未成年人做法定的加重情节

刑法第 236 条规定："奸淫幼女的以强奸罪论处，并从重处罚；同时，该条第 3 款规定，具有奸淫幼女情节恶劣或奸淫幼女多人或二人以上轮奸的，或致使被害人重伤、死亡或造成其他严重后果之一的，处十年以上有期徒刑、无期徒刑或死刑。"该条把犯罪对象作为从重、加重的一个因素，是因为强奸行为对幼女以后的身心健康及思想发展都将造成很大的影响。法律理应制定更为严厉地处罚，对她们加以保护，给予宽慰，帮她们树立自信。刑法第 239 条第 2 款规定："以勒索财物为目的偷盗婴幼儿的，依照前款的规定处罚，即处十年以上有期徒刑或者无期徒刑，并处罚金或者没收财产；致其死亡或杀害的，处死刑并处没收财产。"刑法第 240 条规定："以出卖为目的偷盗婴幼儿的，处十年以上有期徒刑或者无期徒刑，并处罚金或者没收财产；情节特别严重的，处死刑，并处没收财产。"刑法第 237 条第 3 款规定："猥亵儿童的，依照前两款的规定从重处罚，即属于第 1 款规定的暴力、胁迫或者其他方法强制猥亵儿童的，应在五年以下有期徒刑或者在拘役量刑幅度内从重处罚；属于第 2 款规定的聚众或者在公共场所当众以暴力、胁迫或者其他方法强制猥亵儿童的，应在五年以上有期徒刑的量刑幅度内从重处罚。"刑法第 347 条第 6 款规定："利用、教唆未成年人走私、贩卖、制造、运输，或者向未成年人出售毒品的，从重处罚，使其不受毒品的侵害。"刑法第 353 条第 3 款规定："引诱、教唆、欺骗或者强迫未成年人吸食、注射毒品的，从重处罚。前两款规定既可以对不法分子起到更大的威慑作用，又可以更好地保护未成年人。"刑法第 358 条第 1 款规定："组织、强迫不满十四周岁的幼女卖淫的，属于组织卖淫罪、强迫卖淫罪的情节严重，处十年以上有期徒刑或者无期徒刑，并处罚金或者没收财产；情节特别严重的，处无期徒刑或者死刑，并处没收财产。"刑法第 364 条第 4 款规定："向不满十八周岁的未成年人传播淫秽物品的，从重处罚，从思想和精神上给予未成年人更为干净的成长空间。"刑法第 29 条规定："教唆不满十八周岁的人犯罪的，应当从重处罚。"2002 年，最高人民法院《关于审理抢夺刑事案件具体应用法律若干问题的解释》第 2 条规定：
"抢夺不满十四周岁的未成年人财物，且数额较大的，从重处罚。"

3. 特定国家机关工作人员对未成年人渎职犯罪的规定

刑法第 416 条第 1 款规定："对被拐卖、绑架的妇女、儿童负有解救职责的国家机关工作人员，接到受害妇女、儿童及其家属的解救要求或者接到其他人的举报，而不对其进行解救，且造成严重后果的，处五年以下有期徒刑或者拘役。"刑法第 416 条第 2 款规定："负有解救职责的国家机关工作人员利用职务之便阻碍解救的，处两年以上七年以下有期徒刑；情节较轻的，处两年以下有期徒刑或者拘役。"

从上述刑法的有关规定及司法解释中可以看出，刑法对侵害未成年人合法权益或以未成年人作为侵害对象的犯罪进行从严制裁，体现了国家和法律对该群体的宽容与保护。但这并不表示刑法对未成年人的保护已尽善尽美。随着时间的推移和形势的发展，刑法在保护未成年人方面的规定将日趋完善。

第二节　刑法规定与未成年人有关的犯罪

一、刑法规定侵犯未成年人权益的犯罪

猥亵儿童罪、拐卖儿童罪、收买被拐卖儿童罪、聚众阻碍解救被收买儿童罪、雇佣童工从事危险劳动罪、拐骗儿童罪、组织儿童乞讨罪、组织未成年人进行违反治安管理活动罪、引诱未成年人聚众淫乱罪、引诱幼女卖淫罪、不解救被拐卖绑架儿童罪、阻碍解救被拐卖绑架儿童罪、教育设施重大安全事故罪……这些罪名指向的对象都是未成年人，都是直接侵犯未成年人的合法权益的犯罪行为。虽然，在侵犯未成年人合法权益的具体行为上有区别，

如猥亵儿童罪侵犯的是未成年人的心理健康，绑架儿童罪侵犯的是未成年人的人身自由，教育设施重大安全事故罪侵犯的是未成年人的教育权和生命健康权，但它们有一个共同的特点，就是直接侵犯了未成年人的切身利益，导致未成年人成为受害者。

我国刑法也规定了与未成年人合法权益有关联的犯罪，主要包括故意杀人罪、过失伤害致人死亡罪、故意伤害罪、组织出卖人体器官罪、过失致人重伤罪、非法拘禁罪、绑架罪、虐待罪、遗弃罪、强迫劳动罪、传授犯罪方法罪、非法组织卖血罪、强迫他人吸毒罪、组织卖淫罪、传播淫秽物品罪、组织淫秽表演罪。这类案件的受害人，其中有未成年人，也有很多成年人。列举这些，意在提示各位家长，遇到此类案件，一定要根据案情，依据刑法的相关规定，进行合情合理合法的处理。

我国刑法规定，还有一类案件是涉及受害人为未成年人要加重处罚的。如教唆罪，即教唆未成年人从事犯罪活动的，予以加重处罚；如果强奸幼女，构成强奸罪，也要对加害者加重处罚；若利用未成年人走私、贩卖、运输、制造、出售毒品的，也要加重对犯罪人的处罚；强迫幼女卖淫罪是从强迫卖淫罪中分立出来的一个罪名，目的就是加重对强迫者的处罚。

此类犯罪构成的共同要件有以下几个方面：

侵犯的客体是未成年人的合法权益，包括生命权、健康权、人身自由权、人格尊严权、心理健康权、教育权等，与未成年人的生长、发育、健康、学习等息息相关。只要未成年人合法权益受到严重侵害，构成犯罪的，就要严惩。

都实施了非法侵害未成年人合法权益的严重违法行为。均采取了剥夺、限制、破坏、伤害等暴力手段，也包括欺骗、雇佣、收买、拐卖、诬告等非暴力的或者说是和平的手段。无论哪种方式，其行为的最终后果都是严重损害了未成人的合法权益。

加害者明知自己的行为可能产生严重损害未成年人的后果而为之。如绑架罪、组织儿童乞讨罪等；也有明知可能会发生，却不采取预防措施的，如过失致人死亡、过失致人重伤罪。

主体有刑事责任能力。加害者是刑法上规定的，应承担刑事责任的人。也就是说，是年满十六周岁以上的，智力发育正常的人。只有特殊的几类犯罪可能是刚满十四周岁的未成年人所犯。

二、刑法对未成年人犯罪的特殊规定

刑法对未成年人犯罪的特殊规定是用列举的方式进行阐明的。

刑法第 17 条第 2 款规定："已满十四周岁不满十六周岁的人，犯故意杀人、故意伤害致人重伤或者死亡、强奸、抢劫、贩卖毒品、放火、爆炸、投毒罪的，应当负刑事责任。""已满十四周岁不满十八周岁的人犯罪，应当从轻或者减轻处罚。因不满十六周岁不予刑事处罚的，责令他的家长或者监护人加以管教；在必要的时候，也可以由政府收容教养。"这是我国刑法对未成年人犯罪特殊处理的原则。

已满十四周岁不满十六周岁的人一般已有一定的识别能力，但由于年龄尚小，智力发育尚不够完善，缺乏社会知识，还不具有完全识别和控制自己行为的能力，他们负刑事责任的范围应当受其刑事责任能力的限制，不能要求他们对一切犯罪都负刑事责任。因此，我国刑法只规定该年龄段的人犯上述几种明显具有严重社会危害性的罪，才应当负刑事责任。需要注意的是，这里所规定的八种犯罪，即故意杀人罪、故意伤害罪（致人重伤或者死亡）、强奸罪、抢劫罪、贩卖毒品罪、放火罪、爆炸罪、投放有害物质罪（毒害性、放射性、传染病病原体等物质），是指具体犯罪行为，而不是具体罪名。根据最高人民法院《关于审理未成年人刑事案件具体应用法律若干问题的解释》的规定："已满十四周岁不满十六周岁的人实施本款规定以外的行为，如果同时触犯了本款规定的，应当依照本款的规定确定罪名，定罪处罚。"

第三节　刑法对未成年人犯罪保护的规定

年龄是反映一个人的知识能力、辨别能力，以及心智健全与否的重要因素，这些都决定了一个人对其行为的认识和控制力，这也是法律对未成年人这个群体给予特殊保护的原因。作为惩罚犯罪保护人民的有力工具，刑法在未成年人问题上发挥着重要作用，具有保护未成年人合法权益和保障违法犯罪未成年人人权的双重功能。

一、我国刑法对未成年人的立法保护

1. 对未成年人的刑法保护

制定刑法的主要目的在于保护公民和社会不受犯罪行为的侵害，通过对一定行为课以刑罚，借以防止和遏止该行为的出现，以保护公民和社会的利益。为了实现这种保护功能，刑法加大了针对未成年人犯罪行为的打击力度，规定的具体罪名有：强奸罪（第 236 条第 2 款、第 3 款第 1、2 项）；猥亵儿童罪（第 237 条第 3 款）；绑架罪（第 239 条第 2 项）；拐卖妇女、儿童罪（第 240 条）、收买被拐卖的妇女、儿童罪（第 241 条）；聚众阻碍解救收买的妇女、儿童罪（第 242 条）；遗弃罪（第 261 条）；拐骗儿童罪（第 262 条）；引诱幼女卖淫罪（第 359 条第 2 款）；嫖宿幼女罪 [已被刑法修正案（九）废除，改为以强奸罪加重处罚]。其中对奸淫幼女罪和拐卖妇女、儿童罪规定了死刑，对奸淫幼女及猥亵儿童罪规定了较之一般强奸罪、强制猥亵侮辱妇女罪更重的处罚。此外，为了保证学生的生命安全，专门规定了教育设施重大安全事故罪（第 138 条）。为了维护未成年人的身心健康，预防未成年人犯罪，刑法

第 29 条第 1 款规定 "教唆不满十八周岁的人犯罪的，应当从重处罚"，这也从另一方面体现了国家对未成年人合法权益的保护。

同时，刑法第 36 条第 1 款规定："由于犯罪行为而使被害人遭受经济损失的，对犯罪分子除依法给予刑事处罚外，并应根据情况判处经济损失。"在刑事案件处理过程中，未成年人的损失可以通过民事诉讼的方式得到赔偿。

2. 对未成年人犯罪人的刑法保障

刑法第 3 条明文规定了罪刑法定的基本原则，确保犯罪嫌疑人不受刑罚权的任意制裁。刑法的保障功能有两层含义：一是任何公民只要不实施刑法规定的犯罪行为，就不能对该公民处以刑罚；二是对已实施犯罪行为的犯罪人，刑法也要保障其不受刑法规定以外不正当的刑罚处罚。未成年人实施犯罪的原因具有多元化和外在化的特点，可塑性极强，思想尚未定型，易于接受教育改造，国家"对犯罪的未成年人追究刑事责任，实行教育、感化、挽救方针，坚持教育为主、惩罚为辅的原则"。我国现行刑法充分贯彻了这一思想，通过法条具体规定保障其身心健康发展的权利。

二、我国刑法对未成年人的司法保护

刑法第 17 条规定："已满十六周岁的人犯罪，应当负刑事责任。已满十四周岁不满十六周岁的人，犯故意杀人、故意伤害致人重伤或者死亡、强奸、抢劫、贩卖毒品、放火、爆炸、投毒罪的，应当负刑事责任。已满十四周岁不满十八周岁的人犯罪，应当从轻或者减轻处罚。因不满十六周岁不予刑事处罚的，责令他的家长或者监护人加以管教；在必要的时候，也可以由政府收容教养。已满七十五周岁的人故意犯罪的，可以从轻或者减轻处罚；过失犯罪的，应当从轻或者减轻处罚。"

刑事责任年龄就是法律规定的应当对自己犯罪行为负刑事责任的年龄。只有达到法定年龄的人实施了犯罪行为，才能追究其刑事责任。对于没有达到法定年龄的人，即使实施了危害社会的行为，也不负刑事责任。这样规定主要是考虑到犯罪行为不只是具有社会危害性的行为，同时还是人的有意识行为，而人们控制、认识自身行为的能力，是受年龄限制的，只有达到一定年龄，其接受的社会教育程度和社会经验有了一定积累，才会具备辨别是非善恶并在行动中能够自我控制的能力，才能要求其对自己的犯罪行为承担刑事责任。我国刑法对刑事责任年龄作了明确规定，采用了四分法：

绝对无刑事责任年龄，即不满十四周岁的，对任何犯罪都不负刑事责任。

相对刑事责任年龄，即已满十四周岁不满十六周岁的人，犯故意杀人、故意伤害致人重伤或者死亡、强奸、抢劫、贩卖毒品、放火、爆炸、投毒罪的，应当负刑事责任。除上述罪名外，因不满十六周岁不予刑事处罚的，要责令其家长或者监护人加以管教，必要的时候，也可以由政府收容教养。

减轻刑事责任年龄，即已满十四周岁不满十八周岁的人犯罪，应当从轻或者减轻处罚。

完全负刑事责任年龄，即已满十六周岁的，犯任何罪都必须负刑事责任。但犯罪时未满十八周岁，不适用死刑。

理解了刑法第 17 条的内容，还要与现实的司法过程相联系，可分成两个层次。

1. 定罪过程中的非犯罪化

刑法总则在第 17 条第 1 款规定："已满十六周岁的人犯罪，应当负刑事责任。"第 2 款规定："已满十四周岁不满十六周岁的人，犯故意杀人，故意伤害致人重伤或者死亡、强奸、抢劫、贩卖毒品、放火、爆炸、投毒罪的，应当负刑事责任。"这两款规定说明十四周岁以上十六周岁以下公民实施八种特定犯罪以外危害社会行为均不负刑事责任，而所列举的八类犯罪都是未成年能够明辨其社会危害性并控制自己意志的行为，这也体现了主客观相一致原则，防止罪及无辜。另外，最高人民法院在《关于审理未成年人刑事案件具体应用法律若干问题的解释》（2006 年 1 月 23 日）（以下简称 2006 年高法解释）中规定了可以不认为是犯罪的几种情形："①已满十四周岁不满十六周岁的人使用轻微暴力或者威胁，强行索要其他未成年人随身携带的生活、学习用品或者钱财数量不大，且未造成被害人轻微伤以上或者不敢正常到校学习、生活等危害后果的；已满十六周岁不满十八周岁的人前款规定情形的，一般也不认为是犯罪。②已满十六周岁不满十八周岁的人实施盗窃行为未超过三次，盗窃数额虽已达到数额较大标准，但案发后能如实供述全部盗窃事实并积极退赃，且在共同盗窃中起次要或者辅助作用，或者被胁迫或具有其他轻微情节的。③已满十六周岁不满十八周岁的人盗窃自己家庭或者近亲属财物，或者盗窃其他亲属财物但其他亲属要求不予追究的；④已满十六周岁不满十八周岁的人盗窃未遂或者中止的。⑤已满十四周岁不满十六周岁的人偶尔与幼女发生性行为，情节轻微、未造成严重后果的。"通过以上规定，尽量缩小对未成年人定罪的可能性，使其免受犯罪阴影笼罩一生，给予其改过自新的机会。

在司法实践中，还有一种情况也是要按非犯罪化处理的，那就是不满十四周岁的人不管实施何种法益侵害行为，都不可对其定罪，都不负刑事责任。

2. 量刑过程中的减免处罚

刑法总则第 17 条第 3 款规定："已满十四周岁不满十八周岁的人犯罪，应当从轻或者减轻处罚。"这是处罚未成年人犯罪的总原则。根据该原则，刑法第 49 条规定对"犯罪的时候不满十八周岁的人"不适用死刑。这不仅充分体现了对未成年人以"教育为主、惩罚为辅"的刑事政策，而且与我国已加入的联合国《儿童权利公约》第 37 条的规定相符合。根据 2006 年高法解释："未成年人犯罪只有罪行极其严重的，才可以适用无期徒刑。对已满十四周岁不满十六周岁的人犯罪一般不判处无期徒刑；除刑法规定'应当'附加剥夺政治权利外，对未成年罪犯一般不判处附加剥夺政治权利；对未成年罪犯实施刑法规定的'并处'没收财产或者罚金的犯罪，应当依法判处相应的财产刑，对未成年罪犯实施刑法规定的'可以并处'没收财产或者罚金的犯罪，一般不判处财产刑；对未成年罪犯判处罚金时，应当依法从轻或者减轻判处，并根据犯罪情节，综合考虑其缴纳罚金的能力，确定罚金数额。但罚金的最低数额不得少于五百元人民币。"

3. 我国刑法对未成年人的行刑保护

刑法第 72 条规定："对于被判处拘役、三年以下有期徒刑的犯罪分子，根据犯罪分子的犯罪情节和悔罪表现，适用缓刑确实不致再危害社会的，可以宣告缓刑。"

2006 年高法解释指出："对未成年罪犯符合刑法第 72 条第 1 款规定的，可以宣告缓刑。如果同时具有初次犯罪或积极退赃或赔偿被害人经济损失的或者具备监护、帮教条件的，对其适用缓刑确实不致再危害社会的，应当宣告缓刑。"此规定较之对成年罪犯的"可以宣告缓刑"（现行刑法第 72 条）更为宽大。

第四节　刑法修正案（九）关于未成年人保护的六个变化

一、废除嫖宿幼女罪，以强奸罪从重处罚

1997 年修订刑法时，嫖宿幼女罪（第 360 条第 2 款）成为妨害社会管理秩序罪一章中的独立罪名，与原来刑法中侵犯公民人身权利、民主权利罪一章中的强奸罪相区别。刑法修正案（九）经过三次审议，终将该罪取消，结束了嫖宿幼女罪存废论十八年的争论，体现了对幼女的尊重和保护。修改后的刑法修正案已于 2015 年 11 月 1 起施行，嫖宿幼女将视同奸淫幼女行为以强奸罪从重处罚。

二、收买被拐卖儿童行为不免刑责，一律追究刑事责任

对于拐卖儿童犯罪，司法机关一直保持严打的高压态势，但由于刑法修正案（八）规定"收买被拐卖的妇女儿童，不阻碍其返回居住地的，对被买儿童没有虐待行为，不阻碍对其进行解救的，可以不追究责任"，导致滋生拐卖犯罪的土壤并未彻底铲除，买方市场无法有效打击入刑。

刑法修正案（九）针对这一情况，对收买被拐卖儿童罪作了修改补充，草案一审稿规定："对收买被拐卖儿童没有虐待行为，不阻碍对其进行解救的，可以从轻、减轻或者免除处罚。"经过二审稿、三审稿的审议，修正案最终删去了草案一审稿中"可以减轻、免除处罚"的表述，将刑法第241条第6款修改为："收买被拐卖的妇女、儿童，对被买儿童没有虐待行为，不阻碍对其进行解救的，可以从轻处罚：按照被买妇女的意愿，不阻碍其返回原居住地的，可以从轻或者减轻处罚。"这既对买方行为具有震慑作用，也加大了拐卖儿童卖方行为的犯罪风险，有利于从源头上减少拐卖妇女儿童的发生。

三、虐待罪自诉案件特定情况变为公诉

长期以来，虐待罪的自诉追诉程序备受争议，特别是虐待儿童的案件。近些年来，儿童遭受虐待的案件频频曝光，相当一部分案件难以进入司法程序，这与刑法规定的虐待罪属于告知才处理的自诉案件直接相关。根据刑法规定，除非造成被害人重伤、死亡，其他情节恶劣的虐待案件都属于告知才处理的情形。但实际情况是实施虐待的主体往往是儿童依赖的父母等，而且由于自身行为能力的限制，他们一般无法自己告知，大部分亲属出于各种顾虑也不愿意助其告知，从而难以及时追究施虐主体的责任，纵容了实施虐待的主体，导致有的案件中儿童被虐待致死。北京青少年法律援助与研究中心

长期关注儿童遭受家庭暴力案件，多次调研发现除后果特别严重致死致残的进行刑事处罚外，对一般案件缺少有效处理方式，于是，呼吁建议将虐待儿童案件的自诉程序修改为公诉程序。

刑法修正案（九）在原有自诉程序设置基础上，补充规定了特定除外的情形，将第 260 条第 3 款修改为："第一款罪，告诉的才处理，但被害人没有能力告诉，或者因受到强制、威吓无法告诉的除外。"这将改变传统的自诉限制，有效追究施虐主体的刑事责任，为无法或没有能力提起自诉的被害人设置国家和司法主动保护的制度。虽然是这样一个补充规定，但在儿童保护领域里却是制度的一大进步，体现了国家对儿童等特殊人群的特殊、优先保护理念。

四、扩大虐待主体范围，增设虐待被监护、看护人员罪

近些年来，教师等群体对儿童实施伤害的案件造成了极其恶劣的社会影响。对这类行为，理应予以严惩，以预防类似事件的发生。但在司法实践中，刑法对这类行为无法发挥有效作用，原因是缺乏合适的罪名追究其刑事责任。过去，虐待罪的主体为家庭成员，而教师等人员不符合虐待罪的主体条件，例如 2012 年浙江温岭教师虐童案等，不胜枚举。北京青少年法律援助与研究中心曾对 2011 年至 2013 年三年间媒体报道的 512 个校园保护案件进行了调研，其中教师体罚学生案件占到 22.46%，教师歧视、侮辱等侵犯学生人格尊严的案件占 6.84%，两种情况的比例就高达校园保护案件的 29.3%，将近三成。可见，对家庭外的虐童行为进行打击的必要性。

刑法修正案（九）对社会普遍关注的虐待儿童问题给予了积极回应，在第 260 条规定的虐待罪后，增设了虐待被监护、看护人员罪。一是明确了该罪被害人的范围是未成年人、老年人、患病的人、残疾人等需要监护和看护的人；二是扩大了虐待的主体范围，将对上述这些人负有监护、看护职责的人

或单位纳入主体范围；三是提高了法定刑，由虐待罪的两年提高到三年；四是还规定了本罪与其他罪名竞合时，依照处罚较重的规定定罪处罚，即在第 260 条之后增加一条，作为第 260 条之一："对未成年人、老年人、患病的人、残疾人等负有监护、看护职责的人虐待被监护、看护的人，情节恶劣的，处三年以下有期徒刑或者拘役。单位犯前款罪的，对单位判处罚金，并对其直接负责的主管人员和其他直接责任人员，依照前款的规定处罚。有第一款行为，同时构成其他犯罪的，依照处罚较重的规定定罪处罚。"

五、猥亵男童入刑，规定强制猥亵他人罪

"男童遭性侵害"在我国一直处于难以入刑的尴尬境地。根据刑法的规定，对不满十四周岁的男童实施猥亵的行为按照猥亵儿童罪处罚。但对于已满十四周岁不满十八周岁的男性未成年人实施性侵害行为如何论断在法律上一直是个空白，导致实践中发生的已满十四周岁男性未成年人遭受性侵害案件无法得到刑法的追究，不仅不利于对男性未成年人的保护，而且极其容易导致一些受害人由于得不到法律保护而采取极端的自行报复方式，影响社会整体的安全和稳定。

令人欣慰的是，刑法修正案（九）将原来的强制猥亵妇女罪修改为强制猥亵他人罪，扩大了保护主体范围，打破了被害人性别的限制，不仅包括妇女，还包括十四周岁以上的男性。同时，还将"有其他恶劣情节的"纳入加重量刑的情节中，即将刑法第 237 条修改为："以暴力、胁迫或者其他方法强制猥亵他人或者侮辱妇女的，处五年以下有期徒刑或者拘役。聚众或者在公共场所当众犯前款罪的，或者有其他恶劣情节的，处五年以上有期徒刑。猥亵儿童的，依照前两款的规定从重处罚。"

虽然刑法修正案（九）作出了上述修改，还有两个问题值得引起注意。一是还未真正实现对于男性未成年人与女性未成年人给予同样的保护。现行

刑法中对"强奸"的定义还只针对女性，强奸未满十四周岁的男童和十四周岁以上的男性未成年人只能分别按照猥亵儿童罪和猥亵他人罪论处，对于强奸行为按照猥亵罪处理无疑将会轻纵犯罪人，也不符合罪刑相应的基本原则。二是后续司法解释应当对"其他恶劣情节"作出详细解释，对于猥亵多人、猥亵多次或造成严重后果，以及使用生殖器以外器官或工具进行恶性猥亵的都应纳入恶劣情节的范畴，处五年以上有期徒刑。

六、保障学生人身安全，校车超载超速入刑追责

校车安全虽然被强调多遍，但"夺命校车"事故仍然频发。仔细分析，这些事故发生的原因是校车安全并未受到足够重视，校车安全管理条例并未得到有效落实。刑法修正案（九）在"危害公共安全罪"一章中的"危险驾驶罪"中，增加了"从事校车业务或者旅客运输，严重超过额定乘员载客，或者严重超过规定时速行驶的"和"违反危险化学品安全管理规定运输危险化学品，危及公共安全的"两种情形，并规定机动车所有人、管理人对这两项行为负有直接责任的依照前款规定处罚，同时构成其他犯罪的，依照处罚较重的规定定罪处罚。

校车超载超速的入刑追责，将更加有效增强校车管理和校车驾驶的安全责任意识，更为重要的是为保障学生的生命安全保驾护航。

第四章　刑法对未成年人犯罪不处罚的例外
——对未成年人犯罪处罚的八个罪名

　　我国现行宪法第 33 条规定："国家尊重和保障人权。"这是对未成年人在刑事法律中予以特殊照顾的宪法依据。这一人权条款是在 2004 年 3 月 18 日第十届全国人大通过的宪法修正案中新加入的。人权是与法律权利相对而言的一种基础性和道义性权利，它要求在文明社会里，每个人、每个民族、每一种组织，都应该得到平等的尊重，享受到与此文明相配的"人的"权利。随着人类社会文明的发展，当今世界，人权已成为各国和国际社会处理政治、经济、法律等事务时常常予以优先考虑的问题。人权的改善和进步需要多方面的保障，法治无疑是人权保障的一个重要领域。而在人权的法律保障中，刑事法律由于其所保护利益的广泛性、重要性及其对违法制裁的特殊严厉性，使刑事法律对人权之保障具有特别重要的意义。刑事法律对人权的保障，即包括对犯罪人人权的依法保护，同时当然更应包括对被害人及广大守法公民人权的保护。鉴于刑法对人权保障特别重要，所以当代各国立法者一般都根据本国实际情况尽可能充分有效地利用刑法对其加以保护。未成年人因为其生理、心理尚不成熟、责任能力不完备又易于教化等特点，成为现代各国刑事政策和刑事法律上普遍予以从宽处理的特殊对象，其刑法处遇也成为人权法律保障程度的重要标志之一。

　　对未成年人在刑事法律中予以特殊照顾，是中国古代刑法中源远流长的重要制度，这种制度是统治者基于"矜老怜幼、体恤废疾"的观念提出的，是作为"仁政"统治的技巧而存在的。《礼记·曲礼》就有"悼与耄，虽有罪，不加刑焉"，即使是以严刑酷法著称的秦王朝，对于称为"小"的未成年人也可减轻或免除刑罚（按秦制，男子身高六尺五寸以下，女子身高六尺二寸以下，称为"小"）。对未成年人案件在刑事法律中适用特别程序，予以特殊照顾，也已受到有关国际组织和各国立法、司法活动的重视。

一、我国刑事法律对未成年人的保护

我国刑法17条规定："已满十四周岁不满十八周岁的人犯罪，应当从轻或减轻处罚"；29条规定："教唆不满十八周岁的人犯罪的，应当从重处罚"；第49条规定："犯罪的时候不满十八周岁的人和审判时怀孕的妇女，不适用死刑"；第59条规定："没收全部财产的，应当对犯罪分子个人及其抚养的家属保留必需的生活费用"；第236条规定："奸淫不满十四周岁幼女的，以强奸罪论，从重处罚"；第237条规定："猥亵儿童的，从重处罚"；第260条规定："虐待家庭成员，情节恶劣的，处两年以下有期徒刑、拘役或者管制"；第261条规定："对于年老、年幼、患病或者其他没有独立生活来源的人，负有抚养义务而拒绝抚养，处五年以下有期徒刑、拘役或者管制"；第262条规定："拐骗不满十四周岁的未成年人脱离家庭或监护人的，处五年以下有期徒刑或拘役"。1997年我国新刑法典对未成年人的犯罪及其刑事责任较之1979年的刑法，作了进一步合理性的改进，主要包括以下两方面：

其一，将已满十四周岁不满十六周岁未成年人负刑事责任的范围予以明确化、合理化的规定。1979年的刑法典第14条第2款规定，已满十四周岁不满十六周岁的未成年人"犯杀人、重伤、放火、惯窃罪或者其他严重破坏社会秩序罪，应当负刑事责任"。在多年司法实践中，对于该款的"杀人、重伤"是限于故意犯罪还是也包括过失犯罪，尤其是对于"其他严重破坏社会秩序罪"如何理解与把握，往往产生不同的主张，因而影响了司法统一和对未成年人的特殊保护。鉴于此，1997 年新刑法典第 17 条第 2 款明确规定："已满十四周岁不满十六周岁的人，犯故意杀人、故意伤害致人重伤或者死亡、强奸、抢劫、贩卖毒品、放火、爆炸、投毒罪的，应当负刑事责任。"从而使已满十四周岁不满十六周岁未成年人负刑事责任的犯罪明确具体，比较合理地解决了原来立法造成的司法中的歧见，进一步贯彻了罪刑法定原则，强化了对未成年犯罪人权利的法律保护。

其二，1997 年的新刑法典删除了 1979 年版中关于对已满十六周岁不满十八周岁的未成年人可以判处死刑缓期两年执行的规定，即对不满十八周岁的未成年人在任何情况下都不得判处死刑，包括不得判处死刑并缓期两年执行。这就彻底贯彻了对未成年犯罪人不适用死刑的原则，从而与中国近年来参加的有关国际公约的规定相符，也充分体现了中国刑法的人道主义精神与对未成年犯罪人生命权利的依法保护。与宣称高度维护人权却在立法和司法中允许对未成年人适用死刑的某些西方国家相比，中国新刑法典在对未成年犯罪人人权保障方面的进步是显而易见的。

我国刑事诉讼法中没有规定未成年人案件特别程序，但第 14 条规定："对于不满十八周岁的未成年人犯罪的案件，在讯问和审判时，可以通知犯罪嫌疑人、被告人的法定代理人到场。"第 34 条规定："被告人是盲、聋、哑人或者未成年人而没有委托辩护人的，人民法院应当指定承担法律援助义务的律师为其提供辩护。"第 152 条规定："十四周岁以上不满十八周岁未成年人犯罪的案件，一律不公开审理。十六周岁以上不满十八周岁未成年人犯罪案件，一般也不公开审理。"第 213 条规定："对未成年犯应在未成年管教所执行刑罚。"

刑法界普遍认为新刑法第 17 条第 2 款所规定的内容应仅限于故意杀人罪、故意伤害（致人重伤、死亡）罪、强奸罪、抢劫罪、贩卖毒品罪、放火罪、爆炸罪、投毒罪，这八项罪名定罪处罚，其原因在于未成年人的可塑性较强，对他们犯罪行为的处罚应坚持"教育为主，惩罚为辅"的原则，不能任意扩大其刑事责任的范围。因此，本章用案例、法条、法理分析的方法，详解这八个罪名，便于大家理解和掌握。

二、故意杀人罪

1. 案例

2013年5月，被告人靳某勇通过网上QQ聊天认识了被害人吴某（女，殁年12岁）。靳在聊天中谎称自己叫"王钢"。同年6月23日，吴某在QQ聊天中说自己不想上学了，到宁夏石嘴山市大武口区找工作，靳便让其到大武口锦林小区来找自己。当日15时许，靳自称是"王钢"的叔叔，在大武口锦林一区门口接上吴某。二人在锦林二区6号楼前的树林里聊天时，靳认为吴某辱骂了自己，便掐住对方的脖子并拧动，致其失去反抗能力；后又将其抱至锦林二区6号楼2单元102号地下室，见其已没有呼吸，用文具小刀将尸体肢解后运至锦林小区附近的泄洪沟掩埋。2013年7月11日，公安民警将靳某勇抓获。经法医鉴定，吴某系被扼颈致机械性窒息死亡，死后被分尸。

宁夏回族自治区石嘴山市中级人民法院经审理认为，被告人靳某勇因琐事对被害人产生不满，采用扼颈的手段致被害人死亡，其行为已构成故意杀人罪。公诉机关指控被告人靳某勇犯故意杀人罪事实清楚，证据确实、充分，指控罪名成立。被告人靳某勇将被害人杀害后，又将被害人尸体进行肢解掩埋，其犯罪手段极其残忍，犯罪情节极其恶劣，社会危害性极大，应依法予以严惩，且其有犯罪前科，应酌情从重处罚。被告人靳某勇的犯罪行为给附带民事诉讼原告人吴某亮、海某英造成物质损失，依法应予赔偿。附带民事诉讼原告人的诉讼请求中，其中有证据证实的丧葬费为6270元，符合法律规定，予以支持；其他诉讼请求不符合法律规定，不予支持。因被告人靳某勇的亲属自愿赔偿被害人近亲属20000元，符合法律规定，应予以支持。依照刑法等有关规定，判决被告人靳某勇犯故意杀人罪，判处死刑，剥夺政治权利终身；被告人靳某勇赔偿附带民事诉讼原告人吴某亮、海某英物质损失 20000 元；驳回附带民事诉讼原告人吴某亮、海某英的其他诉讼请求；作案工具刀刃残片予以没收。宣判后，被告人靳某勇不服，提出上诉。

宁夏回族自治区高级人民法院经依法开庭审理，裁定驳回上诉，维持原判，并依法报最高人民法院核准。最高人民法院经复核，核准宁夏回族自治区高级人民法院维持第一审以故意杀人罪判处被告人靳某勇死刑，剥夺政治权利终身的刑事裁定。

2. 罪名

刑法第 232 条规定的故意杀人罪，是指故意非法剥夺他人生命的行为。

本罪的构成要件如下：

侵犯的客体是他人的生命权利。这是区别于其他犯罪的根本点，也是故意杀人罪的根本特征。

在客观方面，行为人具有非法剥夺他人生命的行为。

犯罪主体是一般主体。根据刑法第 17 条第 2 款规定："已满十四周岁不满十六周岁的人犯故意杀人罪的，也应负刑事责任。"

主观方面是故意，即具有杀人的故意。这种故意包括直接故意，如将被害人头颅割下，致其死亡；也包括间接故意，如用匕首向被害人腹部猛刺一刀，至于被害人是死是活，加害者持放任态度。

3. 罪名辨析

一般情况下，故意杀人罪比较好确认。但由于司法实践中遇到的情况比较复杂，有下列四种情况要注意：

第一，要把故意杀人罪与过失致人死亡罪区别开。二者的相同点是，都出现致人死亡的后果（故意杀人未遂的除外），但也有以下几点明显不同：一是主观方面不同，一个是故意，另一个是过失；二是故意杀人罪有未遂状态，而过失致人死亡罪不存在未遂问题；三是间接故意造成被害人死亡的故意杀人，与过于自信造成被害人死亡的过失致人死亡罪难以区别。二者的关键不同点在于主观心态不同。前者对被害人死亡的后果持放任、听之任之的心理；而后者对被害人死亡的后果，轻信能够避免，不致发生。

第二，要把故意杀人罪与故意伤害罪致人死亡区别开。二者的相同点是，都出现了致人死亡的后果（故意杀人未遂的除外），但二者存在着不同点：故意杀人分为直接故意和间接故意两种。直接故意杀人，目的很明确，就是要通过割下被害人头颅、刺破心脏等方法，将其杀死；而间接故意杀人，是对被害人的死亡结果持放任态度。故意伤害罪致人死亡的，对死亡的结果，既不是希望发生，也不是听之任之的放任，而是仅仅为了伤害被害人身体。被害人死亡结果的发生，是过失甚至是意想不到的。比如，被告人用匕首刺被害人腿部，因刺破动脉血管，使被害人死亡。由于腿部不属人身中的要害部位，被害人的死亡是行为人不希望的，或者是意料之外的。因此，区别故意杀人罪与故意伤害罪致人死亡的，关键在于看行为人的心理状态。对被害人死亡的后果持听之任之的放任态度，是故意杀人；对被害人死亡的后果不希望发生，而这种结果的发生是意外，其本意只是想伤害被害人的，则是故意伤害。

在司法实践中，对无故寻衅、动辄动刀捅人的案件，尽管行为人的主观故意内容不明显，但不计后果，一般按实际造成的结果定罪。被害人已经死亡的，按间接故意杀人罪论处；被害人没有死亡的，则按故意伤害罪论处。如果间接故意杀人与故意伤害致人死亡的界限确实难以分清，应按处理疑难案件"就低不就高"的原则，可按故意伤害罪论处。

第三，要把故意杀人罪与产生被害人死亡结果的危害公共安全罪区分开。在危害公共安全这类犯罪中，有些犯罪，如放火、爆炸、决水罪等，都可致人死亡。但这些犯罪与故意杀人罪有明显的不同点：一是二者侵犯的客体不同。危害公共安全这类犯罪侵害的是不特定的、多数人的生命和财产安全；而故意杀人罪，只侵犯特定人员的生命。如放火罪，可能烧死一定场所内的许多人；而故意杀人罪，只能剥夺特定的、被告人所要杀死那个人或几个人的生命。二是二者在客观方面表现不一样。危害公共安全这类犯罪在客观方面表现为放火、爆炸、决水、投毒等足以危害公共安全的行为；而故意杀人罪，在客观方面所表现的行为不危害公共安全。

第四，要把故意杀人罪与某些自杀行为区别开。自杀，不能以故意杀人罪追究别人的刑事责任。但在实践中，有以下一些现象，表现形式是被害人自杀，实质是被害人被害，应追究他人的刑事责任。一是逼他人自杀的。如丈夫有外遇，逼妻子离婚，妻子不离。丈夫殴打其妻，其妻以自杀相威胁。丈夫说："你若不自杀，你就不是你爹娘养的！"并递给她一瓶剧毒农药，"你若不自杀，我把你和你们娘家人都杀了。"其妻被逼当场喝下剧毒农药自杀。丈夫见状未加抢救，致其妻死亡。尽管其妻是自己喝药死的，也应追究其丈夫的刑事责任。丈夫在犯罪的客观方面，表现为借妻子之手剥夺其生命的行为。因构成故意杀人罪的四个要件，丈夫犯故意杀人罪。如果子女没有考上大学，受到父母的打骂；或者子女处理婚姻问题时，遇到父母反对或阻拦，这时子女一时寻了短见，自杀身死，其父母因没有剥夺子女生命的故意，故不能以故意杀人罪追究其父母的刑事责任。二是骗他人自杀的。如甲与其养父关系不睦，一日其养父患病住院，甲便用伪造的医院化验单，欺骗其养父说："你患了癌症，而且到了晚期。现在没法治了。"然后哄劝其养父自杀，结束痛苦。其养父信以为真，服毒自杀。此案破获后，甲被以故意杀人罪追究了刑事责任。但下面案例不属骗他人自杀：两位高三毕业生没考上大学，产生厌世心理，约定共同悬吊自杀。两人各带一根绳索来到山坡上，在同一棵树上，各选一枝，同时上吊自杀。其中甲因身体较重，被勒昏时树枝断了，醒后见乙已死亡，自己没再自杀，而是回来后把此情况告诉给乙的父母。三是帮他人自杀的。应自杀人的请求，为其提供刀具、毒药等，但没帮助其实施具体自杀行为，一般不以故意杀人罪论处。如果不仅提供刀具、毒药等，还具体帮助其自杀，如把毒药给其吞服，自杀人上吊后帮助搬走脚下的凳子，或自杀人用刀自杀昏迷没死，自己帮助将其杀死等情形，应以故意杀人罪追究其刑事责任。但在量刑时可从轻甚至减轻处罚。

4. 刑罚

刑法第 232 条规定："故意杀人的，处死刑、无期徒刑或者十年以上有期徒刑；情节较轻的，处三年以上十年以下有期徒刑。"

刑法第 36 条规定："由于犯罪行为而使被害人遭受经济损失的，对犯罪分子除依法给予刑事处罚外，并应根据情况判处赔偿经济损失。""承担民事赔偿责任的犯罪分子，同时被判处罚金，其财产不足以全部支付的，或者被判处没收财产的，应当先承担对被害人的民事赔偿责任。"

对故意杀人罪的量刑要注意以下问题：

（1）本罪所指"情节较轻"通常是指防卫过当杀人、出于义愤或类似大义灭亲杀人，还有反抗迫害或羞辱杀人、应被害人请求而帮助其自杀的杀人，以及杀人的预备、中止等等。

（2）刑法第 56 条、第 57 条和第 72 条，与本罪的量刑也有关。这三条规定的有关内容分别是："对于故意杀人、强奸、放火、爆炸、投毒、抢劫等严重破坏社会秩序的犯罪分子，可以附加剥夺政治权利""对于判处死刑、无期徒刑的犯罪分子，应当剥夺政治权利""对于被判处拘役、三年以下有期徒刑的犯罪分子，同时符合下列条件的，可以宣告缓刑，对其中不满十八周岁的人、怀孕的妇女和已满七十五周岁的人，应当宣告缓刑：①犯罪情节轻微；②有悔罪表现；③没有再犯罪的危险；④宣告缓刑对所居住社区没有重大不良影响。宣告缓刑，可以根据犯罪情况，同时禁止犯罪期限内从事特定活动，进入特定区域、场所，接触特定的人。被宣告缓刑的犯罪分子，如果被判处附加刑，附加刑仍须执行"。

（3）刑法第 289 条规定："聚众'打砸抢'致人伤残、死亡的，依照本法第 234 条、第 232 的规定定罪处罚。毁坏或者抢走公私财物的，除责令退赔外，对首要分子，依照本法第 363 条的规定定罪处罚。"

三、故意伤害罪（致人重伤、死亡的）

1. 案例

2012 年 7 月 23 日 16 时许，被告人何某某（男，十五岁）因被害人刘某与其表弟唐某发生纠纷，在湖南省株洲市天元区天伦路动感地带溜冰场外，持一瓶尚未开瓶、装满啤酒的啤酒瓶击打刘某的头部，致刘某头部受伤。何某某随即逃离现场。经鉴定，刘某的伤情为重伤，构成九级伤残。同年 9 月 11 日，公安机关将何某某抓获归案。

同月 18 日，何某某的法定代理人代为预付刘某医药费 25000 元。在本案审理过程中，刘某向法院提起刑事附带民事诉讼。经法院主持调解，刑事附带民事诉讼原告人刘某与被告人何某某达成了刑事附带民事调解协议，何某某自愿赔偿刘某经济损失 45000 元（含已预付的 25000 元），刘某自愿放弃其他诉讼请求。

株洲市天元区人民法院认为，被告人何某某故意伤害他人身体，致人重伤，其行为已构成故意伤害罪。何某某犯罪时已满十四周岁未满十六周岁，是未成年人，且是初犯、偶犯，归案后能如实供述自己的罪行，且当庭自愿认罪，认罪态度较好，积极赔偿被害人经济损失并取得被害人谅解，具有法定、酌定从轻、减轻处罚情节，应当减轻处罚。

法院经社会调查，发现何某某走上犯罪道路的主要原因在于从小受家庭不和谐因素的影响较大，性格偏激，法律意识淡薄，没有树立正确人生观与价值观，对社会事物缺乏正确的认识。据此，判决被告人何某某犯故意伤害罪，判处有期徒刑两年三个月，宣告缓刑三年。

2. 罪名

刑法第 234 条规定的故意伤害罪，是指故意伤害他人身体的行为。

本罪的构成要件如下：

（1）侵犯的客体是他人的身体健康权。

（2）在客观方面表现为实施了侵害他人身体健康的行为。伤害的必须是他人的身体健康，自伤身体的，不构成故意伤害罪。在战时，负有参战义务的人自伤身体以逃避服役的不构成本罪，但可以构成别的犯罪。本罪必须是非法地损害他人身体健康。合法行为及法律所允许的，例如正当防卫、医生治疗病人为病人截肢等，均不构成犯罪。

（3）本罪的主体是一般主体。

（4）主观方面是故意。

3. 罪名辨析

第一，要划清轻伤与重伤的界限。区别轻伤与重伤对准确量刑有重要意义。根据最高人民检察院、最高人民法院、公安部、安全部、司法部共同颁布的《人体损伤程度鉴定标准》，重伤包括使人肢体残废、毁人容貌、丧失听觉、丧失视觉、丧失其他器官功能，或者其他对于人身健康有重大伤害的损伤，包括重伤一级和重伤二级。轻伤包括使人肢体或者容貌损害，听觉、视觉或者其他器官功能部分障碍或者其他对于人身健康有中度伤害的损伤，包括轻伤一级和轻伤二级。

在实践中，如何利用轻伤、重伤的标准鉴别二者？一般情况下，二者比较容易区别，因为不管是轻伤还是重伤，都有明确的规定：轻伤害一般根据行为人实施侵害行为时当场造成的伤情，按照《人体损伤程度鉴定标准》来确定；重伤害则要综合考虑行为人侵害行为当时所造成的伤势情况、并发症、治疗结果、有无后遗症等情况，然后得出是否重伤的结论。如果被害人受伤害当时的伤情比较重，或者根据《人体损伤程度鉴定标准》只符合轻伤标准的，但被伤害后引起一系列并发症而导致残废或者功能障碍的，在认定伤情时，要综合分析，考虑到后遗症的情况，不应当以重伤对待。特别是后遗症是因为医疗事故造成的或后遗症与医疗事故之间存在着必然的因果关系时，不属于行为人实施伤害行为所致，不以重伤害论处。

第二，要划清故意伤害（致人死亡）罪与故意杀人罪的界限。二者的区别：一是侵犯的客体不同。故意杀人罪侵犯的客体是他人的生命；而故意伤害罪虽然也造成了他人死亡的后果，但侵犯的客体仍是他人的身体健康。二是主观目的不同。故意杀人罪的行为人明知自己的行为会剥夺他人的生命，仍然积极追求这一结果的发生，或者放任他人死亡的结果发生。被害人死亡的后果是行为人追求的目标，或者是不违反行为人的本意。而故意伤害罪（致人死亡）的行为人在主观上具备了双重罪过：对伤害后果而言，是故意心态；对致人死亡的后果而言，是过失心态。可见，故意伤害罪的行为人主观上只是具备伤害他人身体的目的，不想剥夺他人生命。三是犯罪手段不同。从打击的部位看，故意杀人罪的行为人实施行为的部位是人体的要害地方，例如胸部、腹部、头颈部等；而故意伤害罪的行为人实施侵害行为的部位，则是非致命的地方，例如腿部、手部等。从行为节制上看，故意杀人罪实施杀人时，有一种不达目的不罢休、不杀死他人不放手的趋势；而故意伤害罪的主观方面，是以使他人受到伤害为目的，一旦伤及他人，就放手停止侵害。从行为人的事后态度方面看，故意杀人罪在杀人后，一般脱离现场，对被害者不闻不问；而故意伤害罪的行为人，一般对被伤害人表现出一定的积极反应，比如送往医院抢救，担心被害人死亡等。

另外，在区分故意伤害罪与故意杀人罪的界限时，还要认真考虑以下情节：一是案件的起因。在生活中，因为琐事发生纠纷，一时激动而伤人，或者有宿怨，经过谋划而行凶的，这些因素，可以帮助区别故意伤害罪与故意杀人罪。二是行为人与被害人的关系。二者之间是友好、一般或者是仇人、素不相识等。三是犯罪的手段、工具，行为人打击的部位及强度。一般地讲，行为人选择致命的工具，伤害其致命的部位，都是故意杀人的情节；而故意伤害的，有时虽然也使用了致命的工具，但打击的部位一般属于非致命区，并且在打击强度方面有一定的节制，不是非杀死对方不停手的故意杀人的做法。四是犯罪的时间、地点、环境，可以帮助我们分析行为人实施行凶行为时的心理状态。五是犯罪人平时表现，即人身危险性的大小，可以帮助分析行为人故意杀人或者故意伤害的可能性，例如平素凶残、粗暴的人，故意杀人的可能性大。诚然，这种分析是一种辅助性质的判断，不能简单片面地作结论。六是犯罪前后的表现和态度。行为人在行凶前，有关犯意流露的表现，例如声称"早晚非得整死他不可"等语言，表明行为人故意杀人的主观心态。行凶后，行为人对受害者死亡的态度，是感到意外，还是心满意足，例如，行为人的"他怎么不经打""我还没用力呢"等语言，都在一定程度上反映了行为人的主观心理状态。

故意伤害致人死亡和故意杀人有时不易区分，只有通过对上述各个要素进行综合分析，才能得出故意伤害还是故意杀人的准确结论，切忌单凭一点或者两点就得出结论。

第三，要划清过失致人死亡罪与故意伤害（致人死亡）罪的界限。二者的区别：一是侵犯的客体不同。故意伤害罪侵犯的客体是他人的健康及生命；而过失致人死亡罪侵犯的客体是他人的生命。二是主观内容不同。故意伤害罪（致人伤亡）在主观上有故意伤害的故意。行为人明知自己的行为会给对方造成伤害，仍然希望或者放任伤害结果的出现。对于被害人死亡的结果，行为人则出于过失；而过失致人死亡罪的行为人在主观上没有任何故意，仅对他人伤亡的结果是疏忽大意或者过于自信的心理状态。三是他人死亡的结果在定罪量刑中的作用不同。故意伤害致人死亡，他人死亡的结果是定罪量刑的加重情节；而过失致人死亡的致人死亡，是认定过失致人死亡罪所必备的条件。

第四，要划清故意伤害罪与过失致人重伤罪的界限。二者的区别：一是主观心理态度不同。过失致人重伤罪的主观方面出于过失，或过于自信才致人重伤；而故意伤害的主观方面出于故意，包括直接故意与间接故意两种。二是在客观方面，对构成犯罪所要求的后果不同。过失致人重伤罪，只有致人重伤结果出现，才能构成犯罪；而故意伤害罪在客观上则包括轻伤与重伤两种后果，具备任何一个，都可以构成犯罪。

第五，关于刑法第 234 条第 2 款中"本法另有规定的，依照规定"的含义。在此，该规定是指为了实施其他犯罪行为，在手段和结果方面造成他人身体健康受到损害的情况。刑法对这类实施其他罪"致人重伤"的作出专门规定。例如，刑法第 236 条关于强奸妇女致人重伤的规定；刑法第 228 条关于非法拘禁致人重伤的规定；刑法第 263 条关于抢劫致人重伤的规定等等。在实践中，应当依照刑法有关这些罪的加重结果条款定罪判刑，而不再按本罪论处。

4. 刑罚

刑法第 234 条规定："故意伤害他人身体的，处三年以下有期徒刑、拘役或者管制。""犯前款罪，致人重伤的，处三年以上十年以下有期徒刑；致人死亡或者以特别残忍手段致人重伤造成严重残疾的，处十年以上有期徒刑、无期徒刑或者死刑。本法另有规定的，依照规定。"

刑法第 289 条规定："聚众'打砸抢'，致人伤残、死亡的，依照本法第 234 条、第 232 条的规定定罪处罚。毁坏或者抢走公私财物的，除判令退赔外，对首要分子，依照本法第 263 条的规定定罪处罚。"

2013 年 12 月 23 日，最高人民法院发布的《关于常见犯罪的量刑指导意见》规定："构成故意伤害罪的，可以根据下列不同情形在相应的幅度内确定量刑起点：（1）故意伤害致一人轻伤的，可以在两年以下有期徒刑、拘役幅度内确定量刑起点。（2）故意伤害致一人重伤的，可以在三年至五年有期徒刑幅度内确定量刑起点。（3）以特别残忍手段故意伤害致一人重伤，造成六级严重残疾的，可以在十年至十三年有期徒刑幅度内确定量刑起点。依法应当判处无期徒刑以上刑罚的除外。"

另外，"在量刑起点的基础上，可以根据伤害后果、伤残等级、手段残忍程度等其他影响犯罪构成的犯罪事实增加刑罚量，确定基准刑。故意伤害致人轻伤的，伤残程度可在确定量刑起点时考虑，或者作为调节基准刑的量刑情节"。

刑法第36条规定："由于犯罪行为而使被害人遭受经济损失的，对犯罪分子除依法给予刑事处罚外，并应根据情况判处赔偿经济损失。""承担民事赔偿责任的犯罪分子，同时被判处罚金，其财产不足以全部支付的，或者被判处没收财产的，应当先承担对被害人的民事赔偿责任。"

四、强奸罪

1. 案例

被告人王某华与刘某翠（被害人之母）同居，双方育有一女王某，刘某翠前夫之女梁某（2007年出生）与其共同生活。2014年1月18日，王某腿部烫伤出院后回到家中，刘某翠怕梁某晚上睡觉会蹭到王某烫伤处，便让梁某与被告人王某华在另间卧室同睡。当晚，被告人王某华将梁某强奸。陕西省镇巴县人民法院经审理认为，被告人王某华强行与未满十四周岁的幼女发生性关系，其行为构成强奸罪，应从重处罚，但其当庭自愿认罪，可酌定从轻判处。依照我国刑法相关规定，认定被告人王某华犯强奸罪，判处有期徒刑六年。宣判后，被告人未上诉，公诉机关也未提出抗诉，判决已经发生法律效力。

2016年，北京市丰台区检察院在审查被告人于某奸淫幼女案时，发现被害人小芳（化名，时年八岁）系于某母亲刘某的养女。经进一步审查发现，刘某与其同居男友张某长期殴打、辱骂小芳，也正是由于刘某怠于履行监护职责，才致使小芳遭到于某的长期多次性侵害。丰台区检察院在以涉嫌强奸罪对于某提起公诉，丰台区人民法院审理后，判处于某有期徒刑十年。

2. 罪名

刑法第236条规定的强奸罪，是指以暴力、胁迫或者其他手段，违背妇女意志，强行与之性交，或者奸淫不满十四周岁幼女的行为。

　　根据 2013 年 10 月 23 日《最高人民法院、最高人民检察院、公安部、司法部关于依法惩治性侵害未成年人犯罪的意见》第 27 条规定："已满十四周岁不满十六周岁的人偶尔与幼女发生性关系，情节轻微、未造成严重后果的，不认为是犯罪。"

　　本罪的构成要件是：第一，侵犯的客体是妇女、少女、幼女的不可侵犯权利。强奸罪侵犯的对象是妇女、少女、幼女。至于被害女性的作风、品质如何、为人是否正派、是否有过卖淫行为等，对定罪没有影响。尸体不能成为本罪的侵害对象，杀死妇女以后，奸淫其尸体的，仍然按照故意杀人罪论处，但其奸污尸体的行为可视为情节恶劣予以处罚。

　　第二，在客观方面，表现为违背妇女意志，以暴力、胁迫或者其他方法，强行与之发生性行为，或者奸淫幼女的行为。在实践中，使用欺骗、腐蚀等手段奸淫女性多人，情节恶劣，如果没有使用暴力、胁迫等暴力手段，除了侵害幼女以外，一般不按强奸罪论处，但可以按其他罪处罚。奸淫不满十四周岁的幼女，不管被害人是否愿意，也不管行为人是否使用了暴力、胁迫或者其他手段，都以本罪处罚。根据 2002 年 3 月 15 日《最高人民法院、最高人民检察院关于执行〈中华人民共和国刑法〉确定罪名的补充规定》之规定，取消了奸淫幼女罪这个罪名。对强奸罪，因侵害的对象不同，其特点也不同。如果是奸淫幼女，不管幼女是否愿意，只要与其发生了性行为，便以强奸罪惩处。如果侵犯的对象是年满十四周岁的女性，其特点有二：一个是使用了暴力、胁迫或者其他手段；另一个是违背妇女意志，强行与其发生性行为。所谓违背妇女意志，即不是基于被害妇女的意愿而与其发生性关系，这一点与犯罪手段的强制性结合起来，构成认定强奸罪的关键。在实践中，判断妇女是否同意与行为人性交，不能仅以妇女有无实施抗拒行为为标准。例如，在有些情况下，妇女因为孤立无援，怕因为反抗而招致杀身之祸才不敢反抗；患精神病的妇女或者呆傻妇女不知道反抗，等等。所以，应该具体分析是否违背妇女意志。关于这一点，1984 年 4 月 26 日最高人民法院、最高人民检察院和公安部在联合作出的《关于当前办理强奸案件中具体应用法律的若干问题的解答》中已有明确说明。这里所说的"暴力手段"，是指犯罪分子直接对被害妇女采取殴打、捆绑、掐脖子、摁倒等危害人身安全或者人身自由，使妇女不能反抗的手段。"胁迫手段"，是指犯罪分子对被害妇女威胁、恫吓，达到精神上强制的目的。例如，以行凶报复、揭发隐私、加害其亲属等相威胁；利用迷信进行恫吓、欺骗；利用教养关系、从属关系、职权以及孤立无援的环境条件，进行挟持、迫害，等等，迫使妇女忍辱屈从，不敢抗拒。有教养关系、从属关系和利用职权与妇女发生性行为的，不能都视为强奸。行为人利用其与被害妇女之间特定的关系，迫使就范，如养（生）父以虐待、克扣生活费，迫使养（生）女容忍其奸淫的；或者行为人利用职权，乘人之危，奸淫妇女的，都构成强奸罪。根据 2013 年 10 月 23 日发布的《最高人民法院、最高人民检察院、公安部、司法部关于依法惩治性侵害未成年人犯罪的意见》第 21 条、第 23 条规定，对幼女负有特殊职责的人员与幼女发生性关系的，以强奸罪论处。对已满十四周岁的未成年女性负有特殊职责的人员，利用其优势地位或者被害人孤立无援的境地，迫使未成年被害人就范，而与其发生性关系的，以强奸罪定罪处罚。在校园、游泳馆、儿童游乐场等公共场所对未成年人实施强奸、猥亵犯罪，只要有其他多人在场，不论在场人员是否实际看到，均可以依照刑法第 236 条第 3 款、第 237 条的规定，认定为在公共场所"当众"强奸妇女，强制猥亵、侮辱妇女，猥亵儿童。介绍、帮助他人奸淫幼女、猥亵儿童的，以强奸罪、猥亵儿童罪的共犯论处。行为人利用职权引诱妇女，女方基于相互利用与之发生性行为的，不定为强奸。"其他手段"，是指犯罪分子用暴力、胁迫以外的手段，使被害妇女无法抗拒。例如利用妇女患重病、熟睡之机，进行奸淫；以醉酒、药物麻醉，以及利用或者假冒治病等方法，对妇女进行奸淫。

第三，本罪的主体在通常情况下是年满十四周岁具有刑事责任能力的男子，妇女不能独立构成强奸罪。但在共同犯罪的情况下，妇女可以成为强奸罪的教唆犯或者帮助犯，对强奸罪承担共犯的刑事责任。如果妇女教唆未成年人或者精神病人实施强奸行为，则为主犯。

第四，主观方面是故意，并且具有强行奸淫或者奸淫的目的。

3. 罪名辨析

第一，要划清强奸罪与通奸行为的界限。通奸，是指男女之间自愿性交的行为。在我国，通奸是一种不道德的行为。刑法并没有把它规定为犯罪。因此，明确把握强奸和通奸，严格划定强奸与通奸的界限，具有十分重要意义。两者的本质区别就在于男女之间发生性交是否违背妇女意志，而认定这一点，就需对两者的平日关系、性行为发生的时间、地点等具体环境、事后妇女的态度、进行告发的动机、目的等事实和情节，进行全面综合分析。在实践中，区分这两种行为的情况很复杂，尤其是有的双方发生性行为是半推半就，很难判定。一般有以下几种情况：

一是男女双方先是通奸，后来女方不愿继续通奸，而男方纠缠不休，并以暴力或以败坏名誉等进行胁迫，强行与女方发生性行为的，以强奸罪论处。

二是男方先将妇女强奸，后来双方自愿保持发生性关系的，对男方原先的强奸行为不再追究。一般认为，虽然先有强奸，但事后妇女自愿与其保持性关系，表明原先的强奸行为没有给妇女的身心健康带来严重损害，诉诸刑法的强制力已经失去意义。

三是男女之间发生性行为之前，既没有违背妇女意志，又没有强迫女方就范的行为，这是典型的通奸行为，双方从内心到外表，都是自愿。即使是后来因为关系恶化，或者奸情暴露，女方为了推卸责任、嫁祸于人而告男方强奸，也不能认定是强奸；但通奸关系结束后，男方违背妇女意志，强行发生性行为的，以强奸论处。

四是把利用特定关系和职权强奸妇女与基于互相利用的通奸行为相区别。对于和自己从属关系的妇女发生性行为，应当作具体分析，不可一概而论。如果行为人利用自己的职务或者家庭关系中对妇女的优势地位，用辞退、断绝生活来源等手段相威胁，迫使妇女忍辱屈从，显然违背妇女的意志，应当以强奸罪论处。

第二，要划清与女精神病患者发生性行为的罪与非罪的界限。精神病人缺乏正常的意志，不能正确辨认自己的行为。与这样的人发生性行为，不管其是否同意，都视为违背妇女意志，都应当以强奸论处。如果女方是间歇性精神病人，处于发病期，这时与她发生性行为，不管手段如何，都应当认定为强奸；如果没有发病，自愿与行为人发生性行为，不构成犯罪。

第三，关于强奸罪的既遂与未遂问题。这一点在刑法学界主要有三种学说：一是完成说、二是插入说、三是接触说。在我国司法实践中，多采取接触说，即只要男女性器官接触，既为既遂。

第四，关于本罪在主观方面是否明知对方是幼女的问题。对于十四周岁左右的女子，仅依靠外形准确判断其具体年龄是否已满十四周岁是相当困难的。一般情况下，查明被告人有实施奸淫的企图，被奸淫的是幼女，就可以认定为强奸罪。因为奸淫幼女并不违反其本意。但有一种情况应当作为例外，就是行为人不知道而且也不可能知道对方是幼女，在幼女同意的情况下，双方自愿发生性关系，对行为人不应当以本罪论处。例如有的幼女发育比较早，身材高大，貌似成年，与人交往时又虚报年龄，在谈恋爱和性交过程中，男方确实不知道对方是幼女，双方自愿发生性行为的。2003 年 1 月 8 日，《最高人民法院关于行为人明知是不满十四周岁的幼女双方自愿发生性关系是否构成强奸罪问题的批复》中明确规定："行为人确实不知对方是不满十四周岁的幼女，双方自愿发生性关系，未造成严重后果，情节显著轻微的，不认为是犯罪。"

根据 2013 年 10 月 23 日最高人民法院、最高人民检察院、公安部、司法部《关于依法惩治性侵害未成年人犯罪的意见》第 19 条、第 20 条的规定，知道或者应当知道对方是不满十四周岁的幼女，而实施奸淫等性侵害行为的，应当认定行为人"明知"对方是幼女。对于不满十二周岁的被害人实施奸淫等性侵害行为的，应当认定行为人"明知"对方是幼女。

对于已满十二周岁不满十四周岁的被害人，从其身体发育状况、言谈举止、衣着特征、生活作息规律等观察可能是幼女，而实施奸淫等性侵害行为的，应当认定行为人"明知"对方是幼女。

以金钱财物等方式引诱幼女与自己发生性关系的；知道或者应当知道幼女被他人强迫卖淫而仍与其发生性关系的，均以强奸罪论处。

4. 刑罚

刑法第 236 条规定："以暴力、胁迫或者其他手段强奸妇女的，处三年以上十年以下有期徒刑。""奸淫不满十四周岁的幼女的，以强奸论，从重处罚。""强奸妇女、奸淫幼女，有下列情形之一的，处十年以上有期徒刑、无期徒刑或者死刑：①强奸妇女、奸淫幼女情节恶劣的；②强奸妇女、奸淫幼女多人的；③在公共场所当众强奸妇女的；④二人以上轮奸的；⑤致使被害人重伤、死亡或者造成其他严重后果的。"

2013 年 12 月 23 日，最高人民法院发布的《关于常见犯罪的量刑指导意见》规定："构成强奸罪的，可以根据下列不同情形在相应的幅度内确定量刑起点：①强奸妇女一人的，可以在三年至五年有期徒刑幅度内确定量刑起点；奸淫幼女一人的，可以在四年至七年有期徒刑幅度内确定量刑起点。②有下列情形之一的，可以在十年至十三年有期徒刑幅度内确定量刑起点：强奸妇女、奸淫幼女情节恶劣的；强奸妇女、奸淫幼女三人的；在公共场所当众强奸妇女的；两人以上轮奸妇女的；强奸致被害人重伤或者造成其他严重后果的。依法应当判处无期徒刑以上刑罚的除外。"

另外，"在量刑起点的基础上，可以根据强奸妇女、奸淫幼女情节恶劣程度、强奸人数、致人伤害后果等其他影响犯罪构成的犯罪事实增加刑罚量，确定基准刑。强奸多人多次的，以强奸人数作为增加刑罚量的事实，强奸次数作为调节基准刑的量刑情节。"

根据 2013 年 10 月 23 日最高人民法院、最高人民检察院、公安部、司法部《关于依法惩治性侵害未成年人犯罪的意见》的规定，对于性侵害未成年人犯罪，应当依法从严惩治。对于未成年人实施性侵害未成年人犯罪的，应当坚持双向保护原则，在依法保护未成年被害人的合法权益时，也要依法保护未成年犯罪嫌疑人、未成年被告人的合法权益。办理性侵害未成年人犯罪案件，对于涉及未成年被害人、未成年犯罪嫌疑人和未成年被告人的身份信息及可能推断出其身份信息的资料和涉及性侵害的细节等内容，审判人员、检察人员、侦查人员、律师及其他诉讼参与人应当予以保密。对外公开的诉讼文书，不得披露未成年被害人的身份信息及可能推断出其身份信息的其他资料，未成年人被害的事实也应以适当的方式叙述。

针对未成年人实施强奸、猥亵的犯罪，应当从重处罚，具有下列情形之一的，更要依法从严惩处：①对未成年人负有特殊职责的人员、与未成年人有共同家庭生活关系的人员、国家工作人员或者冒充国家工作人员，实施强奸、猥亵犯罪的；②进入未成年人住所、学生集体宿舍实施强奸、猥亵犯罪的；③采取暴力、胁迫、麻醉等强制手段实施奸淫幼女、猥亵儿童犯罪的；④对不满十二周岁的儿童、农村留守儿童、严重残疾或者精神智力发育迟滞的未成年人，实施强奸、猥亵犯罪的；⑤猥亵多名未成年人，或者多次实施强奸、猥亵犯罪的；⑥造成未成年被害人轻伤、怀孕、感染性病等后果的；⑦有强奸、猥亵犯罪前科劣迹的。

对于强奸未成年人的成年犯罪分子判处刑罚时，一般不适用缓刑。

对于性侵害未成年人的犯罪分子确定是否适用缓刑，人民法院、人民检察院可以委托犯罪分子居住地的社区矫正机构，就对其宣告缓刑对所居住社区是否有重大不良影响进行调查。受委托的社区矫正机构应当及时组织调查，在规定的期限内将调查评估意见提交委托机关。对于判处刑罚同时宣告缓刑的，可以根据犯罪情况，同时宣告禁止令，禁止犯罪分子在缓刑考验期内从事与未成年人有关的工作、活动，禁止其进入中小学校区、幼儿园园区及其他未成年人集中的场所，确因本人就学、居住等原因，经执行机关批准的除外。

对于未成年人因被性侵害而造成的人身损害，为进行康复治疗所支付的医疗费、护理费、交通费、误工费等合理费用，未成年被害人及其法定代理人、近亲属提出赔偿请求的，人民法院依法予以支持。

未成年人在幼儿园、学校或者其他教育机构学习、生活期间被性侵害而造成人身损害，被害人及其法定代理人、近亲属据此向人民法院起诉要求上述单位承担赔偿责任的，人民法院依法予以支持。

未成年人受到监护人性侵害，其他具有监护资格的人员、民政部门等有关单位和组织向人民法院提出申请，要求撤销监护人资格，另行指定监护人的，人民法院依法予以支持。

对未成年被害人因性侵害犯罪而造成人身损害，不能及时获得有效赔偿，生活困难的，各级人民法院、人民检察院、公安机关可会同有关部门，优先考虑予以司法救助。

外国人在我国领域内实施强奸、猥亵未成年人等犯罪的，应当依法判处，在判处刑罚时，可以独立适用或者附加适用驱逐出境。对于尚不构成犯罪但构成违反治安管理行为的，或者因实施性侵害未成年人犯罪不适宜在中国境内继续停留居留的，公安机关可以依法适用限期出境或者驱逐出境。

刑法第 36 条规定："由于犯罪行为而使被害人遭受经济损失的，对犯罪分子除依法给予刑事处罚外，并应根据情况判处赔偿经济损失。""承担民事赔偿责任的犯罪分子，同时被判处罚金，其财产不足以全部支付的，或者被判处没收财产的，应当先承担对被害人的民事赔偿责任。

五、抢劫罪

1. 案例

被告人董某某、宋某某迷恋网络游戏，平时经常结伴到网吧上网，时常彻夜不归。2010 年 7 月 27 日 11 时许，因网费用完，二被告人即伙同王某

（作案时未达到刑事责任年龄）到河南省平顶山市红旗街社区健身器材处，持刀对被害人张某某和王某某实施抢劫，抢走张某某五元现金及手机一部。后将所抢的手机卖掉，所得赃款用于上网。

法院认定被告人董某某、宋某某犯抢劫罪，分别判处有期徒刑两年六个月，缓刑三年，并处罚金人民币一千元。同时禁止董某某和宋某某在三十六个月内进入网吧、游戏机房等场所。宣判后，二被告人均未上诉，判决已发生法律效力。

2. 罪名

刑法第263条规定的抢劫罪，是指以非法占有为目的，以暴力、胁迫或者其他方法，强行当场抢劫公私财物的行为。

本罪的构成要件如下：

第一，侵犯的客体是双重客体，不仅侵犯了公私财物所有权，还侵犯了公民的人身权利。这是抢劫犯罪区别于其他犯罪的主要标志。

第二，在客观方面表现为对公私财物的所有人、保管人或者在场的其他人当场使用暴力、胁迫或者其他方法，当场抢劫公私财物或者迫使其交出公私财物的行为。这是抢劫罪与盗窃罪、诈骗罪、抢夺罪等以非法占有为目的的侵犯财产罪的显著区别。

本罪中的暴力行为通常表现为捆绑、拘禁、殴打、伤害甚至是杀害等。抢劫罪的暴力行为必须是当场实施。抢劫罪中的胁迫行为，是指以对被害人当场实施暴力相威胁，例如用凶器对准被害人发出威胁，但在特定的犯罪环境下，也可能是暗示的、具有潜在的威胁或者动作。这里所说的其他方法，是指除了暴力和胁迫以外，主要表现为用酒灌醉、用麻醉药物麻醉、用催眠术使其睡眠等。这里需要注意的是，如果是被害人自己生病、昏睡、醉酒等处于不知道反抗或者无法反抗的状态，行为人利用了这一状态，趁机拿走了公私财物，不构成抢劫罪。如果构成其他犯罪，应当以其他犯罪处罚。

第三，犯罪主体是一般主体。已满十四周岁不满十六周岁的人犯本罪，应当负刑事责任。

第四，主观方面是故意，并且以非法强占公私财物为目的。

3. 罪名辨析

第一，要划清罪与非罪的界限。认定抢劫罪并不要求抢劫财物数额较大才构成犯罪。但是，对于刚刚达到刑事责任年龄的未成年人，使用轻微的暴力或者胁迫方法，抢走别人的少量财物，因其企图非法占有的财物数额极其有限，对他人人身的危害也很小，综合全案情节，一般属于情节显著轻微，危害不大，不应当认定为抢劫罪，可按一般的违法行为处理。对不是以非法占有公私财物为目的，而属于讨债或者索要物品方法不当的行为，例如，为了讨债而强行拿走人家的财物，强行取走自己被盗或者遗失物，或者强行分割共同财物，等等，也不能以抢劫罪论处。

第二，需注意某些行为可以转化成抢劫罪。根据 2005 年 6 月 8 日最高人民法院《关于审理抢劫、抢夺刑事案件适用法律若干问题的意见》的规定："行为人实施盗窃、诈骗、抢夺行为，没有达到'数额较大'，为窝藏赃物、抗拒抓捕或者毁灭罪证当场使用暴力或者以暴力相威胁，情节较轻、危害不大的，一般不以犯罪论处；但具有下列情节之一的，可按抢劫罪定罪处罚：①盗窃、诈骗、抢夺接近'数额较大'标准的；②入户或者在公共交通工具上盗窃、诈骗、抢夺后在户外或者交通工具外实施上述行为的；③使用暴力致人轻微伤以上后果的；④使用凶器或者以凶器相威胁的；⑤具有其他严重情节的。"

根据 2016 年 1 月 6 日最高人民法院《关于审理抢劫刑事案件适用法律若干问题的指导意见》的规定，刑法第 269 条规定的"犯盗窃、诈骗、抢夺罪，为窝藏赃物、抗拒抓捕或者毁灭罪证而当场使用暴力或者以暴力相威胁的"，依照抢劫罪定罪处罚。这里的"犯盗窃、诈骗、抢夺罪"，主要是指行为人已经着手实施盗窃、诈骗、抢夺行为，一般不考察盗窃、诈骗、抢夺行为是否既遂。但是所涉财物数额明显低于"数额较大"的标准，又不具有"两抢意见"第五条所列五种情节之一的不构成抢劫罪。"当场"是指在盗窃、诈骗、抢夺的现场以及行为人刚离开现场即被他人发现并抓捕的情形。

对于以摆脱的方式逃脱抓捕，暴力强度较小，未造成轻伤以上后果的，可不认定为"使用暴力"，不以抢劫罪论处。

入户或者在公共交通工具上盗窃、诈骗、抢夺后，为了窝藏赃物、抗拒抓捕或者毁灭罪证，在户内或者公共交通工具上当场使用暴力或者以暴力相威胁的，构成"入户抢劫"或者"在公共交通工具上抢劫"。

两人以上共同实施盗窃、诈骗、抢夺犯罪，其中部分行为人为窝藏赃物、抗拒抓捕或者毁灭罪证、当场使用暴力或者以暴力相威胁的，对其余行为人是否以抢劫罪共犯论处，主要看其对实施暴力或者以暴力相威胁的行为人是否形成共同犯意、提供帮助。基于一定意思联络，对实施暴力或者以暴力相威胁的行为人提供帮助或实际成为帮凶的，可以抢劫共犯论处。

第三，要划清本罪与故意杀人罪的界限。在司法实践中，常常遇到抢劫罪与故意杀人罪两者界限不清的问题。根据 2001 年 5 月 23 日最高人民法院《关于抢劫过程中故意杀人案件如何定罪问题的批复》的规定，对这个问题应当根据不同情况，具体分析、具体处理：①行为人为了劫取财物而预谋故意杀人，或者在劫取财物的过程中，为了制服被害人反抗而故意杀人的，以抢劫罪定罪处罚。凡是行为人所实施的杀人行为是作为抢劫财物的手段，属于抢劫罪中的使用暴力，则应当以抢劫罪论处。如果行为人没有直接杀人的故意，在抢劫中使用暴力或者其他方法，过失或者间接故意致被害人死亡，因这种后果是抢劫手段所引起的，而且在犯罪中对抢劫致人重伤或者死亡的行为规定了较重的法定刑，应当以抢劫罪一罪定罪处罚。②如果行为人为了事后图财，先将被害人杀死，属于图财害命，是故意杀人行为的一种，应当认定为故意杀人罪。③如果行为人首先杀死被害人，在事后又临时起意，乘机取走其财物，应当以故意杀人罪和盗窃罪实行数罪并罚。④如果行为人在抢劫取得了财物之后，为了杀人灭口，又临时起意，杀死被害人，应当以抢劫罪和故意杀人罪实行数罪并罚。

第四，要划清本罪与绑架罪的界限。根据最高人民法院《关于审理抢劫、抢夺刑事案件适用法律若干问题的意见》第9条的规定，二者的主要区别为：一是侵犯的客体不完全相同。本罪主要是侵犯了公私财产所有权，其次才是侵犯了被害人的人身权利；而绑架罪侵犯的主要是他人的人身自由权。二是主观方面不完全相同。本罪的行为人一般是出于非法占有他人财物的故意；而后者的行为人既可能为勒索他人财物实施绑架行为，也可能出于其他非经济目的实施绑架行为。三是犯罪手段也不完全相同。本罪表现为劫取财物是在同一时间、同一地点，具有"当场性"；而后者表现为以杀害、伤害等方式，向被绑架人的亲属或者其他人、单位发出威胁，索取赎金或者提出其他非法要求，劫取财物一般不具有"当场性"。在绑架过程中又当场劫取被害人随身携带财物的，同时触犯了绑架罪和抢劫罪两个罪名，应当选择其中一个重罪定罪处罚。

第五，要划清本罪与抢劫枪支、弹药、爆炸物罪的界限。这两种犯罪的主要区别在于：一是犯罪对象不同。本罪的犯罪对象是除了枪支、弹药、爆炸物以外的其他公私财物；而后者的犯罪对象是枪支、弹药、爆炸物。二是这两种犯罪侵犯的客体也不相同。本罪侵犯的客体是公私财产所有权；而后者侵犯的客体是社会的公共安全。

第六，要划清本罪与其他相似犯罪的界限。在司法实践中需要注意本罪与以下一些犯罪有时不易划清界限：①冒充正在执行公务的人民警察、联防人员，以抓卖淫嫖娼、赌博等违法行为为名，非法占有财物的行为构成犯罪的，以招摇撞骗罪从重处罚；在实施上述行为中，使用暴力或者以暴力相威胁，以抢劫罪定罪处罚。行为人冒充联防队员"抓赌""抓嫖"没收赌资或者罚款的行为，构成犯罪的，以敲诈勒索罪定罪处罚；在实施上述行为中，使用暴力或者以暴力相威胁，以抢劫罪定罪处罚。②从事正常商品买卖、交易或者劳动服务的人，以暴力、胁迫手段，迫使他人交出与合理价钱、费用相差不大的财物，情节严重的，以强迫交易罪定罪处罚；以非法占有为目的，以买卖、交易、服务为幌子，采取暴力、胁迫手段，迫使他人交出与合理价钱、费用相差悬殊的钱物的，以抢劫罪定罪处罚。

4. 刑罚

刑法第 263 条规定："以暴力、胁迫或者其他方法抢劫公私财物的，处三年以上十年以下有期徒刑，并处罚金；有下列情形之一的，处十年以上有期徒刑、无期徒刑或者死刑，并处罚金或者没收财产：①入户抢劫的；②在公共交通工具上抢劫的；③抢劫银行或者其他金融机构的；④多次抢劫或者抢劫数额巨大的；⑤抢劫致人重伤、死亡的；⑥冒充军警人员抢劫的；⑦持枪抢劫的；⑧抢劫军用物资或者抢险、救灾、救济物资的。"

刑法第 269 条规定："犯盗窃、诈骗、抢夺罪，为窝藏赃物、抗拒抓捕或者毁灭罪证而当场使用暴力或者以暴力相威胁的，依照本法第 263 条的规定定罪处罚。"

刑法第 289 条规定："聚众'打砸抢'，致人伤残、死亡的，依照本法第 234 条、第 232 条的规定定罪处罚。毁坏或者抢走公私财物的，除判令退赔外，对首要分子，依照本法第 263 条的规定定罪处罚。"

2013 年 12 月 23 日，最高人民法院发布的《关于常见犯罪的量刑指导意见》规定，构成抢劫罪的，可以根据下列不同情形在相应的幅度内确定量刑起点：一是抢劫一次的，可以在三年至六年有期徒刑幅度内确定量刑起点。二是有下列情形之一的，可以在十年至十三年有期徒刑幅度内确定量刑起点：①入户抢劫的；②在公共交通工具上抢劫的；③抢劫银行或者其他金融机构的；④抢劫三次或者抢劫数额达到数额巨大起点的；⑤抢劫致一人重伤的；⑥冒充军警人员抢劫的；⑦持枪抢劫的；⑧抢劫军用物资或者抢险、救灾、救济物资的。依法应当判处无期徒刑以上刑罚的除外。

另外，在量刑起点的基础上，可以根据抢劫情节严重程度、抢劫次数、数额、致人伤害后果等其他影响犯罪构成的犯罪事实增加刑罚量，确定基准刑。

根据 2005 年 6 月 8 日最高人民法院《关于审理抢劫、抢夺刑事案件适用法律若干问题的意见》和 2000 年 11 月 22 日最高人民法院《关于审理抢劫案件具体应用法律若干问题的解释》以及 2016 年 1 月 6 日最高人民法院《关于审理抢劫刑事案件适用法律若干问题的指导意见》的规定，应明确以下问题：

第一，关于"入户抢劫"。认定"入户抢劫"时，应注意以下三个问题：一是"户"的范围。"户"在这里是指住所，其特征表现为供他人家庭生活和与外界相对隔离两个方面。前者为功能特征，后者为场所特征。为实施抢劫行为而进入他人生活的与外界相对隔离的住所，包括封闭的院落、牧民的帐篷、渔民作为家庭生活场所的渔船、为生活租用的房屋等进行抢劫的行为应认定为"入户"。在一般情况下，集体宿舍、旅店宾馆、临时搭建的工棚等不应该认定为"户"，但在特定情况下，如果确实具有上述两个特征的，也可以认定为"户"。二是"入户"目的的非法性。进入他人住处须以实施抢劫等犯罪为目的。抢劫行为虽然发生在户内，但行为人不以实施抢劫等犯罪为目的进入他人住所，而是在户内临时起意实施抢劫的，不属于"入户抢劫"。三是暴力或者暴力胁迫行为必须发生在户内。入户实施盗窃被发现，行为人为了窝藏赃物、抗拒抓捕或者毁灭罪证而当场使用暴力或者以暴力相威胁的，如果暴力或者暴力胁迫行为发生在户内，可以认定为"入户抢劫"；如果发生在户外，不能认定为"入户抢劫"。

认定"入户抢劫"，要注重审查行为人"入户"的目的，将"入户抢劫"与"在户内抢劫"区别开来。以侵害户内人员的人身、财产为目的，入户后实施抢劫，包括入户实施盗窃、诈骗等犯罪而转化为抢劫的，应当认定为"入户抢劫"。因访友办事等原因经户内人员允许入户后，临时起意实施抢劫，或者临时起意实施盗窃、诈骗等犯罪而转化为抢劫的，不应认定为"入户抢劫"。

对于部分时间从事经营、部分时间用于生活起居的场所，行为人在非营业时间强行入内抢劫或者以购物等为名骗开房门入内抢劫的，应认定为"入户抢劫"。对于部分用于经营、部分用于生活且之间有明确隔离的场所，行为人进入生活场所实施抢劫的，应认定为"入户抢劫"；如场所之间没有明确隔离，行为人在营业时间入内实施抢劫的，不认定为"入户抢劫"，但在非营业时间入内实施抢劫的，应认定为"入户抢劫"。

第二，所谓"在公共交通工具上"抢劫。"公共交通工具"包括从事旅客运输的各种公共汽车，大、中型出租车，火车，地铁，轻轨，轮船，飞机等，不含小型出租车。对于虽不具有商业营运执照，但实际从事旅客运输的大、中型交通工具，可认定为"公共交通工具"。接送职工的单位班车、接送师生的校车等大、中型交通工具，视为"公共交通工具"。

"在公共交通工具上抢劫"既包括在处于运营状态的公共交通工具上对旅客及司售、乘务人员实施抢劫，也包括拦截运营途中的公共交通工具对旅客及司售、乘务人员实施抢劫，但不包括在未运营的公共交通工具上针对司售、乘务人员实施抢劫。以暴力、胁迫或者麻醉等手段对公共交通工具上的特定人员实施抢劫的，一般应认定为"在公共交通工具上抢劫"。

第三，所谓"抢劫银行或者其他金融机构"，是指抢劫银行或者其他金融机构的经营资金、有价证券和客户的资金等。抢劫正在使用中的银行或者其他金融机构的运钞车的，视为"抢劫银行或者其他金融机构"。

第四，关于"多次抢劫"的认定。所谓"多次抢劫"，是指抢劫三次以上。对于"多次"的认定，应该以行为人实施的每一次抢劫行为均已构成犯罪为前提，综合考虑犯罪故意的产生、犯罪行为实施的时间、地点等因素，客观分析、认定。对于行为人基于一个犯意实施犯罪的，如在同一地点同时对在场的多人实施抢劫的；或者基于同一犯意在同一地点实施连续抢劫犯罪的，如在同一地点连续地对途经此地的多人进行抢劫的；或者在一次犯罪中，对一栋居民楼中的几户居民连续实施入户抢劫的，一般应该认定为一次犯罪。

第五，关于"抢劫数额巨大"的认定标准，参照各地确定的盗窃罪数额巨大的认定标准执行。抢劫数额以实际抢劫到的财物数额为依据。对以数额巨大的财物为明确目标，由于意志以外的原因，未能抢到财物或实际抢得的财物数额不大的，应同时认定"抢劫数额巨大"和犯罪未遂的情节，根据刑法有关规定，结合未遂犯的处理原则量刑。

根据最高人民法院《关于审理抢劫、抢夺刑事案件适用法律若干问题的意见》第6条第1款规定："抢劫信用卡后使用、消费的，以行为人实际使用、消费的数额为抢劫数额。由于行为人意志以外的原因无法实际使用、消费的部分，虽不计入抢劫数额，但应作为量刑情节考虑。通过银行转账或者电子支付、手机银行等支付平台获取抢劫财物的，以行为人实际获取的财物为抢劫数额。"

第六，"持枪抢劫"是指行为人使用枪支或者向被害人显示持有、佩带的枪支进行抢劫的行为。"枪支"的概念和范围适用《中华人民共和国枪支管理法》的规定。

第七，根据刑法第267条第2款规定，"携带凶器抢夺的"按抢劫罪定罪处罚。这里的"携带凶器抢夺"，是指携带枪支、爆炸物、管制刀具等国家禁止个人携带的器械进行抢夺或者为了实施犯罪而携带其他器械进行抢夺的行为。行为人随身携带国家禁止个人携带的器械以外的其他器械抢夺，但有证据证明该器械确实不是为了实施犯罪准备的，不以抢劫罪定罪处罚；行为人将随身携带的凶器有意加以显示、能为被害人察觉到的，直接适用刑法第263条规定的抢劫罪定罪处罚；行为人携带凶器抢夺以后，在逃跑过程中，为了窝藏赃物、抗拒抓捕或者毁灭罪证而当场使用暴力或者以暴力相威胁的，适用刑法第267条第2款的规定，以抢劫罪定罪处罚。

第八，关于抢劫犯罪数额的计算。抢劫信用卡以后使用消费的，其实际使用、消费的数额为抢劫数额；抢劫信用卡后没有实际使用、消费的，不计数额，根据情节轻重来量刑。所抢信用卡数额巨大，但没有实际使用、消费或者实际使用、消费的数额没有达到巨大标准的，不适用"抢劫数额巨大"的法定刑。

为了抢劫其他财物，劫取机动车辆当作犯罪工具或者逃跑工具使用的，被劫取的机动车辆的价值计入抢劫数额；为实施抢劫以外的其他犯罪劫取机动车辆的，以抢劫罪和实施的其他犯罪实行数罪并罚。

抢劫存折、机动车辆的数额计算，参照执行最高人民法院《关于审理盗窃案件具体应用法律若干问题的解释》的相关规定。

第九，关于驾驶机动车、非机动车夺取他人财物行为的定性问题。对于驾驶机动车、非机动车（以下简称"驾驶车辆"）夺取他人财物的，一般以抢夺罪从重处罚。但具有下列情形之一的，应当以抢劫罪定罪处罚：一是驾驶车辆，逼挤、撞击或者强行逼倒他人以排除他人反抗，乘机夺取财物的；二是驾驶车辆强抢财物时，因被害人不放手而采取强拉硬拽方法劫取财物的；三是行为人明知其驾驶车辆强行夺取他人财物的手段会造成他人伤亡的后果，仍然强行夺取并且放任造成财产持有人轻伤以上后果的。

第十，关于抢劫罪的既遂、未遂的认定。抢劫犯罪侵犯的是复杂客体，既侵犯了财产权利，又侵犯了人身权利，具备劫取财物或者造成他人轻伤以上后果两者之一的，均属于抢劫既遂。既没有劫取财物，又没有造成他人人身伤害后果的，这才属于抢劫未遂。据此，刑法第263条规定的八种处罚情节中，除了"抢劫致人重伤、死亡的"这一结果加重情节之外，其余七种处罚情节同样存在既遂、未遂的问题。其中属于抢劫未遂的，应当根据刑法关于加重情节的法定刑规定，结合未遂犯的处罚原则来量刑。

第十一，认定"冒充军警人员抢劫"，要注重对行为人是否穿着军警制服、携带枪支、是否出示军警证件等情节进行综合审查，判断是否足以使他人误以为是军警人员。对于行为人仅穿着类似军警的服装或仅以言语宣称系军警人员但未携带枪支，也未出示军警证件而实施抢劫的，要结合抢劫地点、时间、暴力或威胁的具体情形，依照常人判断标准，确定是否认定为"冒充军警人员抢劫"。军警人员利用自身的真实身份实施抢劫的，不认定为"冒充军警人员抢劫"，应依法从重处罚。

第十二，关于刑法第263条规定的八种加重处罚情节的刑罚适用问题。

2016 年 1 月 6 日最高人民法院《关于审理抢劫刑事案件适用法律若干问题的指导意见》规定："①根据刑法第 263 条的规定，具有'抢劫致人重伤、死亡'等八种法定加重处罚情节的，处十年以上有期徒刑、无期徒刑或者死刑，并处罚金或者没收财产。应当根据抢劫的次数及数额、抢劫对人身的损害、对社会治安的危害等情况，结合被告人的主观恶性及人身危险程度，并根据量刑规范化的有关规定，确定具体的刑罚。判处无期徒刑以上刑罚的，一般应并处没收财产。②具有下列情形之一的，可以判处无期徒刑以上刑罚：一是抢劫致三人以上重伤，或者致人重伤造成严重残疾的；二是在抢劫过程中故意杀害他人，或者故意伤害他人，致人死亡的；三是具有除'抢劫致人重伤、死亡'外的两种以上加重处罚情节，或者抢劫次数特别多、抢劫数额特别巨大的。③为劫取财物而预谋故意杀人，或者在劫取财物过程中为制服被害人反抗、抗拒抓捕而杀害被害人，且被告人无法定从宽处罚情节的，可依法判处死刑立即执行。对具有自首、立功等法定从轻处罚情节的，判处死刑立即执行应当慎重。对于采取故意杀人以外的其他手段实施抢劫并致人死亡的案件，要从犯罪的动机、预谋、实行行为等方面分析被告人主观恶性的大小，并从有无前科及平时表现、认罪悔罪情况等方面判断被告人的人身危险程度，不能不加区别，仅以出现被害人死亡的后果，一律判处死刑立即执行。④抢劫致人重伤案件适用死刑，应当更加慎重、更加严格，除非具有采取极其残忍的手段造成被害人严重残疾等特别恶劣的情节或者造成特别严重后果的，一般不判处死刑立即执行。⑤具有刑法第 263 条规定的'抢劫致人重伤、死亡'以外其他七种加重处罚情节，且犯罪情节特别恶劣、危害后果特别严重的，可依法判处死刑立即执行。认定'情节特别恶劣、危害后果特别严重'，应当从严掌握，适用死刑必须非常慎重、非常严格。"

六、贩卖毒品罪

1. 走私、贩卖、运输、制造毒品罪

（1）案例

被告人俞某、孙某商议共同出资前往湖北省武汉市购买毒品运回浙江省杭州市贩卖。2011 年 7 月 21 日，孙某租车，俞某乘飞机，分别从杭州市前往武汉市。俞某与他人联系购得毒品后，孙某携带所购毒品返回杭州市。同月 23 日 16 时许，孙某在携带所购毒品前往俞某住处的途中被抓获，公安人员当场查获"麻古"（含甲基苯丙胺成分）195.85 克、海洛因 99.86 克、咖啡因 20.36 克，另从俞某的住处查获甲基苯丙胺 1.22 克、美沙酮 99.78 克、巴比妥 6.93 克、四氢大麻酚 1.18 克。此外，同年六七月间，被告人孙某在杭州市向他人贩卖甲基苯丙胺三次，共计 5 克。

法院认为，被告人俞某、孙某以贩卖为目的购买、运输毒品，孙某还贩卖毒品，二人的行为均已构成贩卖、运输毒品罪。俞某、孙某贩卖、运输毒品数量大，社会危害大，且二人均曾因毒品犯罪被判刑，又犯贩卖、运输毒品罪，均系毒品再犯，孙某还系累犯，二人主观恶性深，人身危险性大，均应依法从重处罚。据此，依法对被告人俞某、孙某均判处死刑，缓期两年执行。

（2）罪名

刑法第 347 条规定的走私、贩卖、运输、制造毒品罪，是指明知是毒品而故意实施走私、贩卖、运输、制造的行为。

本罪的构成要件如下：

第一，侵犯的客体是国家对毒品的管理制度和人民的生命健康，是复杂客体。犯罪对象是毒品。

第二，在客观方面表现为走私、贩卖、运输、制造毒品的行为。本罪是

个行为选择性罪名，凡是实施了走私、贩卖、运输、制造毒品四种行为之一的，就可以按照该行为来确定罪名。如果实施了两种以上的行为，则按照数个行为来确定一个罪名，如贩卖、运输毒品罪，而不实行数罪并罚。走私、贩卖、运输、制造毒品的，不论数量多少，都应当追究刑事责任，予以刑事处罚。

第三，犯罪主体是一般主体，既可以是国内公民，也可以是外国公民。根据刑法第17条规定，已满十四周岁不满十六周岁的人，犯贩卖毒品罪的，应当负刑事责任，但应当从轻或者减轻处罚。

第四，主观方面是故意。如果不是明知，而是被别人利用、受蒙骗而实施走私、贩卖、运输、制造毒品的，不构成本罪。

（3）罪名辨析

第一，关于立案标准。根据2012年5月16日最高人民检察院、公安部《关于公安机关管辖的刑事案件立案追诉标准的规定（三）》第1条规定，走私、贩卖、运输、制造毒品，无论数量多少，都应予立案追诉。

这里的"走私"，是指明知是毒品而非法将其运输、携带、寄递进出国（边）境的行为。直接向走私人非法收购走私进口的毒品，或者在内海、领海、界河、界湖运输、收购、贩卖毒品的，以走私毒品罪立案追诉。这里的"贩卖"，是指明知是毒品而非法销售或者以贩卖为目的而非法收买的行为。

有证据证明行为人以牟利为目的，为他人代购仅用于吸食、注射的毒品，对代购者以贩卖毒品罪立案追诉。不以牟利为目的，为他人代购仅用于吸食、注射的毒品，毒品数量达到规定的数量标准，对托购者和代购者以非法持有毒品罪立案追诉。明知他人实施毒品犯罪而为其居间介绍、代购代卖的，无论是否牟利，都应以相关毒品犯罪的共犯立案追诉。

这里的"运输"，是指明知是毒品而采用携带、寄递、托运、利用他人或者使用交通工具等方法非法运送毒品的行为。

这里的"制造"，是指非法利用毒品原植物直接提炼或者用化学方法加工、配制毒品，或者以改变毒品成分和效用为目的，用混合等物理方法加工、配制毒品的行为。为了便于隐蔽运输、销售、使用、欺骗购买者，或者为了增重，对毒品掺杂使假，添加或者去除其他非毒品物质，不属于制造毒品的行为。

为了制造毒品而采用生产、加工、提炼等方法非法制造易制毒化学品的，以制造毒品罪（预备）立案追诉。购进制造毒品的设备和原材料，开始着手制造毒品，尚未制造出毒品或者半成品的，以制造毒品罪（未遂）立案追诉。明知他人制造毒品而为其生产、加工、提炼、提供醋酸酐、乙醚、三氯甲烷等制毒物品的，以制造毒品罪的共犯立案追诉。

走私、贩卖、运输毒品主观故意中的"明知"，是指行为人知道或者应当知道所实施的是走私、贩卖、运输毒品行为。具有下列情形之一，结合行为人的供述和其他证据综合审查判断，可以认定其"应当知道"，但有证据证明其被蒙骗的除外：

①执法人员在口岸、机场、车站、港口、邮局和其他检查站点检查时，要求行为人申报携带、运输、寄递的物品和其他疑似毒品物，并告知其法律责任，而行为人未如实申报，在其携带、运输、寄递物品中查获毒品的；

②伪报、藏匿、伪装等蒙蔽手段逃避海关、边防等检查，在其携带、运输、寄递的物品中查获毒品的；

③检查时，有逃跑、丢弃携带物品或者逃避、抗拒检查等行为，在其携带、藏匿或者丢弃的物品中查获毒品的；

④体内或者贴身隐秘处藏匿毒品的；

⑤为获取不同寻常的高额或不等值的报酬为他人携带、运输、寄递、收取物品，从中查获毒品的；

⑥采用高度隐蔽的方式携带、运输物品，从中查获毒品的；

⑦采用高度隐蔽的方式交接物品，明显违背合法物品惯常交接方式，从中查获毒品的；

⑧行程路线故意绕开检查站点，在其携带、运输的物品中查获毒品的；

⑨以虚假身份、地址或者其他虚假方式办理托运、寄递手续，在托运、寄递的物品中查获毒品的；

⑩有其他证据足以证明行为人应当知道的。

制造毒品主观故意中的"明知"，是指行为人知道或者应当知道所实施的是制造毒品行为。有下列情形之一，结合行为人的供述和其他证据综合审查判断，可以认定其"应当知道，但有证据证明确属被蒙骗的除外"。

①购置了专门用于制造毒品的设备、工具、制毒物品或者配制方案的；

②为获取不同寻常的高额或者不等值的报酬为他人制造物品，经检验是毒品的；

③在偏远、隐蔽场所制造，或者采取对制造设备进行伪装等方式制造物品，经检验是毒品的；

④制造人员在执法人员检查时，有逃跑、抗拒检查等行为，在现场查获制造出的物品，经检验是毒品的；

⑤有其他证据足以证明行为人应当知道的。

走私、贩卖、运输、制造毒品罪是选择性罪名，对同一宗毒品实施了两种以上犯罪行为，并有相应确凿证据的，应当按照所实施的犯罪行为的性质并列适用罪名，毒品数量不重复计算。对同一宗毒品可能实施了两种以上犯罪行为，但相应证据只能认定其中一种或者几种行为，认定其他行为的证据不够确实充分的，只按照依法能够认定的行为的性质适用罪名。对不同宗毒品分别实施了不同种犯罪行为的，应对不同行为并列适用罪名，累计计算毒品数量。

第二，对被告人一人走私、贩卖、运输、制造或者非法持有两种以上毒品，并已经构成犯罪的，根据 2008 年 12 月 1 日《全国部分法院审理毒品犯罪案件工作座谈会纪要》的规定，不实行数罪并罚，可综合考虑毒品的种类、数量及危害依法处理。

第三，对被告人购买了一定数量的毒品，但只查明其贩卖了其中一部分，其余部分已由被告人吸食的，应当按照已查明的销售数量确定其贩毒的数量。

第四，明知是假毒品而冒充毒品贩卖的，以诈骗罪定罪处罚。不知道是假毒品而当毒品走私、贩卖、运输、窝藏的，应当以走私、运输、贩卖、窝藏毒品犯罪定罪处罚。如果行为人将精制毒品稀释后贩卖，或者是土法加工毒品因提炼不纯而含有较多杂质的，不论其中有多少其他成分，只要含有毒品，就应当以毒品犯罪认定。

第五，对走私、贩卖、运输、制造毒品犯罪集团的首要分子，应当按照犯罪集团进行毒品犯罪的总数量和其他犯罪事实确定其罪责，予以处罚。对共同毒品犯罪中的主犯和其他犯罪分子，应当按照其参与毒品犯罪的毒品数量和在共同犯罪中的地位、作用，分别确定其应当承担的罪责，予以处罚。

第六，关于对毒品的鉴定问题。根据2007年12月18日最高人民法院、最高人民检察院、公安部《办理毒品犯罪案件适用法律若干问题的意见》的规定，可能判处死刑的毒品犯罪案件，毒品鉴定结论中应有含量鉴定的结论。为了贯彻上述意见，最高人民法院2008年12月1日的《全国部分法院审理毒品犯罪案件工作座谈会纪要》第5条规定："鉴于大量掺假毒品和成分复杂的新类型毒品不断出现，为做到罪刑相当、罚当其罪，保证毒品案件的审判质量，并考虑目前毒品鉴定的条件和现状，对可能判处被告人死刑的毒品犯罪案件，应当根据最高人民法院、最高人民检察院、公安部2007年12月颁布的《办理毒品犯罪案件适用法律若干问题的意见》，作出毒品含量鉴定；对涉案毒品可能大量掺假或者系成分复杂的新类型毒品的，亦应当作出毒品含量鉴定。对于含有两种以上毒品成分的毒品混合物，应进一步作成分鉴定，确定所含的不同毒品成分及比例。对于毒品中含有海洛因、甲基苯丙胺的，应以海洛因、甲基苯丙胺分别确定其毒品种类；不含海洛因、甲基苯丙胺的，应以其中毒性较大的毒品成分确定其毒品种类；如果毒性相当或者难以确定毒性大小的，以其中比例较大的毒品成分确定其毒品种类，并在量刑时综合考虑其他毒品成分、含量和全案所涉毒品数量。对于刑法、司法解释等已规定了量刑数量标准的毒品，按照刑法、司法解释等规定适用刑罚；对于刑法、司法解释等没有规定量刑数量标准的毒品，有条件折算为海洛因的，参照国家食品药品监督管理总局制定的《非法药物折算表》，折算成海洛因的数量后适用刑罚。对于国家管制的精神药品和麻醉药品，刑法、司法解释等尚未明确规定量刑数量标准，也不具备折算条件的，应由有关专业部门确定涉案毒品毒效的大小、有毒成分的多少、吸毒者对该毒品的依赖程度，综合考虑其致瘾癖性、戒断性、社会危害性等依法量刑。因条件限制不能确定的，可以参考涉案毒品非法交易的价格因素等，决定对被告人适用的刑罚，但一般不宜判处死刑立即执行。"

第七，根据 2014 年 8 月 12 日最高人民法院、最高人民检察院《关于办理走私刑事案件适用法律若干问题的解释》第 20 条第 1 款规定："直接向走私人非法收购走私进口的货物、物品，在内海、领海、界海、界湖运输、收购、贩卖国家禁止进出口的物品，或者没有合法证明，在内海、领海、界海、界湖运输、收购、贩卖国家限制进出口的货物、物品，构成犯罪的，应当按照走私货物、物品的种类，分别按照刑法第 151 条、第 152 条、第 153 条、第 347 条、第 350 条的规定定罪处罚。"刑法第 22 条规定："对在走私的普通货物、物品中藏匿刑法第 151 条、第 152 条、第 347 条、第 350 条规定的货物、物品，构成犯罪的，以实际走私的货物、物品定罪处罚；构成数罪的，实行数罪并罚。"

2. 刑罚

刑法第 347 条规定："走私、贩卖、运输、制造毒品，无论数量多少，都应当追究刑事责任，予以刑事处罚。""走私、贩卖、运输、制造毒品，有下列情形之一的，处十五年有期徒刑、无期徒刑或者死刑，并处没收财产：①走私、贩卖、运输、制造鸦片一千克以上、海洛因或者甲基苯丙胺五十克以上或者其他毒品数量大的；②走私、贩卖、运输、制造毒品集团的首要分子；③武装掩护走私、贩卖、运输、制造毒品的；④以暴力抗拒检查、拘留、逮捕，情节严重的；⑤参与有组织的国际贩毒活动的。""走私、贩卖、运输、制造鸦片两百克以上不满一千克、海洛因或者甲基苯丙胺十克以上不满五十克或者其他毒品数量较大的，处七年以上有期徒刑，并处罚金。""走私、贩卖、运输、制造鸦片不满两百克、海洛因或者甲基苯丙胺不满十克或者其他少量毒品的，处三年以下有期徒刑、拘役或者管制，并处罚金；情节严重的，处三年以上七年以下有期徒刑，并处罚金。""单位犯第二款、第三款、第四款罪的，对单位判处罚金，并对其直接负责的主管人员和其他直接责任人员，依照各该款的规定处罚。""利用、教唆未成年人走私、贩卖、运输、制造毒品，或者向未成年人出售毒品的，从重处罚。""对多次走私、贩卖、运输、制造毒品，未经处理的，毒品数量累计计算。"

根据刑法第 347 条规定，对走私、贩卖、运输、制造毒品的刑事处罚可以概括为四个处罚档次：

第一，有下列情形之一的，判处十五年有期徒刑、无期徒刑或者死刑，并处没收财产：①走私、贩卖、运输、制造鸦片一千克以上、海洛因或者甲基苯丙胺五十克以上或者其他毒品数量大的；②走私、贩卖、运输、制造毒品集团的首要分子；③武装掩护走私、贩卖、运输、制造毒品的；④以暴力抗拒检查、拘留、逮捕，情节严重的；⑤参与有组织的国际贩毒活动的。

这里的"其他毒品数量大"，根据 2016 年 4 月 6 日最高人民法院《关于审理毒品犯罪案件适用法律若干问题的解释》第 1 条和第 2 条规定，刑法第 347 条第 2 款第 1 项规定的"其他毒品"是指下列情形之一：①可卡因 50 克以上，② 3，4—亚甲二氧基甲基苯丙胺（MDMA）等苯丙胺类毒品（甲基苯丙胺除外）、吗啡 100 克以上；③芬太尼 125 克以上；④甲卡西酮 200 克以上；⑤二氢埃托啡 10 毫克以上；⑥哌替啶（杜冷丁）250 克以上；⑦氯胺酮 500 克以上；⑧美沙酮 1 千克以上；⑨曲马朵、γ—羟丁酸 2 千克以上；⑩大麻脂 10 千克、大麻叶及大麻烟 150 千克；⑪可待因、丁丙诺啡 5 千克以上：⑫ 三唑仑、安眠酮 50 千克以上；⑬阿普唑仑、恰特草 100 千克以上；⑭咖啡因、罂粟壳 200 千克以上；⑮巴比妥、苯巴比妥、安钠咖、尼美西泮 250 千克以上；

⑯氯氮卓、艾司唑仑、地西泮、溴西泮 500 千克以上；⑰上述毒品以外的其他毒品数量大的。

根据 2016 年 4 月 6 日最高人民法院《关于审理毒品犯罪案件适用法律若干问题的解释》第 3 条和第 4 条规定，在实施走私、贩卖、运输、制造毒品犯罪的过程中，携带枪支、弹药或者爆炸物用于掩护的，应当认定为刑法第 347 条第 2 款第 3 项规定的"武装掩护走私、贩卖、运输、制造毒品"。

在实施走私、贩卖、运输、制造毒品犯罪的过程中，以暴力抗拒检查、拘留、逮捕，造成执法人员死亡、重伤、多人轻伤或者具有其他严重情节的，应当认定为刑法第 347 条第 2 款第 4 项规定的"以暴力抗拒检查、拘留、逮捕，情节严重"。

走私、贩卖、运输、制造鸦片 200 克以上不满 1 千克、海洛因或者甲基苯丙胺 10 克以上不满 50 克或者其他毒品数量较大的，判处七年以上有期徒刑，并处罚金。（"其他毒品"同上）

第三，对走私、贩卖、运输、制造少量毒品，情节严重的，判处三年以上七年以下有期徒刑，并处罚金。

走私、贩卖、运输、制造毒品，具有下列情形之一的，应当认定为刑法第 347 条第四款规定的"情节严重"：①向多人贩卖毒品或者多次走私、贩卖、运输、制造毒品的；②在戒毒场所、监管场所贩卖毒品的；③向在校学生贩卖毒品的；④组织、利用残疾人、严重疾病患者、怀孕或者正在哺乳自己婴儿的妇女走私、贩卖、运输、制造毒品的；⑤国家工作人员走私、贩卖、运输、制造毒品的；⑥其他情节严重的情形。

第四，走私、贩卖、运输、制造鸦片不满 200 克、海洛因或者甲基苯丙胺不满 10 克或者其他少量毒品的，判处三年以下有期徒刑、拘役或者管制，并处罚金。

刑法第 356 条、第 357 条分别规定："因走私、贩卖、运输、制造、非法持有毒品罪被判过刑，又犯本节规定之罪的，从重处罚。""本法所称的毒品，是指鸦片、海洛因、甲基苯丙胺（冰毒）、吗啡、大麻、可卡因以及国家规定管制的其他能够使人形成瘾癖的麻醉药品和精神药品。毒品的数量以查证属实的走私、贩卖、运输、制造、非法持有毒品的数量计算，不以纯度折算。"

2013 年 12 月 23 日最高人民法院发布的《关于常见犯罪的量刑指导意见》规定，构成走私、贩卖、运输、制造毒品罪的，可以根据下列不同情形在相应的幅度内确定量刑起点：

一是走私、贩卖、运输、制造鸦片 1000 克，海洛因、甲基苯丙胺 50 克或者其他毒品数量达到数量大起点的，量刑起点为十五年有期徒刑。依法应当判处无期徒刑以上刑罚的除外。二是走私、贩卖、运输、制造鸦片 200 克，海洛因、甲基苯丙胺 10 克或者其他毒品数量达到数量较大起点的，可以在七年至八年有期徒刑幅度内确定量刑起点。三是走私、贩卖、运输、制造鸦片不满 200 克，海洛因、甲基苯丙胺不满 10 克或者其他少量毒品的，可以在三年以下有期徒刑、拘役幅度内确定量刑起点；情节严重的，可以在三年至四年有期徒刑幅度内确定量刑起点。

另外，在量刑起点的基础上，可以根据毒品犯罪次数、人次、毒品数量等其他影响犯罪构成的犯罪事实增加刑罚量，确定基准刑。

有下列情节之一的，可以增加基准刑的 30% 以下：一是利用、教唆未成年人走私、贩卖、运输、制造毒品的；二是向未成年人出售毒品的；三是毒品再犯。有下列情节之一的，可以减少基准刑的 30%：一是受雇运输毒品的；二是毒品含量明显偏低的；三是存在数量引诱情形的。

七、放火罪

1. 案例

2015 年 10 月 3 日晚上，被告人葛某为发泄情绪，在杭州市萧山区城厢街道新桥头社区一农宅三楼其本人的租房内，用打火机将衣服、裤子、床单等物点燃，造成火势蔓延至门框后被群众发现将火扑灭。被告人葛某在实施放火行为后，明知他人报案而在现场等待，抓捕时无拒捕行为，并如实供述上述事实；案发后，被告人葛某的家属代其赔偿了被害人的损失，被害人对被告人葛某表示谅解。

法院认为，被告人葛某故意放火，危害公共安全，尚未造成严重后果，其行为已构成放火罪。被告人葛某自动投案，并如实供述自己的罪行，系自首，予以减轻处罚；其家属代其赔偿了被害人的损失，取得了被害人的谅解，酌情从轻处罚。判处被告人葛某有期徒刑两年三个月。

2. 罪名

刑法第 114 条、第 115 条第 1 款规定的放火罪，是指故意放火焚烧公私财物，危害公共安全的行为。

本罪的四个构成要件如下：

第一，侵犯的客体是不特定的多数人的人身或者财产权。有些犯罪分子放火，虽然目的是侵害特定人的人身或者财产权，但大火一起，势不由人，不可能只烧哪一部分而不烧哪一部分。所以，放火罪犯的客体不是哪个人的生命安全和财产权。

第二，在客观方面，必须具有利用放火危害或者足以危害公共安全的行为。只要放火的行为实施终了，即使没有造成严重后果，也构成本罪。因为，放火行为的本身就是已经危害或者足以危害公共安全了。没有造成严重后果，这一情节可以在量刑时予以考虑。

第三，主观方面只能是故意，包括直接故意和间接故意。动机可以是多种多样：有的是为了私人报复；有的是为了毁灭罪迹；有的是为了嫁祸于人；有的是为了其他个人目的等等。动机不同，不影响本罪的成立。

第四，犯罪主体是一般主体。由于放火罪的社会危害性大，所以刑法第 17 条第 2 款规定，已满十四周岁不满十六周岁的人犯放火罪应当负刑事责任。

3. 罪名辨析

第一，有人如果以放火为手段，去杀害特定的人，没有危害不特定的多数人，也没有危及公共安全，那么，应该以故意杀人罪论处。

第二，放火罪属于危险犯，区别犯罪的既遂与未遂，关键不在于行为人是否达到预期的犯罪目的，而在于是否具备了法律所要求的全部构成要件。按照刑法第 114 条的规定，只要行为人实施了放火的行为，并且这种行为具有造成严重后果的危险性，即使由于行为人意志以外的原因，没有造成严重后果，也构成放火罪既遂。但是，如果行为人正在着手实施放火，因为客观原因，被及时发现阻止或者未能燃烧，则构成放火未遂。

第三，有的犯罪分子犯罪后，为了消灭罪迹，往往放火焚烧现场，对此应当区分不同情况分别处理。如果故意杀人、抢劫和强奸致人死亡后，为了消灭罪迹而在野外焚尸，不足以危害公共安全的，就不能另定放火罪。如果犯罪分子杀人、强奸致人死亡，或者盗窃、抢劫等犯罪后，为了消灭罪迹，在住宅区或其他公共建筑内放火，足以危害公共安全的，则应另定放火罪，实行数罪并罚。

第四，放火罪与失火罪不同。二者主要区别在主观方面。放火罪主观上是故意，包括直接故意和间接故意。失火罪主观上是过失，包括疏忽大意的过失和过于自信的过失。另外失火行为，只有造成严重后果，才以失火罪论处，失火罪是结果犯。放火罪属于行为犯，行为人一旦实施了放火行为，即以犯罪论处，是否造成严重后果，是在量刑时要考虑的问题。造成了严重后果的，应在较高的量刑幅度上量刑。

第五，财物所有人放火烧毁自己的财物，不危害其他人的利益，也不危害公共安全的，不以放火罪论处。如果行为人在焚烧自己财物时，又危害了公共安全，使不特定的人的生命、健康、财产遭到危害，应当以放火罪论处。

4. 刑罚

刑法第 114 条规定："放火、决水、爆炸以及投放毒害性、放射性、传染病病原体等物质或者以其他危险方法危害公共安全，尚未造成严重后果的，处三年以上十年以下有期徒刑。"第115条第1款规定："放火、决水、爆炸以及投放毒害性、放射性、传染病病原体等物质或者以其他危险方法致人重伤、死亡或者使公私财产遭受重大损失的，处十年以上有期徒刑、无期徒刑或者死刑。"

八、爆炸罪

1. 案例

2015年8月18日11时许，被告人陈某某在某市城北区某物流大厦因索要工程款未果与青海某物流有限公司的工作人员发生争执，后被告人陈某某于当日17时许驾车至市城东区康乐旧货市场购买了十个旧液化气罐，拉至某物流有限公司楼下，等该公司负责人来解决工程款，并扬言如不解决工程款将罐注燃气后实施爆炸。后公安民警出警将其带离现场。案发后物流有限公司对被告人陈某某表示谅解，要求人民法院对其免除处罚。

法院认为，被告人陈某某以他人欠付工程款为由，准备作案工具，并扬言如不结算工程款将罐注燃气、炸毁大楼，对公共安全造成较为严重的危害，其行为已触犯刑律，构成爆炸罪，应依法处罚。本案系犯罪预备，可依法对被告人陈某某减轻处罚。被告人陈某某归案后认罪态度较好，取得被害单位的谅解，可酌情从轻处罚。判决被告人陈某某犯爆炸罪，判处有期徒刑六个月，缓刑一年。

2. 罪名

刑法第114条、第115条第1款规定的爆炸罪，是指故意以爆炸方法，杀伤人身，破坏公私财产，危害公共安全的行为。

本罪的构成要件如下：

第一，侵犯的客体是不特定多数人的人身或财产的安全，即公共安全，而不是某个特定的人或者特定的物。

第二，在客观方面行为人具有危害公共安全的爆炸行为。

第三，犯罪主体是一般主体。

第四，主观方面是故意，不管动机如何，都不影响本罪的成立。

3. 罪名辨析

第一，爆炸罪与杀人罪不同，区别的根本点是：爆炸罪侵犯的是不特定多数人的生命健康和财产安全；杀人罪一般只是造成特定的人身伤亡。

第二，爆炸罪与故意毁坏财物罪也有明显的不同之处。爆炸罪侵犯的对象多是工厂、矿场、仓库、住室、谷场、公共建筑物等，同时还往往侵犯公民的人身权利；而故意毁坏财物罪侵犯的对象，只是单纯的国家、集体或公民的财产，可以是重大的公私财产，也可以是一般的公私财产，而不侵犯公民的人身权利。

第三，爆炸罪与危险物品肇事罪也不同，这主要在于：后者主观方面是出于过失，它只限于违反爆炸性、易燃性、放射性、毒害性、腐蚀性物品管理规定，在生产、储存、运输、使用中发生重大事故，造成严重后果的；而爆炸罪主观方面是故意。

4. 刑罚

刑法第 114 条规定："放火、决水、爆炸以及投放毒害性、放射性、传染病病原体等物质或者以其他危险方法危害公共安全，尚未造成严重后果的，处三年以上十年以下有期徒刑。"第 115 条第 1 款规定："放火、决水、爆炸以及投放毒害性、放射性、传染病病原体等物质或者以其他危险方法致人重伤、死亡或者使公私财产遭受重大损失的，处十年以上有期徒刑、无期徒刑或者死刑。"

九、投放危险物质罪（投毒罪）

1. 案例

2014 年年底，被告人马某经婚姻介绍所介绍与曾某乙（又名曾某丙）认识并恋爱，2015 年 9 月后因感情不和曾某乙与其分手。被告人马某不愿分手并欲与曾某乙结婚而遭拒绝，便产生了投毒报复曾某乙的想法。2015 年 11 月 15 日晚，被告人马某携带农药呋喃丹和老鼠药坐车至泰和县上模乡，之后步行来到曾某乙父亲曾某甲家门口，将调好的呋喃丹药水倒至曾某甲家的压水井口及井台边，并将未拆封的两包老鼠药扔在井边的地上，然后回到泰和县城其住处。被告人马某回到住处后又感到后悔，怕出人命，便乘坐出租车再次来到曾某甲家门口，并告知曾某甲井里有人投毒，曾某甲未予理睬。被告人马某在曾某甲家门口一直待至凌晨 5 时许离开，曾某甲家的水井处于户外，无围墙与外界隔离。经取样化验，水井旁的紫色状物质及井水中均检出农药呋喃丹成分。2015 年 11 月 17 日，被告人马某经办案民警传唤问话，如实交代了投放农药的犯罪事实。

法院认为，马某为报复他人，在未与外界隔离的压水井口及井旁投放有毒物质，危害公共安全，其行为已构成投放危险物质罪。被告人马某被传唤后能如实供述犯罪事实，系自首。作案后返回投放农药现场并一直待到凌晨才离开，并将有人投放农药在井里一事告知日常使用该水井的曾某甲，有一定的悔罪表现，依法对其减轻处罚。判决被告人马某犯投放危险物质罪，判处有期徒刑两年。

2. 罪名

刑法第 114 条、第 115 条第 1 款规定的投放危险物质罪，是指故意投放毒害性、放射性、传染病病原体等物质，危害公共安全的行为。

本罪的构成要件如下：

第一，侵犯的客体是不特定多数人的生命和禽、畜等财产安全。即这种行为已经造成了多数人的人身或牲畜及其他财产的严重损害，或者已经威胁到多数人的人身或财产的安全。

第二，在客观方面，行为人必须具有投放毒害性、放射性、传染病病原体等物质，危害公共安全的行为。只要这种行为实施完了就可构成本罪的既遂，至于是否造成人畜伤亡的严重后果，这是量刑时所要考虑的情节，一般不影响本罪的构成。

第三，犯罪主体是一般主体。

第四，主观方面出于故意。

3. 罪名辨析

第一，要区分本罪与故意杀人罪的界限。如果行为人采用投毒的手段伤害特定的某个人，而不是危及公共安全，则构成故意杀人罪。如果危害了公共安全，才能构成本罪。例如，甲为了杀害乙，把毒药放到乙的菜碗里，目的是只想杀死乙，这是故意杀人罪。但是如果为了杀害乙，将毒药放到单位食堂的菜锅里，这就危害了公共安全，应当以本罪论处。

第二，要区分本罪与故意毁坏财物罪的界限。如果行为人采用投毒的方法，毒害特定的少量牲畜、家禽，属于故意毁坏财物罪；如果毒害大量的、不特定的牲畜、家禽，可能造成巨大数额损失的，应当以本罪论处。

第三，要区分本罪与危险物品肇事罪的界限。这两种犯罪有相似之处，即都是违反了毒害性物品管理规定，可能会造成人身伤亡等严重后果。二者的区别在于：后者是在生产、储存、运输、使用中发生的重大事故，而且只能由过失构成，而前者主观上是故意。

第四，要划清本罪与环境污染行为的界限。环境污染，是指工厂、企业、事业和科研单位违反环境保护法的规定，随意排放超过国家或者地方规定标准的污染物，严重污染环境，危害人民健康，破坏自然资源，在规定的期限内能治理而不治理的行为。这种行为的危害后果，有时虽然与本罪相似，但这种行为产生的原因和表现形式，与本罪是不同的。

4. 刑罚

刑法第 114 条规定："放火、决水、爆炸以及投放毒害性、放射性、传染病病原体等物质或者以其他危险方法危害公共安全，尚未造成严重后果的，处三年以上十年以下有期徒刑。"第 115 条第 1 款规定："放火、决水、爆炸以及投放毒害性、放射性、传染病病原体等物质或者以其他危险方法致人重伤、死亡或者使公私财产遭受重大损失的，处十年以上有期徒刑、无期徒刑或者死刑。"

第五章　刑法保护未成年人的规定
—— 侵犯未成年人权益犯罪

公正是刑法的核心价值。

公正，也称公平、正义。从词源学上说，它具有正直、正当、公正、公平、不偏不倚等含义。我们通常理解的正义是指每个人与其所应得的东西（包括利益在内）之间的均衡状态。法自产生以来，就与正义、公正产生了密切关系，正义是法的一种重要价值，法应体现和维护正义。法的正义价值分为两个层次：一是法深层的正义，在这一层次上，正义乃是法的基本原则，它表现为法应努力追求的某种完善的目标、道德价值或理想的正义秩序；二是法具体规定的正义，在这一层次上，正义意味着一套公正的法律规范和原则，它给人们的行为提供模式和标准，当人们的行为符合这种模式的时候便是正义，而不遵从这种标准便是邪恶的。上述两层次的综合，我们称之为法律正义。其中，法深层的正义即通常所说的实质正义，法具体规定的正义即形式正义。

基于以上分析，公正有两个基本层面的含义：其一，形式公正；其二，实质公正。在刑法中，公正是其首要价值、核心价值。正所谓"刑法价值具有不同的类型，每一种形式从一个侧面折射出刑法价值的属性及特征，然而刑法价值中居核心位置的是公正"。

从未成年犯的辨认能力和控制能力相对于精神正常的成年犯较弱来看，其反映出的主观恶性相对较小，其社会危害性就相对较小，而若对其给予成年犯同样的刑罚，显然未成年犯没有得到公正的待遇。所以要从轻或减轻处罚，这体现了刑法的实质公正价值。可见，刑法适用中对未成年犯的保护既表明了基于社会正义的要求所体现的刑法形式公正价值，也表明了未成年犯不同于成年犯的特殊待遇所体现的刑法的实质公正价值。

　　基于未成年人的这一特点，我国在刑法上对他们也予以了特殊的保护。本章主要讲述了我国刑法为保护未成年人而规定的刑事罪名，包括直接侵害未成年人的罪名，也包括侵犯未成年人犯罪后加重处罚的罪名，还包括未成年人受到不法侵害后，公务人员不履行解救职责的犯罪行为。

第一节　刑法直接保护未成年人的罪名

　　我国刑法直接规定以未成年人为侵害对象的罪名主要集中在侵犯公民人身权利、民主权利罪和妨害社会管理秩序罪中，具体是指刑法第 237 条规定的猥亵儿童罪，把儿童作为犯罪对象的，从重处罚；第 241 条规定的拐卖儿童罪和收买被拐卖的儿童罪；第 242 条第 2 款规定的聚众阻碍解救被拐卖的儿童罪；第 262 条规定的拐骗儿童罪，即"拐骗不满十四周岁的未成年人脱离家庭或者监护人的，处五年以下有期徒刑或者拘役"；把不满十四周岁的未成年人规定为该罪的犯罪对象，从而体现对未成年被害人的保护；第 359 条第 2 款规定的引诱幼女卖淫罪，把"引诱不满十四周岁的幼女卖淫的"单独列款，并规定相关的惩罚，以示对未成年被害人的特殊保护；第 360 条第 2 款规定的嫖宿幼女罪，对"嫖宿不满十四周岁的幼女的"与一般该行为相比，其处罚更为严厉，"处五年以上有期徒刑并处罚金"。这些罪名都把未成年人作为侵害对象，并且刑法分则将其作为专有罪名规定，或单独成条或单独成款，并且制定了更为严厉的处罚，或从重或加重，以示对未成年人的特殊保护。

一、猥亵儿童罪

1. 案例

2012 年至 2013 年上半年，被告人曾某明在任职嘉禾县某小学数学教师期间，以上课时女生不专心听课为由，在课堂上先后对被害女学生雷某、雷某某、邓某、刘某某等多人实施猥亵。嘉禾县人民法院认为，被告人曾某明在公共场所当众猥亵儿童，其行为已构成猥亵儿童罪。

曾某明身为人民教师，本应是教书育人、遵纪守法的榜样，但是却利用教师身份，在较长时间内多次在公共场所猥亵多名女生，其行为性质恶劣、社会影响极坏，应当在有期徒刑五年以上量刑幅度从重处罚。据此，判决被告人曾某明犯猥亵儿童罪，判处有期徒刑八年六个月。

2. 罪名

刑法第 237 条第 3 款规定的猥亵儿童罪，是指猥亵儿童的行为。

本罪的构成要件如下：

第一，侵犯的客体是儿童的人格、名誉和身心健康权，犯罪对象是不满十四周岁的男、女儿童。

第二，在客观方面表现为实施猥亵儿童的行为。猥亵儿童，可以采取暴力、胁迫等强制手段，也可以采取利诱、引诱等手段；猥亵行为的内容包括抚摸儿童性器官、鸡奸儿童等。

第三，犯罪主体是一般主体，包括男女。介绍、帮助他人奸淫幼女、猥亵儿童的，以强奸罪、猥亵儿童罪的共犯论处。

第四，主观方面是故意，往往具有通过猥亵儿童达到满足自己色欲的目的。

3. 罪名辨析

第一，关于儿童年龄的界定。在本罪中，需要明确多大年龄的人是儿童。

根据 1992 年 12 月 11 日最高人民法院、最高人民检察院《关于执行〈全国人大常委会关于严惩拐卖、绑架妇女、儿童的犯罪分子的决定〉的若干问题的解答》之规定，"儿童"是指不满十四周岁的人。其中不满一岁的为"婴儿"，一岁以上不满六岁的为"幼儿"。

第二，要划清本罪与刑法第 237 条第 1 款规定的强制猥亵罪的界限。二者的主要区别：一是猥亵的对象不同。本罪猥亵的对象是不满十四周岁的男、女儿童；而后罪猥亵的对象仅限于年满十四周岁的人，包括年满十四周岁的男女。二是猥亵的手段不同。本罪的构成，不要求必须是采用暴力、胁迫等强制手段；而后罪则有这方面的要求，没有强制手段，不构成犯罪。

第三，要注意本罪与相关罪的界定。根据 2013 年 10 月 23 日最高人民法院、最高人民检察院、公安部、司法部《关于依法惩治性侵害未成年人犯罪的意见》第 22 条的规定，实施猥亵儿童犯罪，造成儿童轻伤以上后果，同时符合刑法第 234 条或者第 232 条的规定，构成故意伤害罪、故意杀人罪的，依照处罚较重的规定定罪处罚。

4. 刑罚

刑法第 237 条规定："以暴力、胁迫或者其他方法强制猥亵他人或者侮辱妇女的，处五年以下有期徒刑或者拘役。""聚众或者在公共场所当众犯前款罪的，或者有其他恶劣情节的，处五年以上有期徒刑。""猥亵儿童的，依照前两款的规定从重处罚。"

在校园、游泳馆、儿童游乐场等公共场所对未成年人实施强奸、猥亵犯罪，只要有其他多人在场，不论在场人员是否实际看到，均可以依照刑法第 237 条的规定，认定为在公共场所"当众"强奸妇女，强制猥亵、侮辱他人，猥亵儿童。

根据 2013 年 10 月 23 日最高人民法院、最高人民检察院、公安部、司法部《关于依法惩治性侵害未成年人犯罪的意见》的规定，针对未成年人实施强奸、猥亵犯罪的，应当从重处罚，具有下列情形之一的，更要依法从严惩处：①对未成年人负有特殊职责的人员、与未成年人有共同家庭生活关系的人员、国家工作人员或者冒充国家工作人员，实施强奸、猥亵犯罪的；②进入未成年人住所、学生集体宿舍实施强奸、猥亵犯罪的；③采取暴力、胁迫、麻醉等强制手段实施奸淫幼女、猥亵儿童犯罪的；④对不满十二周岁的儿童、农村留守儿童、严重残疾或者精神智力发育迟滞的未成年人，实施强奸、猥亵犯罪的；⑤猥亵多名未成年人，或者多次实施强奸、猥亵犯罪的；⑥造成未成年被害人轻伤、怀孕、感染性病等后果的；⑦有强奸、猥亵犯罪前科劣迹的。

二、拐卖妇女、儿童罪

1. 案例

被告人武某某、关某某夫妻二人于 2009 年 2 月 8 日生育一男孩，后因孩子经常生病，家庭生活困难，二人决定将孩子出卖给他人。同年 6 月初，武某某、关某某找到山西省临汾市先平红十字医院的护士乔某，让其帮忙联系买家。第二天，乔某将此事告知张某某，张某某又让段某某（同案被告人，已判刑）询问情况。段某某与关某某电话联系后约定付给关某某 26000 元。后段某某将此情况告知景某某（同案被告人，已判刑），景某某经与赵某某（同案被告人，已判刑）联系看过孩子后，赵某某又通过郭某某（同案被告人，已判刑）介绍买家。同年 6 月 13 日在赵某某家中，武某某、关某某将出生仅四个月的孩子以 26000 元的价格卖给蔡某某（在逃）。赵某某、景某某、段某某、郭某某分别获利 1400 元、600 元、500 元、1500 元。赵某某、郭某某、王某某（同案被告人，已判刑）与蔡某某一同将婴儿送至山东省枣庄市台儿庄区。后因武某某的父亲向公安机关报警称孙子被武某某夫妇卖掉而案发。同年 7 月 17 日，公安机关将被拐卖的婴儿成功解救。

法院认为，被告人武某某、关某某将出生仅四个月的男婴，以 26000 元的价格出卖给他人，其行为已构成拐卖儿童罪。武某某、关某某辩解其行为属于私自送养、不构成犯罪。经法院查明，武某某、关某某在不了解对方基本条件的情况下，不考虑对方是否有抚养目的及有无抚养能力等事实，为收取明显不属于营养费的巨额钱财，将孩子送给他人，可以认定属于出卖亲生儿子，应当以拐卖儿童罪论处，其辩解不能成立。武某某、关某某由于家庭生活困难，将孩子出卖给他人，后孩子被公安机关成功解救，没有造成严重的社会危害后果，主观恶性较小，犯罪情节较轻，依法以拐卖儿童罪分别判处被告人武某某、关某某有期徒刑三年，缓刑五年，并处罚金人民币 3 万元。

2. 罪名

刑法第 240 条规定的拐卖妇女、儿童罪，是指以出卖为目的，拐骗、绑架、收买、贩卖、接送、中转妇女、儿童，使用暴力、胁迫或者麻醉方法，绑架妇女、儿童，偷盗婴幼儿的行为。

本罪的构成要件如下：

第一，侵犯的客体是妇女、儿童的人身权利，包括人身自由、人格尊严和身心健康等，犯罪对象是妇女、儿童。

第二，在客观方面大体上有三种表现：一是实施拐骗、绑架、收买、贩卖、接送或者中转妇女、儿童的行为；二是使用暴力、胁迫或者麻醉方法，绑架妇女、儿童的行为；三是偷盗婴幼儿的行为。以上三种行为是构成本罪的方法行为，只要行为人实施了上述行为之一，即可构成本罪。

第三，犯罪主体是一般主体，即凡是达到刑事责任年龄、具有刑事责任能力的自然人，都能成为本罪的主体。

第四，主观方面是故意，并且具有出卖的目的。至于是否将被拐卖妇女、儿童卖出，是否获利，获利多少，均不影响本罪的成立。

3. 罪名辨析

第一，要划清罪与非罪、此罪与彼罪的界限。根据 2010 年 3 月 15 日最高人民法院、最高人民检察院、公安部、司法部《关于依法惩治拐卖妇女儿童犯罪的意见》规定，犯罪嫌疑人、被告人参与拐卖妇女、儿童犯罪活动的多个环节，只有部分环节的犯罪事实查证清楚、证据确实、充分的，可以对该环节的犯罪事实依法予以认定。

以出卖为目的强抢儿童，或者捡拾儿童后予以出卖，符合刑法第 240 条第 2 款规定的，应当以拐卖儿童罪论处。以抚养为目的偷盗婴幼儿或者拐骗儿童，之后予以出卖的，以拐卖儿童罪论处。

以非法获利为目的，出卖亲生子女的，应当以拐卖妇女、儿童罪论处。要严格区分借送养之名出卖亲生子女与民间送养行为的界限。区分的关键在于行为人是否具有非法获利的目的。应当通过审查将子女"送"人的背景和原因、有无收取钱财及收取钱财的多少、对方是否具有抚养目的及有无抚养能力等事实，综合判断行为人是否具有非法获利的目的。具有下列情形之一的，可以认定属于出卖亲生子女，应当以拐卖妇女、儿童罪论处：①将生育作为非法获利手段，生育后即出卖子女的；②明知对方不具有抚养目的，或者根本不考虑对方是否具有抚养目的，为收取钱财将子女"送"给他人的；③为收取明显不属于"营养费""感谢费"的巨额钱财将子女"送"给他人的；④其他足以反映行为人具有非法获利目的的"送养"行为的。

不是出于非法获利目的，而是迫于生活困难，或者受重男轻女思想影响，私自将没有独立生活能力的子女送给他人抚养，包括收取少量"营养费""感谢费"的，属于民间送养行为，不能以拐卖妇女、儿童罪论处。对私自送养导致子女身心健康受到严重损害，或者具有其他恶劣情节，符合遗弃罪特征的，可以遗弃罪论处；情节显著轻微，危害不大的，可由公安机关依法予以行政处罚。

将妇女拐卖给有关场所，致使被拐卖的妇女被迫卖淫或者从事其他色情服务的，以拐卖妇女罪论处。有关场所的经营管理人员事前与拐卖妇女的犯罪人通谋的，对该经营管理人员以拐卖妇女罪的共犯论处；同时构成拐卖妇女罪和组织卖淫罪的，择一重罪论处。

医疗机构、社会福利机构等单位的工作人员以非法获利为目的，将所诊疗、护理、抚养的儿童贩卖给他人的，以拐卖儿童罪论处。

第二，关于共同犯罪问题。明知他人拐卖妇女、儿童，仍然向其提供被拐卖妇女、儿童的健康证明、出生证明或者其他帮助的，以拐卖妇女、儿童罪的共犯论处。明知他人收买被拐卖的妇女、儿童，仍然向其提供被收买妇女、儿童的户籍证明、出生证明或者其他帮助的，以收买被拐卖的妇女、儿童罪的共犯论处，收买人未被追究刑事责任的除外。认定是否"明知"，应当根据证人证言、犯罪嫌疑人、被告人及其同案人供述和辩解，结合提供帮助的人次，以及是否明显违反相关规章制度、工作流程等因素，予以综合判断。明知他人系拐卖儿童的"人贩子"，仍然利用从事诊疗、福利救助等工作的便利或者了解被拐卖方情况的条件，居间介绍的，以拐卖儿童罪的共犯论处。

对于拐卖妇女、儿童犯罪的共犯，应当根据各被告人在共同犯罪中的分工、地位、作用，参与拐卖的人数、次数，以及分赃数额等，准确区分主从犯。对于组织、领导、指挥拐卖妇女、儿童的某一个或者某几个犯罪环节，或者积极参与实施拐骗、绑架、收买、贩卖、接送、中转妇女、儿童等犯罪行为，起主要作用的，应当认定为主犯。对于仅提供被拐卖妇女、儿童信息或者相关证明文件，或者进行居间介绍，起辅助或者次要作用，没有获利或者获利较少的，一般可认定为从犯。对于各被告人在共同犯罪中的地位、作用区别不明显的，可以不区分主从犯。

第三，关于一罪与数罪的问题。拐卖妇女、儿童，又奸淫被拐卖的妇女、儿童，或者诱骗、强迫被拐卖的妇女、儿童卖淫的，以拐卖妇女、儿童罪处罚；拐卖妇女、儿童，又对被拐卖的妇女、儿童实施故意杀害、伤害、猥亵、侮辱等行为，构成其他犯罪的，依照数罪并罚的规定处罚；拐卖妇女、儿童，又组织、教唆被拐卖的妇女、儿童进行犯罪的，以拐卖妇女、儿童罪与其所组织、教唆的罪数罪并罚。拐卖妇女、儿童又组织、教唆被拐卖、收买的未成年妇女、儿童进行盗窃、诈骗、抢夺、敲诈勒索等违反治安管理活动的，以拐卖妇女、儿童罪与组织未成年人进行违反治安管理活动罪数罪并罚。

4. 刑罚

刑法第240条规定："拐卖妇女、儿童的，处五年以上十年以下有期徒刑，并处罚金。有下列情形之一的，处十年以上有期徒刑或者无期徒刑，并处罚金或者没收财产，情节特别严重的，处死刑，并处没收财产：①拐卖妇女、儿童集团的首要分子；②拐卖妇女、儿童三人以上的；③奸淫被拐卖的妇女的；④诱骗、强迫被拐卖的妇女卖淫或者将被拐卖的妇女卖给他人迫使其卖淫的；⑤以出卖为目的，使用暴力、胁迫或者麻醉方法绑架妇女、儿童的；⑥以出卖为目的，偷盗婴幼儿的；⑦造成被拐卖的妇女、儿童或者其亲属重伤、死亡或者其他严重后果的；⑧将妇女、儿童卖往境外的。"

三、收买被拐卖的妇女、儿童罪

1. 案例

2008年农历四月的一天上午，在福建省霞浦县下浒镇延亭村长沙自然村后门山一偏僻树林内，被告人蔡某某从陈某（另案处理）手中以33000元收买了被拐卖的被害人王某某"做老婆"。公安机关接到被害人父亲报案，前往解救王某某时，蔡某某已提前将王某某转移到霞浦县城松城街道燕窝里租房居住，由蔡某某的母亲林某某看管，自己则到霞浦县海岛乡渔船上打工。2010年1月3日，公安机关在蔡某某的租住房内解救出王某某。两天后，王某某产下一男婴，现由林某某抚养。王某某已返回原籍。同年2月1日，蔡某某在霞浦县海岛乡一出租房内被公安机关抓获。

法院认为，被告人蔡某某明知被害人王某某是被拐卖的妇女而予以收买，并用转移被害人的方法阻碍解救，其行为已构成收买被拐卖的妇女罪，依法应当追究刑事责任。蔡某某收买王某某后，没有实施摧残、虐待行为并欲与王某某形成稳定的婚姻家庭关系，可以从轻处罚。综上，根据蔡某某的犯罪事实、性质、情节及对社会的危害程度，依法以收买被拐卖的妇女罪判处被告人蔡某某有期徒刑八个月。

2. 罪名

刑法第 241 条第 1 款规定的收买被拐卖的妇女、儿童罪，是指不以出卖为目的，收买被拐卖的妇女、儿童的行为。

本罪的构成要件如下：

第一，侵犯的客体是妇女、儿童的人格尊严权、人身自由权。本罪的犯罪对象，是十四周岁以上的妇女和十四周岁以下的男女儿童。

第二，在客观方面表现为收买被拐卖的妇女、儿童的行为。这里的收买，不能只理解为以财物换人，还应该理解为以财产性利益和非财产性利益换人的行为。

第三，本罪的主体是一般主体，即凡是年满十六周岁、具有刑事责任能力的自然人，均可以构成本罪的犯罪人。

第四，在主观方面，必须是明知被收买的对象是被拐卖的妇女、儿童。不能是以出卖或者解救妇女、儿童的目的。

3. 罪名辨析

第一，关于收买被拐卖的妇女、儿童罪的认定。收买被拐卖的妇女、儿童罪，是指不以出卖为目的，收买被拐卖、绑架的妇女、儿童的行为。以出卖为目的，收买被拐卖、绑架的妇女、儿童的，以拐卖妇女、儿童罪论处。认定本罪，应当注意以下问题：一是收买人必须明知是被拐卖、绑架的妇女、儿童而予以收买的，才能构成本罪。二是共同参与了收买被拐卖、绑架的妇女、儿童犯罪行为的，对其中的主犯，应当追究刑事责任；对其他参与者，如果是情节显著轻微，危害不大，不认为是犯罪，不追究其刑事责任。三是被买妇女与收买人已经成婚，并且愿意留在当地共同生活的，对收买人可以视为"按照被买妇女的意愿，不阻碍其返回原居住地"，可以从轻或者减轻处罚。

第二，要划清本罪与介绍婚姻、收养子女给付财物的界限。在实践中，有的人由于婚姻问题难以解决，委托他人到外地给自己介绍对象；有的想收养子女，委托他人介绍别人愿意送养的儿童，事成之后，出于感谢给介绍人一定的财物，这种行为不构成犯罪。这种行为与本罪的区别是：一是主观故意不同。本罪行为人主观方面，必须是明知被收买的人是或者可能是被拐卖而来；而介绍婚姻、收养子女给付财物的行为人，主观上不能明知被收买人是或者可能是被拐卖的妇女、儿童，否则，行为性质就不再是介绍婚姻、收养子女给付财物。行为人主观上对给付财物的性质因此也不同。例如，收买妇女、儿童，收买人认为自己在付被收买人的身价；而介绍婚姻、收养儿童给付财物，行为人认为自己是在给付酬谢费。二是接受财物的人不同。在介绍婚姻、收养儿童给付财物行为中，接受财物的人一般不是拐卖、绑架妇女、儿童的犯罪分子。给付财物者主观上不明知妇女、儿童是被拐卖而来。给付财物人不构成收买被拐卖的妇女、儿童罪。三是妇女、儿童的来源不同。在收买被拐卖的妇女、儿童罪中，妇女、儿童是被拐骗收买来的；而在介绍婚姻、收养儿童行为中，妇女的来源是妇女本人自愿外嫁，儿童来源于父母或者其他监护人的送养。四是财物的数额不同。收买被拐卖的妇女、儿童给付的财物，是被收买人的身价，其数额随妇女、儿童本身素质、供求关系变化和双方讨价还价而定；而介绍婚姻、收养儿童给付财物，则是对介绍人的酬谢，一般比较少。而且给付财物的对象既有介绍人，也有妇女、儿童的亲属。

第三，要划清本罪的一罪与数罪的界限。行为人只要实施了收买被拐卖的妇女、儿童的行为，就构成本罪的既遂。收买以后，对被害人实施了其他侵害行为，而且实行侵害行为已经构成犯罪的，不能为本罪所包容，应当实行数罪并罚。例如，收买以后，实施强奸、拘禁、伤害、侮辱、虐待等行为并构成犯罪的，应当分别以收买被拐卖的妇女、儿童罪与强奸、非法拘禁、伤害、侮辱、虐待罪数罪并罚。

4. 刑罚

刑法第 241 条规定："收买被拐卖的妇女、儿童的，处三年以下有期徒刑、拘役或者管制。""收买被拐卖的妇女，强行与其发生性关系的，依照本法第

236 条的规定定罪处罚。""收买被拐卖的妇女、儿童，非法剥夺、限制其人身自由或者有伤害侮辱等犯罪行为的，依照本法有关规定定罪处罚。""收买被拐卖妇女、儿童，并有第二款、第三款规定的犯罪行为的，依照数罪并罚的规定处罚。""收买被拐卖的妇女、儿童又出卖的，依照本法第 240 条的规定定罪处罚。""收买被拐卖的妇女、儿童，对被买儿童没有虐待行为，不阻碍对其进行解救的，可以从轻处罚；按照被买妇女的意愿，不阻碍其返回原居住地的，可以从轻或者减轻处罚。"

四、聚众阻碍解救被收买的妇女、儿童罪

1. 案例

纪某是某村村长。一日，某县公安干警到其所在的村解救被收买的妇女，因收买人是纪某的外甥，纪某便以公安人员"未通知村委会同意"为由，纠集上百名不明真相的村民，对前来解救被收买的妇女的公安干警进行围攻、殴打。两名公安干警被打伤。后在当地乡党委与公安机关的干预下，才将被收买的妇女救出。纪某因犯聚众阻碍解救被收买的妇女罪，被判处了刑罚。

2. 罪名

刑法第 242 条第 2 款规定的聚众阻碍解救被收买的妇女、儿童罪，是指组织、策划、指挥多人阻碍国家机关工作人员解救被收买的妇女、儿童的行为。

本罪的构成要件如下：

第一，侵犯的客体是国家机关工作人员依法解救被收买的妇女、儿童的职务活动和妇女、儿童的人身自由权利。本罪的犯罪对象，必须是正在依法执行解救被收买的妇女、儿童活动的国家机关工作人员。

第二，在客观方面表现为聚众阻碍国家机关工作人员执行解救被收买的妇女、儿童的行为。

第三，本罪的主体是一般主体，限定为聚众阻碍解救被收买的妇女、儿童的首要分子。首要分子可以是一人，也可以是多人。

第四，主观方面是故意，其内容表现为：明知阻碍对象是正在解救被收买的妇女、儿童的国家机关工作人员，而故意聚众实施阻碍行为。

3. 罪名辨析

第一，要划清罪与非罪的界限。是否构成本罪，应当从以下几点来认定：一是在主体方面，构成本罪的犯罪行为必须是阻碍负有解救职责的国家机关工作人员，既包括司法人员、各级行政机关人员以及其他负责解救工作的人员，也包括解救机关委托协助执行解救公务的人员。对上述人员以外的其他人员，或者非执行解救工作的国家工作人员，聚众阻碍其解救行为的，不构成本罪。如果国家机关工作人员在执行解救活动中，超越职责范围，或者滥用解救职责，遭到群众阻碍的，阻碍者亦不构成本罪。二是在客观方面，行为人必须以聚众方式进行阻碍。三是要看行为人在主观上是否明知侵犯的对象是正在解救被收买的妇女、儿童的国家机关工作人员，这也是能否构成本罪的重要因素。四是行为人必须是本案的首要分子，其他参与人一般不构成本罪，也不按本罪追究刑事责任。

第二，要划清本罪与妨害公务罪的界限。这两种犯罪的主要区别是：一是侵犯的对象不同。前者侵犯的对象有特定性，范围比较窄，必须是负有解救被收买妇女、儿童职责的国家机关工作人员；而后者的对象具有普遍性，范围比较大，可以是任何国家机关依法执行公务人员。二是客观行为特征不同。前者是聚众阻碍，至于用什么方法阻碍不论，只要聚众阻碍，就符合构成本罪的条件；而后者必须是以暴力、威胁方法，实施阻碍行为。三是犯罪主体不同。前者的主体必须是首要分子；后者没有特别限制。四是主观故意内容不同。前者要求明知的内容较具体，即行为人明知国家机关工作人员正在执行解救被收买的妇女、儿童的公务活动；而后者只要求行为人明知国家工作人员的身份以及是在执行公务即可，其内容是笼统的，至于执行什么公务，行为人是否明知公务的内容，都不影响该罪的成立。

第三，要划清本罪的一罪与数罪的界限。在聚众阻碍解救过程中，如果使用暴力的情况比较突出，在实践中，应当根据具体情况，分别予以认定处罚。对造成国家机关工作人员重伤或者死亡的，应当实行数罪并罚。对其中的首要分子，应当以本罪与故意伤害罪、故意杀人罪等罪数罪并罚，对其他参与者，应当以妨害公务罪与故意伤害罪、故意杀人罪实行数罪并罚。如果构成其他犯罪的，也应当按照首要分子和其他参与者所触犯的罪名，分别与本罪和妨碍公务罪进行数罪并罚。如果本罪行为人同时又是拐卖、绑架妇女、儿童的犯罪分子，则应当与拐卖妇女、儿童罪或者绑架罪执行数罪并罚。

4. 刑罚

刑法第 242 条第 2 款规定："聚众阻碍国家机关工作人员解救被收买的妇女、儿童的首要分子，处五年以下有期徒刑或者拘役；其他参与者使用暴力、威胁方法的，依照前款的规定处罚。"

五、雇佣童工从事危重劳动罪

1. 案例

被告人陈某是汕头市某印务有限公司法定代表人、总经理。2007 年 3 月 11 日，被告人陈某非法雇用童工被害人李某某（1992 年 10 月 31 日出生）到其公司工作，在明知该公司仓库存放易燃和具有危险性的甲苯或乙苯等溶剂的情况下，仍安排被害人李某某进入仓库工作。被害人李某某在无任何安全保护措施的情况下，抽取甲苯或乙苯等溶剂提供给印刷车间使用。同年 4 月 15 日下午 2 时许，被害人李某某在上述仓库内抽取上述溶剂，因操作不慎导致溶剂发生燃烧并蔓延，造成被害人李某某受伤。经广东省汕头市劳动能力鉴定委员会鉴定：被害人李某某的伤残等级为三级。该案民事部分，经汕头市龙湖区人民法院、汕头市中级人民法院审理，判决该印务有限公司赔偿被害人李某某共计人民币 575082.27 元。至 2013 年 12 月 16 日，被告人陈某已向被害人李某某支付全部上述赔偿款，被害人李某某及其家属向被告人陈某出具谅解书。

法院认为，被告人陈某作为企业负责人，违反劳动管理法规，雇用未满十六周岁的未成年人在易燃性危险环境下从事劳动，致被害人三级伤残，其行为已触犯刑律，构成雇用童工从事危重劳动罪，属于情节特别严重。公诉机关指控被告人陈某犯雇用童工从事危重劳动罪的罪名成立。鉴于被告人陈某是初犯，归案后如实供述自己的罪行，当庭自愿认罪，并已对被害人进行赔偿，取得被害人的谅解，主动向国家预缴罚金，有悔罪表现，符合法律规定的可以适用非监禁刑的条件，对其依法可以从轻处罚并宣告缓刑。判决被告人陈某犯雇用童工从事危重劳动罪，判处有期徒刑三年，缓刑三年六个月，并处罚金人民币 3000 元。

2. 罪名

刑法第 244 条规定的雇用童工从事危重劳动罪，是指违反劳动管理法规，雇用不满十六周岁的未成年人从事超强体力劳动的，或者从事高空、井下作业的，或者在爆炸性、易燃性、放射性、毒害性等危险环境下从事劳动，情节严重的行为。

本罪的构成要件如下：

第一，侵犯的客体是国家劳动管理法规，以及十六周岁以下未成年人的身体健康权。

第二，在客观方面表现为违反劳动管理法规，雇用不满十六周岁的未成年人从事超强度体力劳动，或者从事高空、井下作业，或者在爆炸性、易燃性、放射性、毒害性等危险环境下从事劳动，情节严重的行为。

第三，犯罪主体是特殊主体，即是用人单位的直接责任人。

第四，主观方面是故意。

3. 罪名辨析

要划清罪与非罪的界限。我国法律规定禁止使用童工，但同时也规定，文艺、体育等特殊岗位，经过未成年人的父母或者其他监护人的同意，可以招用不满十六周岁的专业文艺工作者、体育运动员。用人单位应当保障被招用的不满十六周岁的未成年人的身心健康，保障其接受义务教育的权利。

另外，构成本罪，行为人的行为必须达到"情节严重"。这里的"情节严重"主要表现在两方面，只要具备了其中的一种，即可构成本罪：一是雇用不满十六周岁未成年人的人数较多；二是已经造成了严重后果。如果行为人在犯罪的同时，造成了事故，又构成其他犯罪，则依照数罪并罚原则进行处罚。

根据 2008 年 6 月 25 日《最高人民检察院、公安部关于公安机关管辖的刑事案件立案追诉标准的规定（一）》第 32 条的规定，违反劳动管理法规，雇用未满十六周岁的未成年人从事国家规定的第四级体力劳动强度的劳动，或者从事高空、井下作业，或者在爆炸性、易燃性、放射性、毒害性等危险环境下从事劳动，涉嫌下列情形之一的，应予立案追诉：一是造成未满十六周岁的未成年人伤亡或者对其身体健康造成严重危害的；二是雇用未满十六周岁的未成年人三人以上的；三是以强迫、欺骗等手段雇用未满十六周岁的未成年人从事危重劳动的；四是其他情节严重的情形。

4. 刑罚

刑法第 244 条规定："违反劳动管理法规，雇用未满十六周岁的未成年人从事超强度体力劳动的，或者从事高空、井下作业的，或者在爆炸性、易燃性、放射性、毒害性等危险环境下从事劳动，情节严重的，对直接责任人员，处三年以下有期徒刑或者拘役，并处罚金；情节特别严重的，处三年以上七年以下有期徒刑，并处罚金。""有前款行为，造成事故，又构成其他犯罪的，依照数罪并罚的规定处罚。"

六、拐骗儿童罪

1. 案例

2012 年下半年，被告人许某某与王某甲确定恋人关系；2015 年上半年分手后，许某某多次找王某甲要求返还财物或恢复恋人关系，但王某甲拒不见面，许某某便立意将王某甲的女儿邓某某（五岁）骗走，以迫使王某甲出面。2015 年 12 月 29 日上午 11 时许，许某某驾车来到桃源县剪市镇墟场寻找邓某某，下午 4 时 20 分许在剪市镇墟场医院附近，见邓某某一人在外玩耍，便以带其找妈妈为由将其骗上车带至许某某位于湘潭市岳塘区的家中。次日上午，被告人许某某的父亲主动到湘潭市岳塘区荷塘派出所反映相关情况，该所民警到许某某家了解情况后，要求许某某在家等待相关部门的处理通知。当日下午 3 时许，桃源警方到达该所后，该所安排民警到许某某家将许某某及邓某某带至该所交与桃源警方处理。许某某到案后，如实供述了上述事实。2015 年 12 月 31 日，王某甲对许某某表示谅解。

法院认为，被告人许某某拐骗不满十四周岁的未成年人，脱离家庭监护，其行为已构成拐骗儿童罪。案发后，许某某明知其父已向派出所报案，听从民警的安排在家等候处理，到案后如实供述自己的犯罪事实，系自首，并取得被害人的谅解，可予从轻处罚；鉴于其系初犯，且犯罪情节较轻，具有悔罪表现，再犯罪的可能性较小，宣告缓刑对所居住的社区无重大不良影响，可以宣告缓刑。判决被告人许某某犯拐骗儿童罪，判处有期徒刑一年，缓刑一年。

2. 罪名

刑法第 262 条规定的拐骗儿童罪，是指利用蒙骗、利诱或者其他方法，使不满十四周岁的男、女儿童脱离家庭或监护人的行为。

本罪的构成要件如下：

第一，侵犯的客体是复杂客体，既侵犯了他人的家庭关系，又侵犯了儿童的合法权益。

第二，在客观方面表现为拐骗儿童脱离家庭或者监护人的行为。

第三，本罪的主体是一般主体，凡是年满十六周岁，具有刑事责任能力的人，均可构成本罪。

第四，在主观方面是直接故意。

3. 罪名辨析

第一，要划清本罪与领养儿童的界限。如果是因为自己没有孩子或者其他原因，把被遗弃的婴儿或者与父母失散的儿童领回收养，这种情况，行为人没有拐骗的故意，也没有拐骗的行为，儿童离开了家长或监护人是因为被遗弃或失散造成的，因此，这种领养行为不能构成拐骗儿童罪。如果是从拐骗者手中收领被拐骗的儿童，事前参与拐骗预谋策划的，或者指使他人拐骗儿童后自己领养的，按拐骗儿童罪的共犯论处。如果事先没参与谋划，只是从拐骗者手中收领被拐骗的儿童，对于不知道儿童是被拐骗的，不按本罪论处；知道儿童是被拐骗的，情节不严重的，一般也不按拐骗儿童罪论处。

第二，要划清本罪与拐卖儿童罪的界限。二者的区别主要是：一是侵犯的客体不同。前者侵犯的是他人的家庭关系和儿童的合法权益，后者侵犯的主要是儿童的人身自由权利。二是犯罪的动机、目的不同。前者是为了收养或奴役，而后者是为了出卖营利。

第三，要划清本罪与绑架罪的界限。本罪的目的是为了收养或奴役。如果拐骗儿童的目的是为了作人质，用来向儿童的家长或监护人勒索钱财，则不属于本罪，而应以绑架罪处罚。

第四，偷走不满十四周岁的儿童脱离家庭或监护人，不是出卖牟利的，应定拐骗儿童罪。对此，最高人民法院、最高人民检察院、公安部于 1984 年 3 月 31 日在《关于当前办理拐卖人口案件中具体应用法律的若干问题的解答》中已有明确说明。

4. 刑罚

刑法第 262 条规定："拐骗不满十四周岁的未成年人，脱离家庭或者监护人的，处五年以下有期徒刑或者拘役。"

七、组织残疾人、儿童乞讨罪

1. 案例

被告人张某自 2012 年 4 月至 2013 年 9 月间，采取斥责、罚站、不让吃饭、扣留身份证等胁迫手段，组织贾某（女，二十七岁，听力残疾人，重庆市人）、张某（女，二十三岁，听力、言语残疾人，辽宁省人）、肖某（男，三十一岁，听力残疾人，湖北省人）、姬某（女，三十二岁，听力、言语残疾人，河南省人）以"向聋哑人爱心捐款"为由在首都机场等地乞讨，获取违法所得共计人民币 70.2 万元。被告人张某后于 2013 年 9 月 27 日被抓获归案。经法大法庭科学技术鉴定研究所鉴定，被告人张某为聋哑人。

法院认为，被告人张某以胁迫手段组织残疾人乞讨，其行为已构成组织残疾人乞讨罪，依法应予惩处。鉴于被告人张某系聋哑人，当庭自愿认罪，故本院对其所犯罪行依法予以从轻处罚。判决被告人张某犯组织残疾人乞讨罪，判处有期徒刑一年两个月，并处罚金人民币 5 万元。

2. 罪名

刑法第 262 条规定的组织残疾人、儿童乞讨罪，是指以暴力、胁迫手段，组织残疾人或者未满十四周岁的未成年人在公共场所乞讨的行为。

本罪的构成要件如下：

第一，侵犯的客体是残疾人、儿童的身心健康及其合法权益和社会治安管理秩序。

第二，在客观方面表现为以暴力、胁迫手段，组织残疾人或者不满十四周岁的未成年人进行乞讨的行为。

第三，犯罪主体是一般主体。

第四，主观方面是直接故意。其目的和动机如何，不影响本罪的成立。如果是看到残疾人或者未满十四周岁的未成年人生活困难，帮助他们想办法，引导他们乞讨，其目的不是为了自己从中牟取利益，对这样的行为不能以本罪论处。

3. 罪名辨析

第一，要划清罪与非罪的界限。按照刑法第 262 条的规定，构成本罪，必须同时具备以下两个条件：一是具有暴力、胁迫手段；二是具有组织行为。

第二，要划清一罪与数罪的界限。行为人在以暴力、胁迫手段组织残疾人、儿童乞讨的过程中，如果又实施了故意伤害、非法拘禁、拐骗、拐卖或者猥亵儿童等行为，构成犯罪的，应当实行数罪并罚。

第三，本罪是对象选择罪名。行为人如果只是以暴力、胁迫手段组织残疾人进行乞讨构成犯罪的，应该定组织残疾人乞讨罪；如果是以暴力、胁迫手段组织儿童乞讨构成犯罪的，则应该定组织儿童乞讨罪；如果是以暴力、胁迫手段，组织残疾人和儿童共同进行乞讨构成犯罪的，则应该定组织残疾人、儿童乞讨罪。

4. 刑罚

刑法第 262 条规定："以暴力、胁迫手段组织残疾人或者不满十四周岁的未成年人乞讨的，处三年以下有期徒刑或者拘役，并处罚金；情节严重的，处三年以上七年以下有期徒刑，并处罚金。"

八、组织未成年人进行违反治安管理活动罪

1. 案例

2013 年 11 月至 2014 年 4 月，被告人刘某陆续发展韩某、田某、梅某、王某、白某等多名未成年人为其小弟，分别在林西县第一中学、第二中学、

第三中学为其收小弟、收保护费，同时要求每个学校每个星期至少收五名小弟、500元保护费。田某、韩某在林西县第一中学没有收小弟、收保护费，为了应付刘某，田某、韩某找同学冒充小弟，并垫付500元谎称是所收保护费。王某、白某在林西县第二中学为刘某收九名小弟，收保护费630元。梅某在林西县第三中学没有收小弟、收保护费。

法院认为，被告人刘某组织多名未成年人多次进行违反治安管理活动，其行为已构成组织未成年人进行违反治安管理活动罪。被告人刘某组织未成年人进行违反治安管理活动时系未成年人，对其减轻处罚。被告人刘某在诉讼过程中能够如实供述自己的犯罪事实，认罪态度较好，确有悔罪表现，对其可从轻处罚。判决被告人刘某犯组织未成年人进行违反治安管理活动罪，判处有期徒刑一年，并处罚金人民币5000元。

2. 罪名

刑法第262条规定的组织未成年人进行违反治安管理活动罪，是指组织未成年人进行盗窃、诈骗、抢夺、敲诈勒索等违反治安管理活动的行为。

本罪的构成要件如下：

第一，侵犯的客体主要是未成年人的身心健康，同时也危害社会治安管理秩序。

第二，在客观方面，表现为组织未成年人进行盗窃、诈骗、抢夺、敲诈勒索等违反治安管理活动的行为。

第三，犯罪主体是一般主体。

第四，主观方面是故意。至于动机和目的如何，不影响本罪的成立。

3. 罪名辨析

第一，要划清罪与非罪的界限。由于组织未成年人进行各种违反治安管理活动不仅仅危害社会治安，更主要的还会危害未成年人的身心健康，因此刑法规定，构成本罪不要求必须是"情节严重"，是否"情节严重"属于量刑问题，而非定罪问题。但需要注意的是，构成本罪必须同时具备两个条件，一个是"组织"，另一个是"进行"。如果仅仅是组织未成年人准备进行违反治安管理活动，但由于未成年人的家长发觉后及时阻止或者告发，而使违反治安管理活动的行为并没有进行的，则不能以犯罪论处。只有既组织了未成年人，又实施了盗窃、诈骗、抢夺、敲诈勒索等违反治安管理活动的，才构成本罪。

第二，要划清此罪与彼罪的界限。如果组织未成年人进行盗窃、诈骗、抢夺、敲诈勒索等行为不是违反治安管理的行为，而是犯罪行为，那么，则不能依本罪处罚，而应该按照教唆犯罪处理。

4. 刑罚

刑法第 262 条规定："组织未成年人进行盗窃、诈骗、抢夺、敲诈勒索等违反治安管理活动的，处三年以下有期徒刑或者拘役。情节严重的，处三年以上七年以下有期徒刑，并处罚金。"

九、引诱未成年人聚众淫乱罪

1. 案例

2014 年 5 月 23 日晚至 24 日凌晨，被告人崔某假冒某传媒公司经纪人身份，以不要面试，直接到某传媒公司做平面模特的名义骗取被害人刘甲、刘乙（系姐妹，均系未成年人）的信任，引诱两人在大连市某区某路某客栈某出租房内与崔某介绍的朋友"三哥"（身份正在核实）聚众淫乱。

法院认为，被告人崔某引诱未成年人参加聚众淫乱活动，其行为已构成引诱未成年人聚众淫乱罪。被告人有前科，引诱未成年人聚众淫乱活动，予以从重处罚。被告人自愿认罪，酌情予以从轻处罚。判决被告人崔某犯引诱未成年人聚众淫乱罪，判处有期徒刑三年。

2. 罪名

刑法第 301 条第 2 款规定的引诱未成年人聚众淫乱罪，是指引诱未成年人聚众进行淫乱活动，破坏社会管理秩序的行为。

本罪的构成要件如下：

第一，侵犯的客体是社会管理秩序和未成年人的身心健康。

第二，在客观方面表现为引诱未成年人聚众进行淫乱活动。

第三，犯罪主体是一般主体。

第四，主观方面是故意。

3. 罪名辨析

构成本罪，必须同时具备两个最基本要件：一是聚众。所谓聚众，是指聚集了三人或者三人以上。二是引诱不满十八周岁的未成年人聚众淫乱。由此可见，本罪的社会危害性，要重于聚众淫乱罪。

根据 2008 年 6 月 25 日最高人民检察院、公安部《关于公安机关管辖的刑事案件立案追诉标准的规定（一）》第 42 条的规定，对于引诱未成年人参加聚众淫乱活动的，应予立案追诉。

4. 刑罚

刑法第 301 条规定："聚众进行淫乱活动的，对首要分子或者多次参加的，处五年以下有期徒刑、拘役或者管制。""引诱未成年人参加聚众淫乱活动的，依照前款的规定从重处罚。"

十、引诱幼女卖淫罪

1. 案例

2009 年 8 月 31 日上午，被告人伍某某在高安市农贸市场附近碰到蔡某某（女，1996 年 6 月 21 日出生），邀请其到她家中去玩。蔡某某在被告人伍某某家住了两晚后，伍某某在明知蔡某某未满十四周岁的情况下，打电话给被告人胡某某，联系让蔡某某到胡某某和被告人谢某某合开的休闲娱乐店里卖淫，并告诉蔡某某帮其找到了工作，做事（指卖淫）每月可赚到几百元钱。之后，被告人胡某某便安排蔡某某到了高安陶瓷城的休闲娱乐店里卖淫。

同年 9 月 14 日晚上，经被告人谢某某介绍，陆某某（已作行政处罚）以包夜的形式将蔡某某带到宾馆嫖宿，并付给被告人谢某某嫖资 270 元。次日下午，蓝某某（已作行政处罚）在店内与蔡某某发生性关系，付给蔡某某嫖资 100 元。当天晚上，经被告人谢某某介绍，廖某（已作行政处罚）在店内与蔡某某发生性关系，付给蔡某某嫖资 100 元。被告人胡某某、谢某某从收取的嫖资中抽头盈利。案发后，被告人谢某某家属赔偿了蔡某某损失 5000 元，蔡对谢某某的行为表示谅解。

法院经审理认为，被告人胡某某提供卖淫场所，容留不满十四周岁的幼女卖淫，情节严重，其行为已构成容留卖淫罪；被告人伍某某引诱不满十四周岁的幼女卖淫，其行为已构成引诱幼女卖淫罪；被告人谢某某提供卖淫场所，在卖淫者和嫖客之间牵线搭桥，容留、介绍不满十四周岁的幼女卖淫，情节严重，其行为已构成容留、介绍卖淫罪。被告人胡某某曾因盗窃罪被判有期徒刑，在刑满释放后五年内又犯应当判处有期徒刑以上刑罚之罪，属累犯，依法从重处罚。被告人谢某某家属赔偿了受害人损失，依法酌情对其从轻处罚，遂作出判决：被告人胡某某因犯容留卖淫罪，判处有期徒刑六年，并处罚金人民币 5000 元；被告人伍某某因犯引诱幼女卖淫罪，判处有期徒刑五年零六个月，并处罚金人民币 5000 元；被告人谢某某因犯容留、介绍卖淫罪，判处有期徒刑五年，并处罚金人民币 5000 元。

2. 罪名

刑法第 359 条第 2 款规定的引诱幼女卖淫罪，是指引诱不满十四周岁的幼女卖淫的行为。

本罪的构成要件如下：

第一，侵犯的客体是社会治安秩序和幼女的身心健康。

第二，在客观方面表现为实施了引诱不满十四周岁幼女卖淫的行为。根据 2008 年 6 月 25 日最高人民检察院、公安部《关于公安机关管辖的刑事案件立案追诉标准的规定（一）》第 79 条的规定，对于引诱不满十四周岁的幼女卖淫的，应予立案追诉。

2013 年 10 月 23 日最高人民法院、最高人民检察院、公安部、司法部《关于依法惩治性侵害未成年人犯罪的意见》第 19 条规定："知道或者应当知道对方是不满十四周岁的幼女，而实施奸淫等性侵害行为的，应当认定行为人'明知'对方是幼女。对于不满十二周岁的被害人实施奸淫等性侵害行为的，应当认定行为人'明知'对方是幼女。对于已满十二周岁不满十四周岁的被害人，从其身体发育状况、言谈举止、衣着特征、生活作息规律等观察可能是幼女，而实施奸淫等性侵害行为的，应当认定行为人'明知'对方是幼女。"

第三，犯罪主体是一般主体。

第四，主观方面是故意。即"明知"是不满十四周岁幼女而引诱她卖淫的才构成本罪。

3. 罪名辨析

要注意划清本罪与组织卖淫罪的界限。在组织卖淫罪中，也可能发生组织幼女卖淫的情形。对被组织者来说，其卖淫行为可能是出于上当受骗，也可能是受到金钱或者其他利益的引诱。对于这种行为，可作为组织卖淫罪的严重情节，在处罚时予以考虑。

4. 刑罚

刑法第 359 条第 2 款规定："引诱不满十四周岁的幼女卖淫的，处五年以上有期徒刑，并处罚金。"第 361 条规定："旅馆业、饮食服务业、文化娱乐业、出租汽车业等单位的人员，利用本单位的条件，组织、强迫、引诱、容留、介绍他人卖淫的，依照本法第 358 条、第 359 条的规定定罪处罚。""前款所列单位的主要负责人，犯前款罪的，从重处罚。"

为了有效保护未成年人的合法权益，2013 年 10 月 23 日最高人民法院、最高人民检察院、公安部、司法部《关于依法惩治性侵害未成年人犯罪的意见》规定："对未成年人负有特殊职责的人员、与未成年人有共同家庭生活关系的人员、国家工作人员，实施组织、强迫、引诱、容留、介绍未成年人卖淫等性侵害犯罪的，更要依法从严惩处。"

十一、教育设施重大安全事故罪

1. 案例

被告人郭某某未经申请并通过有关部门的审批，在确山县刘店镇大刘庄村利用民房开办幼儿园，招聘两名未取得相应资格证的人员进行管理、授课，并招收幼儿入园。2015 年 1 月 15 日下午，入园幼儿闻某甲上课期间独自离开教室，后被发现掉入幼儿园后院没有防护设施的水池中溺水，经抢救无效死亡。经查明，事故发生后被告人郭某某与被害人闻某甲的父母达成了赔偿协议并已按协议约定履行全部赔付义务，取得了被害人的父母闻某乙、刘某某的谅解。

法院认为，幼儿园是实施幼儿教育的机构，应有安全的活动场地及设施，被告人郭某某作为幼儿园的开办者，对幼儿教育教学设施的安全负有直接责任。被告人郭某某明知幼儿园内的活动场地建有水池，存在危险，却没有采取有效措施予以防范，其雇用的人员没有尽到保障安全的职责，致使发生被害人闻某甲溺水死亡的伤亡事故，被告人郭某某是直接责任人员，其行为已构成教育设施重大安全事故罪，被告人郭某某在案发后能够主动投案，并如实供述自己的犯罪事实，系自首，依法从轻判处。案发后，被告人郭某某就本案民事赔偿事宜与被害人的父母达成赔偿协议，按协议约定支付了赔偿费，并取得被害人父母的谅解，酌情予以从轻处罚。判决被告人郭某某犯教育设施重大安全事故罪，判处有期徒刑六个月，缓刑一年。

2. 罪名

刑法第 138 条规定的教育设施重大安全事故罪，是指有关直接责任人员明知校舍或者教育教学设施有危险而不采取措施，或者不及时报告，造成房屋倒塌或者人员伤亡的行为。

本罪的构成要件如下：

第一，本罪侵犯的客体是教学安全，包括校舍和教育教学设施的安全和人身安全。

第二，在客观方面表现为行为人明知校舍或者教育教学设施有危险，但不采取措施或者不及时报告，致使发生重大伤亡事故。如果没有发生重大伤亡事故，即使行为人存在明知校舍或者教育教学设施有危险，没有采取措施的行为，也不能认为构成本罪。行为人明知校舍或者教育教学设施有危险，但又不采取措施或者不及时报告，必须与重大伤亡事故的危害结果有因果关系。行为人不采取措施或者不及时报告，是导致重大伤亡事故的原因。

第三，本罪的主体是特殊主体。即对校舍或者教育教学设施负有采取安全设施和及时报告义务的直接人员。非上述人员不能成为本罪的主体。

第四，主观方面是过失，包括疏忽大意的过失和过于自信的过失。如果行为人对校舍或者教育教学设施存在的危险，主观上没有认识到，那么，即使发生了重大伤亡事故的结果，也不能认为构成本罪。情节严重的，符合玩忽职守罪的构成要件的，可按玩忽职守罪追究刑事责任。

3. 罪名辨析

第一，要划清罪与非罪的界限。根据 2015 年 12 月 14 日最高人民法院、最高人民检察院《关于办理危害生产安全刑事案件适用法律若干问题的解释》第 6 条规定："实施刑法第 138 条规定的行为，因而发生安全事故，造成死亡一人以上的，或者重伤三人以上的，应当认定为'发生重大伤亡事故'，对直接责任人员，处三年以下有期徒刑或者拘役。"

第二，只有直接负责的主管人员和其他直接责任人员，才能成为本罪的主体，这一点应当特别注意。其他人员，即使与房屋倒塌和人员伤亡结果有关系，需要追究刑事责任，也不能以本罪论处，而应该根据刑法的规定，以其构成的犯罪定罪处罚。所谓直接负责的主管人员，主要是指对有危险的校舍或者教育教学设施应当采取安全措施的有关领导；所谓其他直接责任人员，主要是指对有危险的校舍或者教育教学设施应当采取安全措施的具体工作人员。

第三，这里所说的直接负责的主管人员和其他直接责任人员，如果发现了校舍或者教育教学设施存在危险，已经及时向其上级主管人员作出了报告，则不以犯罪论处。

4. 刑罚

刑法第 138 条规定："明知校舍或者教育教学设施有危险，而不采取措施或者不及时报告，致使发生重大伤亡事故的，对直接责任人员，处三年以下有期徒刑或者拘役；后果特别严重的，处三年以上七年以下有期徒刑。"

根据 2015 年 12 月 14 日最高人民法院、最高人民检察院《关于办理危害生产安全刑事案件适用法律若干问题的解释》第 7 条规定："实施刑法第 138 条规定的行为，因而发生安全事故，具有下列情形之一的，对直接责任人员，处三年以上七年以下有期徒刑：①造成死亡三人以上或者重伤十人以上，负事故主要责任的；②造成死亡一人以上，或者重伤三人以上，同时造成直接经济损失五百万元以上并负事故主要责任的，或者同时造成恶劣社会影响的。"

2015 年 12 月 14 日最高人民法院、最高人民检察院《关于办理危害生产安全刑事案件适用法律若干问题的解释》第 10 条、第 12 条、第 13 条和第 16 条规定："实施刑法第 138 条规定的犯罪行为，具有下列情形之一的，从重处罚：①未依法取得安全许可证件或者安全许可证件过期、被暂扣、吊销、注销后从事生产经营活动的；②关闭、破坏必要的安全监控和报警设备的；③已经发现事故隐患，经有关部门或者个人提出后，仍不采取措施的；④一年内曾因危害生产安全违法犯罪活动受过行政处罚或者刑事处罚的；⑤采取弄虚作假、行贿等手段，故意逃避、阻挠负有安全监督管理职责的部门实施监督检查的；⑥安全事故发生后转移财产意图逃避承担责任的；⑦其他从重处罚的情形。""实施前述第 5 项规定的行为，同时构成刑法第 389 条规定的犯罪的，依照数罪并罚的规定处罚。""在安全事故发生后积极组织、参与事故抢救，或者积极配合调查、主动赔偿损失的，可以酌情从轻处罚。对于实施危害生产安全犯罪适用缓刑的犯罪分子，可以根据犯罪情况，禁止其在缓刑考验期限内从事与安全生产相关联的特定活动；对于被判处刑罚的犯罪分子，可以根据犯罪情况和预防再犯罪的需要，禁止其自刑罚执行完毕之日或者假释之日起三年至五年内从事与安全生产相关的职业。"

"在安全事故发生后，直接负责的主管人员和其他直接责任人员故意阻挠开展抢救或者为了逃避法律追究，对被害人进行隐藏、遗弃，致被害人无法得到救助而死亡或者重度伤害的，分别依照刑法第 231 条、第 234 条的规定，以故意杀人罪或者故意伤害罪定罪处罚。"

十二、过失致人死亡罪

1. 案例

谭某帮助师傅搬家。师傅住在五楼，从五楼往下搬立柜、沙发、大缸小盆。主要东西搬完，谭某也累得浑身无力了。这时还剩床下几块大方木没搬。谭某灵机一动，想了个窍门，想从窗户把这几块方木扔下去。扔之前，他还向楼下四周看了看，见四周没有人，于是就把手中的大方木从窗口扔下去。住一楼的一位退休老工人这时恰从楼洞口走出，大方木正砸在他头上，老工人被当场砸死。谭某犯了过失致人死亡罪。

2. 罪名

刑法第 233 条规定的过失致人死亡罪，是指由于过失而剥夺了他人生命的行为。它包括以下两种情况：一种是疏忽大意的过失。疏忽大意的过失致人死亡，是指行为人对死亡结果的发生应该预见，但由于疏忽大意而没有预见到，结果导致他人死亡后果的发生。另一种是过于自信的过失。过于自信的过失致人死亡，是指行为人已经预见其行为可能会造成他人死亡的后果，但轻信能够避免，实施行为后，这种后果并没有避免，结果造成了他人的死亡。案例中谭某就属后者这种情况。他从窗口往楼下扔方木之前，已经预见了可能造成的严重后果，但他又认为这种后果能够避免，结果却没有避免。

本罪的构成要件如下：

第一，犯罪侵犯的客体是他人的生命权利。

第二，在客观方面，行为人具有致人死亡的行为，并且实际上已经造成他人死亡的后果。这一后果，与行为人的过失有因果关系。

第三，犯罪主体是一般主体，即达到刑事责任年龄，具有刑事责任能力的自然人。

第四，主观方面是过失。行为人应当预见其行为会产生他人死亡的后果，但没有预见到；或者虽然预见到这种后果，但轻信能够避免，结果这种结果还是发生了。主观方面的过失，是区别于故意杀人罪的根本点。

3. 罪名辨析

在司法实践中，要注意把间接故意杀人、故意伤害致人死亡和过失致人死亡三种犯罪区分开：一是故意杀人罪中的间接故意杀人，行为人的主观方面是明知自己的行为可能造成他人死亡的后果，对这种后果采取听之任之的放任态度，置被害人死活于不顾。二是故意伤害致人死亡的，行为人的主观方面虽然没有杀人的故意，但有伤害的故意。被害人的死亡是由他故意伤害之外的原因造成的。例如行为人本想用刀刺伤被害人的大腿，但十分凑巧，一刀刺破被害人的动脉血管，使其流血过多而死亡。三是过失致人死亡的，行为人的主观方面既没有杀人的故意，也没有伤害的故意。被害人的死亡，是由于行为人疏忽大意没预见到，或者是虽然预见到了，但过于自信可能避免，而没有采取有效措施，导致被害人死亡后果的发生。不同的主观方面，是区别这三种犯罪的根本点。

4. 刑罚

刑法第 233 条规定："过失致人死亡的，处三年以上七年以下有期徒刑；情节较轻的，处三年以下有期徒刑。本法另有规定的，依照规定。"

刑法第 36 条规定："由于犯罪行为而使被害人遭受经济损失的，对犯罪分子除依法给予刑事处罚外，并应根据情况判处赔偿经济损失。""承担民事赔偿责任的犯罪分子，同时被判处罚金，其财产不足以全部支付的，或者被判处没收财产的，应当先承担对被害人的民事赔偿责任。"

十三、组织出卖人体器官罪

1. 案例

2010 年 3 月至 2012 年 3 月 5 日间，李某某（已判决）雇请沈某某、杨某某（均已判决），张某某（已判决）雇人在互联网上发布收买人体肾脏的信息，在与供体（卖肾者）谈妥价格后，李某某、张某某等人对供体进行集中管理，并组织体检后，将体检信息交给谢某某（已判决），由谢某某对供体与受体的体检信息进行比对配型，配型成功后，谢某某让受体往其指定银行账户汇入钱款，后分别在漳州市龙文区仁和医院及由曾某某（已判决）向杨某甲承租的漳州市芗城区浦南镇浦林村的租房内进行肾脏移植手术。其间，谢某某将手术后的受体送到其和伊某、李某某、丁某某（已判决）等人于 2010 年 8 月 1 日合伙向漳州市金峰医院承包的该院四楼外三科病房继续治疗。伊某在该医院负责管理维护康复治疗的医疗设备和财物。2014 年 8 月 26 日，伊某主动到龙海市公安局刑事侦查大队投案。

法院认为，被告人伊某伙同他人合伙承包医院病房，用于谢某某进行肾脏移植手术后受体的康复治疗，为他人组织出卖人体器官提供帮助，其行为已构成组织出卖人体器官罪。伊某在共同犯罪中起辅助作用，是从犯，应当从轻处罚。案发后，伊某能主动投案并如实供述自己的犯罪事实，是自首，可以从轻处罚。判决被告人伊某犯组织出卖人体器官罪，判处有期徒刑一年，缓刑一年三个月，并处罚金 8000 元。

2. 罪名

刑法第 234 条规定的组织出卖人体器官罪，是指组织他人出卖人体器官的行为。

本罪的构成要件如下：

第一，侵犯的客体是他人的身体健康权。

第二，在客观方面表现为组织他人出卖人体器官的行为。本罪是行为犯，构成犯罪，在客观上不以损害结果的发生为条件。

第三，本罪的主体是一般主体。

第四，主观方面是故意。

3. 罪名辨析

第一，关于对非法摘取、骗取他人器官的认定。捐献器官要绝对尊重捐献者的自主决定权，这种绝对的权利包含捐献者知情同意权、拒绝权、临时放弃权等。

刑法第 234 条第 2 款规定的"未经本人同意摘取其器官"中的"本人"应当是完全行为能力人。对于限制行为能力人，在其精神状态正常情况下所作出的决定应当予以尊重。未成年人、无行为能力人、精神非正常时的限制行为能力人本人和其监护人、法定代理人均无权作出处分自身的决定。规定的"强迫、欺骗他人捐献器官"中的"强迫"一般是以暴力、胁迫、威胁等方法，使被害人处于不能反抗或者丧失反抗能力的状态，然后摘取其器官的行为。

一般认为，人体的器官分两种：一种是常规器官，摘除对人体不会造成生命威胁，如一侧的肾脏；还有一种是生命器官，摘除就会危及生命，如摘取心脏等。如果行为人明知自己摘取他人器官的行为必然导致被害人的死亡，并且积极主动实施了摘取器官的行为，客观上造成了被害人因器官缺失而死亡，则行为人的行为符合故意杀人罪的构成要件。根据法律规定，应该以故意杀人罪处罚。

第二，关于对"非法摘取尸体器官"的认定。刑法规定的"非法摘取尸体器官"是指有的医疗机构、医师或其他人未经死者生前同意，或者死者死后未经其家属同意，擅自摘取尸体器官的行为。非法摘取尸体器官不仅违反了社会公德、社会伦理，也危害到社会公共秩序的稳定。因此，刑法第234条第3款规定："违背本人生前意愿摘取其尸体器官，或者本人生前未表示同意，违反国家规定，违背其近亲属意愿摘取其尸体器官的，依照本法第302条的规定定罪处罚。"即依照盗窃、侮辱尸体罪进行定罪处罚。

第三，要划清本罪与故意伤害罪的界限。组织出卖人体器官者往往以给器官捐献者支付报酬为诱饵，拉拢他人进行器官的出卖。这种出卖行为应当是基于受害人本人的同意，即受害人能够意识到其行为是出卖器官，并且能够认识到出卖器官对身体造成的影响。如果受害人没有上述意识，则组织者侵犯了受害人的意思自由，违背了受害人捐献器官的自主选择意识，此种情况下组织者的行为已经超出了"组织"的范畴，已经对受害人的身体健康权造成威胁，应当按照故意伤害罪处理。

4. 刑罚

刑法第234条规定："组织他人出卖人体器官的，处五年以下有期徒刑，并处罚金；情节严重的，处五年以上有期徒刑，并处罚金或者没收财产。""未经本人同意摘取其器官，或者摘取不满十八周岁的人的器官，或者强迫、欺骗他人捐献器官的，依照本法第234条、第232条的规定定罪处罚。""违背本人生前意愿摘取其尸体器官，或者本人生前未表示同意，违反国家规定，违背其近亲属意愿摘取其尸体器官的，依照本法第302条的规定定罪处罚。"

十四、过失致人重伤罪

1. 案例

2015 年 11 月 19 日 23 时许，应被害人余某的要求，被告人方某驾驶重型铲车推动故障货车，因疏于观察，将正在货车底部检修的余某左腿轧伤。经鉴定，被害人余某所受损伤程度为重伤二级。案发后，被告人方某于 2015 年 12 月 1 日主动投案，后付给被害人余某医疗费 33901.04 元。法院审理期间，被告人方某向法院交纳赔偿款 6 万元。

法院认为，被告人方某因疏忽大意致使他人重伤，其行为构成过失致人重伤罪。鉴于被告人案发后自首，并赔偿被害人部分损失，依法可酌情从轻处罚。判决被告人方某犯过失致人重伤罪，判处有期徒刑一年，缓刑两年。

2. 罪名

刑法第 235 条规定的过失致人重伤罪，是指行为人过失造成他人身体重伤的行为。

本罪的构成要件如下：

第一，侵犯的客体是公民的身体健康权利。

第二，在客观方面，必须实施了伤害他人身体的行为，并且又是严重损害了他人的身体健康。关于伤害程度的认定标准，应当参照刑法第 95 条和最高人民法院、最高人民检察院、公安部、国家安全部、司法部发布的《人体损伤程度鉴定标准》。另外，构成本罪，还需要行为人实施的过失行为和他人身体健康严重受损这一后果存在着因果关系。

第三，本罪的主体是一般主体，即年满十六周岁具有刑事责任能力的自然人均可构成本罪主体。

第四，主观方面表现为行为人对造成他人重伤这一后果存在着过失，既可以是疏忽大意的过失，也可以是过于自信的过失。

3. 罪名辨析

第一，要划清本罪与故意伤害罪的界限。这两种犯罪的区别在于：一是主观心理态度不同。本罪行为人的心理状态是过失；而故意伤害罪的行为人心理状态是故意。二是对伤害后果的要求不同。本罪以造成他人重伤为必要条件；而故意伤害罪，即使没有重伤的后果，致人轻伤也构成犯罪。

第二，要划清本罪与刑法分则其他条文规定的过失引起他人重伤的犯罪的界限。在刑法中，除了规定过失致人重伤罪以外，还有一些犯罪也包括过失引起他人重伤的情节。例如交通肇事罪、过失爆炸罪等等。区别过失致人重伤罪和这些犯罪的关键就在于认清各自侵犯的主要客体不同，应当遵循特别法优于普通法的原则来解决法条竞合问题。

4. 刑罚

刑法第 235 条规定："过失伤害他人致人重伤的，处三年以下有期徒刑或者拘役。本法另有规定的，依照规定。"第 36 条规定："由于犯罪行为而使被害人遭受经济损失的，对犯罪分子除依法给予刑事处罚外，并应根据情况判处赔偿经济损失。承担民事赔偿责任的犯罪分子，同时被判处罚金，其财产不足以全部支付的，或者被判处没收财产的，应当先承担对被害人的民事赔偿责任。"

关于犯本罪的民事赔偿问题，本书在"故意杀人罪""故意伤害罪"当中均有阐述，在此不再赘述。

十五、非法拘禁罪

1. 案例

被告人邵某通过网络聊天认识被害人张某某。2013 年 6 月 25 日，被告人邵某约见张某某，并在吉林省榆三公路道南加油站附近，强行将被害人张某某（女，十七岁）拽上一辆捷达出租车前往吉林省榆树市，在一家旅店内非法拘禁张某某至 6 月 26 日。2013 年 6 月 26 日，邵某又将张某某带至黑龙江省哈尔滨市，在哈尔滨市南岗区汉广街与汉阳街交口处的北往旅店内，非法拘禁张某某至 6 月 28 日。2013 年 6 月 25 日，邵某将张某某强行带至吉林省榆树市后，在一家旅店内多次强行与张某某发生性行为；6 月 26 日，邵某将张某某强行带至哈尔滨市后，在哈尔滨市南岗区汉广街与汉阳街交口处的北往旅店内，多次强行与张某某发生性关系。

黑龙江省哈尔滨市南岗区人民法院经审理认为，被告人邵某非法拘禁他人并多次以暴力、胁迫手段强奸妇女，其行为已构成非法拘禁罪、强奸罪。公诉机关指控的罪名成立，应予以惩处。依照刑法有关规定，判决被告人邵某犯强奸罪，判处有期徒刑九年，剥夺政治权利一年；犯非法拘禁罪，判处有期徒刑两年；数罪并罚，决定执行有期徒刑十年，剥夺政治权利一年。宣判后，原审被告人邵某不服，以原审判决量刑过重为由，提出上诉。

经二审审理查明的事实、证据与一审相一致。原审判决认定上诉人（原审被告人）邵某犯强奸罪、非法拘禁罪的事实清楚，证据充分，定罪准确，诉讼程序合法。原审法院对邵某所犯强奸罪、非法拘禁罪的量刑规范，且在刑罚幅度之内，并无不当。上诉人邵某的上诉理由无法律依据，不予支持。在二审审理过程中，邵某申请撤回上诉，符合法律规定的撤诉条件，依据最高人民法院《关于适用〈中华人民共和国刑事诉讼法〉的解释》第 305 条、第 308 条之规定，裁定准许上诉人（原审被告人）邵某撤回上诉。

2. 罪名

刑法第 238 条规定的非法拘禁罪，是指非法拘禁他人，或者以其他方法剥夺他人人身自由的行为。

本罪的构成要件如下：

第一，侵犯的客体是他人的人身自由权利。

第二，在客观方面表现为实施了使用拘留、禁闭或者其他强制方法，非法剥夺他人人身自由的行为。其违法行为主要表现为两种情况：一是无权拘禁他人的人非法对他人实行拘禁；二是有拘禁他人职权的人，违背法律规定，滥用职权，非法拘禁他人。法律对本罪的成立不要求一定要有危害结果的发生，只要实施了非法剥夺他人人身自由的行为，只要不是情节显著轻微、危害不大的，即可认为是犯罪既遂。

第三，本罪的主体是一般主体，既可以是国家工作人员，也可以是普通公民。

第四，主观方面是故意，即行为人明知剥夺他人人身自由是非法的行为，仍然故意非法拘禁他人。过失不能构成本罪。例如，阅览室管理员因为家里有事，提前下班回家，他没有仔细查看书架后还有一位读者在那里翻阅资料，便把阅览室屋门锁上，将这位读者锁在阅览室很长一段时间。由于他剥夺这位读者的人身自由不是出于故意，因此不能构成本罪。

3. 罪名辨析

第一，要划清本罪与一般非法拘禁行为的界限。这两者的根本区别在于情节是否严重。对于一般的情节显著轻微、危害不大的非法拘禁行为，不认为是犯罪，只有对那些情节比较严重，并造成一定的危害后果的才能以本罪论处。在司法实践中，对具有下列情形之一的，一般应当以本罪论处：一是国家工作人员滥用职权，非法拘禁无辜群众，造成恶劣影响的；二是非法拘禁他人，并且实施捆绑、殴打、侮辱等行为的；三是多次非法拘禁他人，或者非法拘禁多人，或者非法拘禁时间较长的；四是非法拘禁，致人重伤、死亡、精神失常或者自杀的；五是非法拘禁，造成其他严重后果的；六是司法工作人员依照法定程序拘留或者逮捕了犯罪嫌疑人或者被告人，后来经过查明无罪，应该立即释放，属于错拘错捕，不能认为是非法拘禁，但是，如果检察机关或者人民法院已经依法作出决定解除强制措施，有关司法人员仍然拒不释放或者拖延释放的，对情节严重的应当视为非法拘禁行为。

2000年7月13日最高人民法院发布的《关于对为索取法律不予保护的债务非法拘禁他人行为如何定罪问题的解释》规定："行为人为了索取高利贷、

赌债等法律不予保护的债务，非法扣押、拘禁他人的，按非法拘禁罪论处。"

2006年7月26日最高人民检察院《关于渎职侵权犯罪案件立案标准的规定》规定："国家机关工作人员利用职权非法拘禁，涉嫌下列情形之一的，应予立案追究刑事责任：①非法剥夺他人人身自由二十四小时以上的；②非法剥夺他人人身自由，并使用械具或者捆绑等恶劣手段，或者实施殴打、侮辱、虐待行为的；③非法拘禁，造成被拘禁人轻伤、重伤、死亡的；④非法拘禁，情节严重，导致被拘禁人自杀、自残造成重伤、死亡，或者精神失常的；⑤非法拘禁三人次以上的；⑥司法工作人员对明知是没有违法犯罪事实的人而非法拘禁的；⑦其他非法拘禁应予追究刑事责任的情形。"

第二，要划清本罪与数种不构成犯罪的特殊拘禁行为的界限。本罪是非法剥夺他人人身自由权利的行为，但并不是所有的剥夺或者约束他人人身自由的行为都构成本罪。在司法实践中，不仅要把本罪同合法的拘禁行为，例如公安机关依法拘留、逮捕犯罪嫌疑人区别开来，还应当将本罪同以下数种不构成犯罪的特殊拘禁行为区别开来：一是家长为了管教不听话的子女，而采取禁闭的方式，将其子女锁在屋内，而且时间较短，一般属于管教方式不当，不能以本罪处罚；二是群众对于醉酒人在公共场所寻衅滋事，采取一定的强制措施，将其约束到酒醒，或者医生对于有杀人或者自杀危险的精神病人所采取的必要的管束措施，属于履行职责行为，不能以非法拘禁罪论处；三是依法拘禁他人，但是又没有完全履行法定手续，虽然违反了刑事诉讼法的有关规定，但是由于是依法执行公务，没有侵犯他人人身自由权利的故意，因而不能构成犯罪；四是国家公安人员因为工作失误，而错误地进行拘留、逮捕，不能认为是非法拘禁行为，但是，对已由司法机关依法解除强制措施，有关国家工作人员故意不予释放或者拖延释放的，则应当视为非法拘禁，情节严重的，应当按照本罪论处。

第三，要划清一罪与数罪的界限。在司法实践中，非法拘禁往往和其他犯罪相联系，应当注意行为人是否犯有数罪。如果非法拘禁行为已经构成犯罪，但与其有联系的其他违法行为尚不能独立构成犯罪的，例如对被拘禁的人进行殴打、侮辱，但没有造成伤害，则只能以非法拘禁罪定罪量刑。殴打、侮辱等只能作为量刑时要考虑的情节。如果非法拘禁他人的行为和其他行为都构成犯罪，而且彼此之间存在着目的或者手段的牵连关系的，例如，在拐卖妇女过程中，为了防止被害人逃跑，而将其非法拘禁，虽然同时犯了非法拘禁罪和拐卖妇女、儿童罪两个罪名，也应当按照牵连犯的处理原则，选择其中的一个重罪处罚。如果行为人将被害人非法拘禁以后，使用暴力致人伤残、死亡的，应当构成故意伤害罪、故意杀人罪，而不与非法拘禁罪一起实行数罪并罚。

4. 刑罚

刑法第 238 条规定："非法拘禁他人或者以其他方法非法剥夺他人人身自由的，处三年以下有期徒刑、拘役、管制或者剥夺政治权利。具有殴打、侮辱情节的，从重处罚。""犯前款罪，致人重伤的，处三年以上十年以下有期徒刑；致人死亡的，处十年以上有期徒刑。使用暴力致人伤残、死亡的，依照本法第 234 条、第 232 条的规定定罪处罚。""为索取债务非法扣押、拘禁他人的，依照前两款的规定处罚。""国家机关工作人员利用职权犯前三款罪的，依照前三款的规定从重处罚。"

依据 2013 年 12 月 23 日最高人民法院发布的《关于常见犯罪的量刑指导意见》规定，构成非法拘禁罪的，可以根据下列不同情形在相应的幅度内确定量刑起点：一是犯罪情节一般的，可以在一年以下有期徒刑、拘役幅度内确定量刑起点。二是致一人重伤的，可以在三年至五年有期徒刑幅度内确定量刑起点。三是致一人死亡的，可以在十年至十三年有期徒刑幅度内确定量刑起点。

另外，在量刑起点的基础上，可以根据非法拘禁人数、拘禁时间、致人伤亡后果等其他影响犯罪构成的犯罪事实增加刑罚量，确定基准刑。

非法拘禁多人多次的，以非法拘禁人数作为增加刑罚量的事实，非法拘禁次数作为调节基准刑的量刑情节。

有下列情节之一的，可以增加基准刑的 10%~20%：一是具有殴打、侮辱情节的（致人重伤、死亡的除外）；二是国家机关工作人员利用职权非法扣押、拘禁他人的。

刑法第 36 条规定："由于犯罪行为而使被害人遭受经济损失的，对犯罪分子除依法给予刑事处罚外，并应根据情况判处赔偿经济损失。""承担民事赔偿责任的犯罪分子，同时被判处罚金，其财产不足以全部支付的，或者被判处没收财产的，应当先承担对被害人的民事赔偿责任。"

十六、绑架罪

1. 案例

2010 年 5 月，被告人叶某某、路某某租住河南省漯河市召陵区人民路某厂家属院 × 号楼 ×× 房，共同生活。因经济窘迫，叶某某产生绑架他人勒索钱财之念。同年 10 月 23 日晚，叶某某通过 QQ 聊天结识了被害人赵某（女，殁年十八周岁）。两人相约见面后，叶某某将赵某带回租住屋，趁赵某熟睡之际，用透明胶带、床单将赵某缠绑后控制。次日上午，叶某某用赵某的手机打电话向赵的父母索要赎金，并让赵某与其父母通话。因赵某通话时泄露了绑架地址信息，二被告人担心事情败露，产生杀人灭口之念。路某某按住赵某的腿，叶某某用毛巾捂住赵某口鼻并勒赵某颈部，致赵某机械性窒息死亡后，二人逃离。

河南省漯河市中级人民法院经审理认为，被告人叶某某以勒索财物为目的绑架他人，后恐罪行败露，便将被害人杀害，其行为已构成绑架罪。叶某某在共同犯罪中起主要作用，系主犯，依法应按照其所参与的全部犯罪处罚。依照刑法有关规定，认定被告人叶某某犯绑架罪，判处死刑，剥夺政治权利终身，并处没收个人全部财产。路某某犯绑架罪，判处有期徒刑十三年。宣判后，叶某某提出上诉。河南省高级人民法院经依法开庭审理，驳回上诉，维持原判，并依法报请最高人民法院核准。最高人民法院经依法复核，裁定核准被告人叶某某死刑。

2. 罪名

刑法第 239 条规定的绑架罪，是指以勒索财物或者扣押人质为目的，使用暴力、胁迫或者麻醉等方法，劫持他人或者以勒索财物为目的，偷盗婴幼儿的行为。

本罪的构成要件如下：

第一，侵犯的客体是公民的人身权利。

第二，在客观方面表现为使用暴力、胁迫、麻醉或者其他方法，劫持被害人或者偷盗婴幼儿，加以秘密隐藏或者予以控制的行为。

第三，本罪的主体是一般主体，即年满十六周岁具有刑事责任能力的人实施了绑架行为，应当承担刑事责任。

第四，本罪的主观方面是直接故意，并且具有勒索他人财物或者绑架他人作为人质的目的。

3. 罪名辨析

第一，要划清本罪与抢劫罪的界限。这两种犯罪的区别在于：一是在客观方面表现不同。绑架罪实施暴力、胁迫、麻醉等绑架行为与实际取得财物的时间、地点是相分离的，取得财物的方式是实施绑架后，通知并且威胁与被绑架人有特定关系的人交付财物；而抢劫罪是在实施暴力、胁迫、麻醉方法的同时，当着被害人的面就地取走财物。二是从取得的财物性质来看，绑架罪的行为人主观目的既可以是索取动产财物，也可以是索取财物性利益或者不动产财物；而抢劫罪的行为人所取得的只能是动产财物。三是绑架罪的暴力行为既可以是当场实施，也可以在劫持被害人以后实施，甚至在勒索不成的情况下将其杀害；而抢劫罪的暴力是当场实施。

第二，要划清本罪与刑法第 274 条规定的敲诈勒索罪的界限。这两种犯罪的区别在于：一是侵犯的对象不同。敲诈勒索罪对其实施威胁的对象和取得财物的对象为同一人；而绑架罪实施绑架的对象和威胁取得财物的对象为不同的人。二是在客观方面，敲诈勒索罪的威胁内容如果是暴力，则声称将来实施，另外还可以用揭发隐私等相威胁；而绑架罪的暴力、威胁既可当场实施，还可采取麻醉的方法劫持被害人，如果勒索不成，将会实施伤害、杀死被劫持人等暴力行为。三是敲诈勒索罪的行为人并不劫走被害人，并不予以隐藏控制；而绑架罪的行为人则需要如此。四是侵犯的客体不同。本罪侵犯的客体是公民的人身权利；而敲诈勒索罪侵犯的是公民的财产权利。

第三，关于本罪的一罪与数罪问题。根据 2001 年 11 月 8 日最高人民法院《关于对在绑架过程中以暴力、胁迫等手段当场劫取被害人财物的行为如何适用法律问题的答复》之规定，行为人在绑架过程中，又以暴力、胁迫等手段当场劫取被害人财物，构成犯罪的，择一重罪处罚，而不数罪并罚。

4. 刑罚

刑法第 239 条规定："以勒索财物为目的绑架他人的，或者绑架他人作为人质的处十年以上有期徒刑或者无期徒刑，并处罚金或者没收财产；情节较轻的，处五年以上十年以下有期徒刑，并处罚金。""犯前款罪，杀害被绑架人的，或者故意伤害被绑架人，致人重伤、死亡的，处无期徒刑或者死刑，并处没收财产。""以勒索财物为目的偷盗婴幼儿的，依照前两款的规定处罚。"

刑法第 36 条规定："由于犯罪行为而使被害人遭受经济损失的，对犯罪分子除依法给予刑事处罚外，并应根据情况判处赔偿经济损失。""承担民事赔偿责任的犯罪分子，同时被判处罚金，其财产不足以全部支付的，或者被判处没收财产的，应当先承担对被害人的民事赔偿责任。"

十七、虐待罪

1. 案例

被害人李某戊和被告人张某甲以夫妻名义共同生活十余年，并于 2007 年生育一个女儿。在家庭生活中，被告人张某甲经常以各种理由对李某戊进行打骂。2014 年 7 月 31 日 3 时许，被告人张某甲在因家庭琐事与李某戊发生争执并使用拖鞋、棍子、水桶等工具对李某戊进行殴打，致使李某戊不堪忍受而用刀自杀死亡。经鉴定，被害人李某戊系心脏破裂死亡。

法院认为，被告人张某甲与被害人李某戊虽未办理婚姻登记手续，但是以夫妻名义共同生活，并生育一女儿，且周围群众均认为二人为夫妻关系，属于家庭成员，张某甲长期多次殴打被害人李某戊，致被害人李某戊自杀死亡，情节恶劣，其行为构成虐待罪。鉴于被告人张某甲案发后主动拨打 110 报警并留在现场等候处理，且如实供述自己的犯罪行为，系自首，可从轻处罚。以被告人张某甲犯虐待罪，判处有期徒刑三年。

2. 罪名

刑法第 260 条规定的虐待罪，是指对共同生活的家庭成员经常以打骂、捆绑、冻饿、有病不给医治、强迫超体力劳作、限制自由等方式，从肉体或者精神上摧残、折磨，情节恶劣的行为。

本罪的构成要件如下：

第一，侵犯的客体是复杂客体，既侵犯了家庭成员间的平等权利和合法权益，又侵犯了被害人的人身权利。犯罪对象是与行为人共同生活的家庭成员，他们之间存在相互扶养、帮助的义务。

第二，在客观方面表现为经常或连续地折磨、摧残家庭成员的身心，情节恶劣的行为。虐待行为是一贯的、经常的、连续的，严重的还可能引起被害人的重伤或死亡。偶尔的打骂、冻饿行为不构成虐待罪。

第三，本罪的主体必须是具有一定的亲属关系或者扶养关系，彼此间负有相互扶养的义务，并且在一个家庭中共同生活的成员，包括祖父母、外祖父母、父母、夫妻、子女、兄弟姐妹等，也包括自愿承担抚养义务而与其共同生活的其他亲友等等。

第四，主观方面是故意，即虐待是故意的，对于因虐待而引起被害人重伤、死亡、自杀，行为人并不是出于故意，如果是故意致人重伤、死亡，则应以其他犯罪论处，而不能以本罪处罚。

3. 罪名辨析

第一，要划清罪与非罪的界限。构成本罪，必须以虐待家庭成员情节恶劣为条件，而不是说只要有虐待行为就构成犯罪。所谓情节恶劣，一般是指虐待的动机特别卑鄙，手段特别凶残的；因为虐待引起伤残或者死亡的；虐待年老、年幼、患病或者残疾不能独立生活的人的；长期虐待屡教不改的，等等。因为虐待引起被害人重伤、死亡，既包括虐待行为直接造成的伤亡，即被害人由于受到经常性的虐待，逐渐造成身体的严重损伤导致死亡，或者在实施虐待行为过程中，引起重伤死亡；也包括被害人不堪忍受长期虐待而自杀造成的死亡或者重伤。

第二，要划清本罪与故意杀人、故意伤害罪的界限。它们的区别主要表现在：一是本罪的主体必须是特殊主体，即只能是共同生活的家庭成员；而后两罪则没有这样的要求。二是本罪在主观方面，其直接故意的内容只能是有意识地给被害人造成痛苦，并不打算直接造成伤害或者死亡；而后两罪行为人主观上具有致人伤害或者死亡的直接故意。三是本罪的殴打、捆绑、冻饿等虐待行为，孤立起来看，一般不会导致被害人伤害或者死亡，只有经常连续进行，才能逐渐引起重伤、死亡或者在虐待过程中非故意地造成伤害、死亡；而后两种犯罪的伤害或者杀人行为，往往可以从打击的部位、使用的工具、所用的力度等客观因素反映其行为的严重性，一般是直接导致被害人伤害或者死亡。

根据 2015 年 3 月 2 日最高人民法院、最高人民检察院、公安部、司法部发布的《关于依法办理家庭暴力犯罪案件的意见》第十七条规定："对于被告人虽然实施家庭暴力呈现出经常性、持续性、反复性的特点，但其主观上具有希望或者放任被害人重伤或者死亡的故意，持凶器实施暴力，暴力手段残忍，暴力程度较强，直接或者立即造成被害人重伤或者死亡的，应当以故意伤害罪或者故意杀人罪定罪处罚。如果行为人故意伤害或者故意杀人行为以外的虐待行为足以构成虐待罪的，则对行为人的行为应当按照数罪并罚原则处理，而不能按照牵连犯或者吸收犯的原则处理。"

4. 刑罚

刑法第 260 条规定："虐待家庭成员，情节恶劣的，处两年以下有期徒刑、拘役或者管制。""犯前款罪，致使被害人重伤、死亡的，处两年以上七年以下有期徒刑。""第一款罪，告诉的才处理，但被害人没有能力告诉，或者因受到强制、威吓无法告诉的除外。"

根据 2015 年 3 月 2 日最高人民法院、最高人民检察院、公安部、司法部发布的《关于依法办理家庭暴力犯罪案件的意见》第 17 条规定："具有虐待持续时间较长、次数较多；虐待手段残忍；虐待造成被害人轻微伤或者患较严重疾病；对未成年人、老年人、残疾人、孕妇、哺乳期妇女、重病患者实施较为严重的虐待行为等情形，属于刑法第 260 条第 1 款规定的虐待'情节恶劣'，应当依法以虐待罪定罪处罚。"

对于被告人主观上不具有侵害被害人健康或者剥夺被害人生命的故意，而是出于追求被害人肉体和精神上的痛苦，长期或者多次实施虐待行为，逐渐造成被害人身体损害，过失导致被害人重伤或者死亡的；或者因虐待致使被害人不堪忍受而自杀，导致重伤或者死亡的，属于刑法第 260 条第 2 款规定的虐待"致使被害人重伤、死亡"，应当以虐待罪定罪处罚。

根据 2015 年 3 月 2 日最高人民法院、最高人民检察院、公安部、司法部发布的《关于依法办理家庭暴力犯罪案件的意见》第 18 条、第 19 条和第 20

条规定："对于实施家庭暴力手段残忍或者造成严重后果；出于恶意侵占财产等卑劣动机实施家庭暴力；因酗酒、吸毒、赌博等恶习而长期或者多次实施家庭暴力；曾因实施家庭暴力受到刑事处罚、行政处罚；或者具有其他恶劣情形的，可以酌情从重处罚。"

对于实施家庭暴力犯罪情节较轻，或者被告人真诚悔罪，获得被害人谅解，从轻处罚有利于被扶养人的，可以酌情从轻处罚；对于情节轻微不需要判处刑罚的，人民检察院可以不起诉，人民法院可以判处免予刑事处罚。

为了使本人或者他人的人身权利免受不法侵害，对正在进行的家庭暴力采取制止行为，只要符合刑法规定的条件，就应当依法认定为正当防卫，不负刑事责任。防卫行为造成施暴人重伤、死亡，且明显超过必要限度的，属于防卫过当，应当负刑事责任，但是应当减轻或者免除处罚。认定防卫行为是否"明显超过必要限度"，应当以足以制止并使防卫人免受家庭暴力不法侵害的需要为标准，根据施暴人正在实施家庭暴力的严重程度、手段的残忍程度，防卫人所处的环境、面临的危险程度、采取的制止暴力的手段、造成施暴人重大损害的程度，以及既往家庭暴力的严重程度等因素进行综合判断。

对于长期遭受家庭暴力后，在激愤、恐惧状态下为了防止再次遭受家庭暴力，或者为了摆脱家庭暴力而故意杀害、伤害施暴人的，被告人的行为具有防卫因素，施暴人在案件起因上具有明显过错或者直接责任的，可以酌情从宽处罚。对于因遭受严重家庭暴力，身体、精神受到重大损害而故意杀害施暴人，或者因不堪忍受长期家庭暴力而故意杀害施暴人，犯罪情节不是特别恶劣，手段不是特别残忍的，可以认定为刑法第232条规定的故意杀人"情节较轻"。在服刑期间确有悔改表现的，可以根据其家庭情况，依法放宽减刑的幅度，缩短减刑起始时间与间隔时间；符合假释条件的，应当假释。被杀害施暴人的近亲属表示谅解的，在量刑、减刑、假释时应当予以充分考虑。

十八、遗弃罪

1. 案例

2015 年 4 月 13 日上午 10 时许，被告人张某甲妻子宋某在迁安市妇幼保健院生下一男婴，经检查该男婴尿道下裂、肛门闭锁。因救治困难，被告人张某甲与妻子宋某商量后，在其弟张某乙的陪同下，于当日 11 时许将该男婴遗弃在迁安市野鸡坨镇爪村地道山半山腰的树坑内。2015 年 4 月 7 日下午 1 时许被人发现并报警。该男婴后经迁安市民政局救治后由被告人张某甲领回。法院认为，被告人张某甲对其亲生患病的婴儿，负有抚养义务而拒绝抚养，情节恶劣，其行为已构成遗弃罪。被告人张某甲能够如实供述自己的罪行，可以从轻处罚。判决被告人张某甲犯遗弃罪，判处有期徒刑两年零六个月，缓刑三年。

2. 罪名

刑法第 261 条规定的遗弃罪，是指对年老、年幼、患病或者其他没有独立生活能力的人，负有扶养义务而拒绝扶养，情节恶劣的行为。

本罪的构成要件如下：

第一，侵犯的客体是法律规定的扶养义务。

第二，在客观方面表现为对没有独立生活能力的家庭成员，应当扶养而拒不扶养，情节恶劣的行为。其特点一般是不作为。

第三，本罪的主体是对被遗弃者依法负有扶养义务并且有扶养能力的人。法律上不负有扶养义务的人不能构成本罪。依法负有扶养义务，是指依照我国婚姻法的规定，夫妻有互相扶养的义务；父母对子女有抚养教育的义务；子女对父母有赡养扶助的义务；养父母与养子女、继父母与继子女之间的权利义务，均与生父母与其子女之间的抚养、赡养义务相同，但养子女和生父母之间的权利义务，因收养关系成立而消除，因收养关系的消除而恢复；对非婚生子女，其父母应当负担其必要的生活费和教育费的一部分或者全部，一直到子女能够独立生活为止；祖父母、外祖父母，对父母已经死亡的孙子女、外孙子女，有抚养义务；孙子女、外孙子女对子女已经死亡的祖父母、外祖父母有赡养义务；哥哥和姐姐对于父母已经死亡或者没有抚养人的未成年的弟弟妹妹有扶养义务。除此以外，由法律上不负有扶养义务的人扶养成人的人，对扶养者也负有赡养义务。遗弃罪的主体不但要负有扶养义务，而且要有履行扶养义务的实际能力。

第四，本罪在主观方面是故意。

3. 罪名辨析

第一，要划清本罪与一般遗弃行为的界限。根据刑法的规定，本罪是以"情节恶劣"为构成要件的。如果情节不恶劣，则不构成本罪。所谓"情节恶劣"，一般是指遗弃动机卑劣、遗弃手段恶劣、遗弃造成的后果严重。例如，因为遗弃致使被害人生活无着落而流离失所的；在遗弃中有对被害人进行打骂、虐待行为的；遗弃者屡教不改的；故意遗弃而引起被害人重伤、死亡或者自杀的等。

第二，要划清本罪与虐待罪的界限。这两种犯罪的区别是：一是遗弃罪是以消极的不作为的形式拒绝履行应尽的扶养义务；而虐待罪是以积极的作为形式，对被害人进行肉体或者精神上的摧残折磨。二是犯罪对象不同。遗弃罪的对象仅仅限于年老、年幼、患病或者其他没有独立生活能力的人；而虐待罪的对象，则可以是家庭中任何成员。三是犯罪的目的不同。遗弃罪的目的是逃避履行扶养义务；而虐待罪追求的是给被害人造成肉体上的摧残和精神上的折磨。

第三，要划清本罪与故意杀人罪的界限。遗弃罪是侵犯家庭成员间互相扶养的义务关系的犯罪；而故意杀人罪是侵犯他人生命权的犯罪。在一般情况下，这两种犯罪不容易混淆。但是，对于遗弃没有独立生活能力的婴儿或者把神志不清、行动困难的老人遗弃于室外的行为，情况比较复杂，不能简单地一律视为遗弃罪，而应当根据案情区别对待：如果把被害人遗弃在容易被发现的地方，例如，把婴儿丢弃在行人很多的路旁或者有关的机关门口，被害人可以得到及时援救的，仍然应当认定为遗弃罪；如果把被害人弃于容易造成生命危险的地点，例如将双目失明的老人领到悬崖边上扔弃／丢弃不管，或者把被害人置于人迹罕至的深山野林里而极有可能使其冻死、饿死或者被野兽危及生命的，这种丢弃行为，已充分表明行为人主观上具有通过丢弃而非法剥夺被害人生命的意图，就应当认定为故意杀人罪。

根据 2015 年 3 月 2 日最高人民法院、最高人民检察院、公安部、司法部发布的《关于依法办理家庭暴力犯罪案件的意见》第 17 条规定："对于只是为了逃避扶养义务，并不希望或者放任被害人死亡，将生活不能自理的被害人弃置在福利院、医院、派出所等单位或者广场、车站等行人较多的场所，希望被害人得到他人救助的，一般以遗弃罪定罪处罚。对于希望或者放任被害人死亡，不履行必要的扶养义务，致使被害人因缺乏生活照料而死亡，或者将生活不能自理的被害人带至荒山野岭等人迹罕至的场所扔弃，使被害人难以得到他人救助的，应当以故意杀人罪定罪处罚。"

4. 刑罚

刑法第 261 条规定："对于年老、年幼、患病或者其他没有独立生活能力的人，负有扶养义务而拒绝扶养，情节恶劣的，处五年以下有期徒刑、拘役或者管制。"

根据 2015 年 3 月 2 日最高人民法院、最高人民检察院、公安部、司法部发布的《关于依法办理家庭暴力犯罪案件的意见》第 17 条规定："负有扶养义务且有扶养能力的人，拒绝扶养年幼、年老、患病或者其他没有独立生活能力的家庭成员，具有对被害人长期不予照顾、不提供生活来源；驱赶、逼迫被害人离家，致使被害人流离失所或者生存困难；遗弃患严重疾病或者生活不能自理的被害人；遗弃致使被害人身体严重损害或者造成其他严重后果等情形的，属于刑法第 261 条规定的遗弃'情节恶劣'，应当依法以遗弃罪定罪处罚。"

根据 2015 年 3 月 2 日最高人民法院、最高人民检察院、公安部、司法部发布的《关于依法办理家庭暴力犯罪案件的意见》第 18 条、第 19 条和第 20 条规定："对于实施家庭暴力手段残忍或者造成严重后果，出于恶意侵占财产等卑劣动机实施家庭暴力，因酗酒、吸毒、赌博等恶习而长期或者多次实施家庭暴力，曾因实施家庭暴力受到刑事处罚、行政处罚，或者具有其他恶劣情形的，可以酌情从重处罚。"

对于实施家庭暴力犯罪情节较轻，或者被告人真诚悔罪，获得被害人谅解，从轻处罚有利于被扶养人的，可以酌情从轻处罚；对于情节轻微不需要判处刑罚的，人民检察院可以不起诉，人民法院可以判处免予刑事处罚。

为了使本人或者他人的人身权利免受不法侵害，对正在进行的家庭暴力采取制止行为，只要符合刑法规定的条件，就应当依法认定为正当防卫，不负刑事责任。防卫行为造成施暴人重伤、死亡，且明显超过必要限度，属于防卫过当，应当负刑事责任，但是应当减轻或者免除处罚。认定防卫行为是否"明显超过必要限度"，应当以足以制止并使防卫人免受家庭暴力不法侵害的需要为标准，根据施暴人正在实施家庭暴力的严重程度、手段的残忍程度、防卫人所处的环境、面临的危险程度、采取的制止暴力的手段、造成施暴人重大损害的程度，以及既往家庭暴力的严重程度等进行综合判断。

对于长期遭受家庭暴力后，在激愤、恐惧状态下为了防止再次遭受家庭暴力，或者为了摆脱家庭暴力而故意杀害、伤害施暴人，被告人的行为具有防卫因素，施暴人在案件起因上具有明显过错或者直接责任的，可以酌情从宽处罚。对于因遭受严重家庭暴力，身体、精神受到重大损害而故意杀害施暴人；或者因不堪忍受长期家庭暴力而故意杀害施暴人，犯罪情节不是特别恶劣，手段不是特别残忍的，可以认定为刑法第 232 条规定的故意杀人"情节较轻"。在服刑期间确有悔改表现的，可以根据其家庭情况，依法放宽减刑的幅度，缩短减刑的起始时间与间隔时间；符合假释条件的，应当假释。被杀害施暴人的近亲属表示谅解的，在量刑、减刑、假释时应当予以充分考虑。

十九、强迫劳动罪

1. 案例

被告人范某、李某玮是夫妻关系，租用广州市越秀区王圣堂大街十一巷16号201房作为手表加工及住宿场所。2013年4月至10月间，被告人范某与李某玮以招工为名，先后从中介处招来钟某（案发时十六岁）、苏某园（案发时十三岁）、周某（案发时十五岁）三名被害人，使用锁门禁止外出的方法强迫三名被害人在该处从事手表组装工作。其间，被告人范某对被害人钟某、周某有殴打行为，被告人李某玮对三名被害人有语言威胁的行为，被告人罗某龙于2013年5月入职后协助被告人范某看管三名被害人。2013年10月20日，经被害人报警，公安人员到场解救了三名被害人，并将被告人范某、李某玮、罗某龙抓获归案。经法医鉴定，被害人钟某和周某的头部、颈部、臂部受伤，损伤程度属轻微伤。

广东省广州市越秀区人民法院经审理认为，被告人范某、李某玮、罗某龙以暴力、胁迫和限制人身自由的方法强迫未成年人劳动，其行为均侵犯了他人的人身权利，共同构成强迫劳动罪，情节严重。被告人范某在共同犯罪中起主要作用，应认定为主犯；被告人李某玮、罗某龙在共同犯罪中起次要或辅助作用，应认定为从犯，依法应当从轻处罚。被告人范某、李某玮自愿认罪，能如实供述自己的罪行，依法可以从轻处罚。依照刑法有关规定，认定被告人范某犯强迫劳动罪，判处有期徒刑三年，并处罚金1万元；被告人李某玮犯强迫劳动罪，判处有期徒刑十个月，并处罚金5000元；被告人罗某龙犯强迫劳动罪，判处有期徒刑七个月，并处罚金1000元。宣判后，被告人没有上诉、抗诉。判决已发生法律效力。

2. 罪名

刑法第244条第1款规定的强迫劳动罪，是指以暴力、威胁或者以限制人身自由的方法，强迫劳动，及明知他人以暴力、威胁或者限制人身自由的方法强迫他人劳动而故意为其招募、运送人员或者有其他协助强迫他人劳动的行为。

本罪的构成要件如下：

第一，侵犯的客体是劳动者与用人者确立的劳动关系和劳动者的人身自由权利。

第二，在客观方面表现为用人者以暴力、威胁或者以限制自由的方法强迫劳动及明知他人以暴力、威胁或者限制人身自由的方法强迫他人劳动而故意为其招募、运送人员或者有其他协助强迫他人劳动的行为。

第三，本罪的主体是一般主体，可以是单位也可以是自然人。

第四，主观方面是故意。

3. 罪名辨析

第一，要划清罪与非罪的界限。在现实生活中，屡屡出现违反劳动保护法规，强迫劳动，侵犯劳动者利益的案件，一般多是以行政、民事规范来调整的。构成犯罪的一般是指：一是以暴力、威胁方法强迫他人劳动的；二是以限制自由的方法强迫劳动的。如果还有侮辱、故意伤害、非法拘禁等行为，这些行为又构成其他犯罪，对这些行为单独定罪，与本罪实行数罪并罚。

根据 2008 年 6 月 25 日最高人民检察院、公安部《关于公安机关管辖的刑事案件立案追诉标准的规定（一）》第 31 条的规定："用人单位违反劳动管理法规，以限制人身自由方法强迫职工劳动，涉嫌下列情形之一的，应予立案追诉：一是强迫他人劳动，造成人员伤亡或者患职业病的；二是采取殴打、胁迫、扣发工资、扣留身份证件等手段限制人身自由，强迫他人劳动的；三是强迫妇女从事井下劳动、国家规定的第四级体力劳动强度的劳动或者其他禁忌从事的劳动，或者强迫处于经期、孕期和哺乳期妇女从事国家规定的第三级体力劳动强度以上的劳动或者其他禁忌从事的劳动的；四是强迫已满十六周岁未满十八周岁未成年人从事国家规定的第四级体力劳动强度的劳动，或者从事高空、井下劳动，或者在爆炸性、易燃性、放射性、毒害性等危险环境下从事劳动的；五是其他情节严重的情形。"

第二，要划清本罪与刑法第238条规定的非法拘禁罪的界限。这两种犯罪的区别是：一是本罪侵犯的客体是复杂客体，即公民的劳动权利和人身自由权；而非法拘禁罪侵犯的是公民的人身自由权利。二是本罪的目的是强迫他人劳动，仅仅是限制他人的人身自由；而非法拘禁罪的目的是完全剥夺他人的人身自由。三是本罪的犯罪对象仅限于劳动者；而非法拘禁罪的犯罪对象可以是任何人。

第三，要划清一罪与数罪的界限。因为限制人身自由、强迫劳动构成犯罪的，又有故意伤害、非法拘禁等犯罪行为的，由于不是一个犯罪故意，因此应当实行数罪并罚。

4. 刑罚

刑法第244条规定："以暴力、威胁或者限制人身自由的方法强迫他人劳动的，处三年以下有期徒刑或者拘役，并处罚金；情节严重的，处三年以上十年以下有期徒刑，并处罚金。""明知他人实施前款行为，为其招募、运送人员或者有其他协助强迫他人劳动行为的，依照前款的规定处罚。""单位犯前两款罪的，对单位判处罚金，并对其直接负责的主管人员和其他直接责任人员，依照第一款的规定处罚。"

二十、传授犯罪方法罪

1. 案例

自2014年4月起，被告人韦某某采用言语传授的方法，向韩某传授利用在驾考中心院内张贴"包过科目一、二、三、四，187×××X7329（诈骗电话号码）"的小广告，冒充驾考中心工作人员骗取驾考学员信任，通过收取银行汇款的形式实施诈骗的犯罪方法。自2014年4月至2015年3月12日，韩某（另案处理）学会后利用被告人韦某某传授的实施犯罪的技能和经验，伙同段某（另案处理）、马某（另案处理）实施诈骗，骗取朱某某、李某某等 27 人的现金共计人民币 50540 元。2015 年 6 月 18 日，被告人韦某某主动到许昌县公安局刑侦大队投案，对犯罪事实供认不讳。

法院认为，被告人韦某某故意向他人传授犯罪方法，其行为已构成传授犯罪方法罪。案发后，被告人韦某某主动到公安机关投案，如实供述自己的犯罪事实，属自首，可以从轻处罚。判决被告人韦某某犯传授犯罪方法罪，判处有期徒刑一年，缓刑两年。

2. 罪名

刑法第 295 条规定的传授犯罪方法罪，是指故意用语言、文字、动作或者其他方法，把犯罪的方法传授给他人的行为。

本罪的构成要件如下：

第一，侵犯的客体是社会管理秩序。

第二，在客观方面表现为把自己所知道的犯罪方法传授给他人的行为。

第三，犯罪主体是一般主体。即年满十六周岁，具有刑事责任能力的自然人。

第四，主观方面是故意。

3. 罪名辨析

第一，要划清罪与非罪的界限。本罪的主观方面必须具有传授犯罪方法的故意，这一点是要特别注意的。在实践中，有些行为可能造成与传授犯罪方法罪类似的后果。例如，有的人传授修配钥匙的技术，而被别有用心的人用来当作犯罪方法；还有的人信口开河、随意散布某些道听途说的犯罪方法，诱发了犯罪；有的人在讲课、写作、戏剧、影片中，描述了犯罪方法或情节，对他人犯罪起到了作用；司法人员在职务范围内讲述某些犯罪方法，意外地引起了不好的后果等。行为人在主观上如果不具有传授犯罪方法的故意，不能构成本罪，因为构成本罪在主观上必须是故意的，而不是过失。

第二，要注意划清本罪与教唆犯罪的界限。这两种犯罪，有时不便于划清。我们从犯罪的四个构成要件等方面，可以看出这两种犯罪在许多方面都不同：

一是犯罪侵犯的客体不同。前者侵犯的客体是确定的，即社会管理秩序；而后者侵犯的客体是不确定的，取决于被教唆犯罪的性质。

二是客观方面表现不同。前者在客观方面具有把犯罪方法传授给他人的行为，被传授者原来可能有犯罪意图，也可能没有；而教唆犯罪在客观方面，要求具有教唆他人犯罪的行为，使他人产生犯罪意图，是造意犯。传授犯罪方法罪，不仅可以通过具体示范、表演等方式，而且还可以在现场直接实施犯罪来传授犯罪方法；而教唆犯罪的人体动作教唆，只能是打手势、使眼色，不能直接实施某种犯罪行为。

三是犯罪的主体要求不同。对于传授犯罪方法罪来说，已满十四周岁不满十六周岁的人传授犯罪方法，一般不负刑事责任；而教唆犯罪，已满十四周岁不满十六周岁的人教唆他人实施刑法规定的严重破坏社会治安秩序的犯罪，可能构成教唆犯罪的主体。

四是主观方面不同。传授犯罪方法罪只能由直接故意构成；教唆犯罪可以由直接故意构成，也可以由间接故意构成。传授犯罪方法罪的故意是向他人传授犯罪方法，不管被传授人原来有没有犯罪的意图；而教唆犯罪的故意，是使本来没有犯罪意图的人产生了犯罪意图。

五是界定犯罪既遂的标准不同。传授犯罪方法罪属于行为犯，只要实施了传授犯罪方法的行为，就构成犯罪既遂；而教唆犯罪则具有既遂与未遂之分。当被教唆人实施了教唆犯所教唆的犯罪时，才构成教唆犯罪既遂，否则是教唆犯罪未遂。

六是定罪量刑的标准不同。传授犯罪方法罪是个独立的罪名，有单独的法定刑；而教唆犯罪不是独立的罪名，更没有独立的法定刑，其罪名与法定刑取决于所教唆的犯罪的罪名与法定刑。具体刑罚按其在共同犯罪中的作用来裁量。因此，教唆犯罪实际上是共同犯罪中的一种表现。

教唆与传授同时起作用的，应当按照处理牵连犯的原则，选择其中的重罪处罚。

第三，要注意传授犯罪方法罪是行为犯，只要行为人实施了故意传授犯罪方法的行为，即构成犯罪。

第四，关于本罪的一罪与数罪问题。如果行为人以不同的犯罪内容，向不同的对象，或者向同一对象，分别实施了传授和教唆行为，这样，传授行为和教唆行为各自独立存在，这就应当构成传授犯罪方法罪与所教唆的犯罪，实行数罪并罚。如果以同一犯罪的内容，对一个人或者数人同时实时传授行为和教唆行为，应当按照吸收原则，选择其中的一个重罪处罚，而不实行数罪并罚。

4. 刑罚

刑法第 295 条规定："传授犯罪方法的，处五年以下有期徒刑、拘役或者管制；情节严重的，处五年以上十年以下有期徒刑；情节特别严重的，处十年以上有期徒刑或者无期徒刑。"

二十一、非法组织卖血罪

1. 案例

2013 年 3 月 4 日，被告人王某某在北京市海淀区中国人民解放军总医院内，以每 400CC 血液 600 元人民币的价格，非法组织潘某（男，二十八岁）、杨某（男，二十六岁）、孙某（男，二十四岁）、王某（男，二十岁）四人出卖血液。当日，被告人王某某被公安机关抓获，到案后如实供述了上述事实。

法院认为，被告人王某某非法组织他人出卖血液，其行为已构成非法组织卖血罪，应予惩处。被告人王某某曾因故意犯罪被判处有期徒刑，仍不思悔改，刑满释放后五年内再犯应当判处有期徒刑以上刑罚之罪，系累犯，应依法从重处罚。鉴于被告人王某某到案后如实供述犯罪事实，认罪态度较好，依法可对其从轻处罚。被告人王某某前次犯罪被判处的尚未缴纳的罚金，应与此次被判处的刑罚并罚。判决被告人王某某犯非法组织卖血罪，判处有期徒刑一年，并处罚金人民币 2000 元，与前次犯罪被判处的尚未执行的罚金人民币 4000 元并罚，决定执行有期徒刑一年，并处罚金人民币 6000 元。

2. 罪名

刑法第 333 条第一款规定的非法组织卖血罪，是指非法组织他人出卖血液的行为。

本罪的构成要件如下：

第一，侵犯的客体是社会管理秩序和公民的身体健康和生命安全。

第二，在客观方面表现为非法组织他人出卖血液的行为。所谓"非法"，是指没有受到有关血液采集部门的指派或者委托。所谓"组织"，包括组织、策划、指挥三种行为，行为人只要实施了其中一种，就构成犯罪。

第三，本罪的主体是一般主体，即凡是达到刑事责任年龄，具有刑事责任能力的自然人，都可成为本罪的主体。

第四，主观方面是直接故意。

3. 罪名辨析

根据刑法第 333 条第 2 款规定，由于非法组织卖血，对他人造成伤害的，依照刑法第 234 条的规定，以故意伤害罪处罚。我国刑法中的故意伤害罪，包括轻伤害、重伤害及致人死亡或者以特别残忍手段致人重伤造成严重残疾三种情形。其中轻伤害的法定最高刑是三年有期徒刑，而非法组织卖血罪的最高刑为十年有期徒刑。从法定刑的角度分析，由于非法组织卖血造成他人轻伤害的，不应按照故意伤害罪定罪判刑，只有造成他人重伤害的，才可以以故意伤害罪定罪处罚。另外，我们也应当知道，给他人造成伤害，既包括因为非法组织卖血给卖血者造成的伤害，又包括因为输入不合格血液给用血者带来的伤害。因为这两种情形，都与非法组织他人卖血的行为有刑法上的因果关系。

最高人民检察院、公安部《关于公安机关管辖刑事案的规定（一）》第52条规定："非法组织他人出卖血液，涉嫌下列情形之一的，应予立案追诉：①组织卖血三人次以上的；②组织卖血非法获利两千元以上的；③组织未成年人卖血的；④被组织卖血的人的血液含有艾滋病病毒、乙型肝炎病毒、丙型肝炎病毒、梅毒螺旋体等病原微生物的；⑤其他非法组织卖血应予追究刑事责任的情形。"

4. 刑罚

刑法第233条规定："非法组织他人出卖血液的，处五年以下有期徒刑，并处罚金；以暴力、威胁方法强迫他人出卖血液的，处五年以上十年以下有期徒刑，并处罚金。""有前款行为，对他人造成伤害的，依照本法第234条的规定定罪处罚。"

二十二、强迫他人吸毒罪

1. 案例

2015年5月23日9时许，被告人丰某甲在宁波市鄞州区龙观乡桓村的家中因琐事与继女宁某发生争执，后趁宁某不备，从背后抱住了宁某，用自己注射过甲基苯丙胺（冰毒）的医用针筒扎入宁某右大腿外侧肌肉内进行注射，宁某挣脱后跳窗逃脱。经检验，被害人宁某的尿样甲基苯丙胺测定呈阳性反应。

2015年6月1日下午，被告人丰某甲到公安机关投案，并如实供述了自己的犯罪事实。后被害人宁某出于亲情，对被告人丰某甲的行为表示谅解。

法院认为，被告人丰某甲违背他人意志，强迫他人注射毒品，其行为已构成强迫他人吸毒罪。公诉机关指控的罪名成立。被告人丰某甲因贩卖毒品罪被判过刑，又犯强迫他人吸毒罪，依法从重处罚；犯罪后主动投案，并如实供述自己的罪行，是自首，依法可以减轻处罚；在本院审理期间能自愿认罪，且被害人对其表示谅解，可酌情从轻处罚。判决被告人丰某甲犯强迫他人吸毒罪，判处有期徒刑两年六个月，并处罚金人民币1万元。

2. 罪名

刑法第353条第2款规定的强迫他人吸毒罪，是指以暴力、胁迫或者其他强制手段，迫使他人吸食、注射毒品的行为。

本罪的构成要件如下：

第一，侵犯的客体是他人的身心健康和社会治安管理秩序。

第二，在客观方面表现为强迫他人吸食、注射毒品的行为。所谓"强迫"，一是指暴力强制，二是指精神强制。

第三，犯罪主体是一般主体。

第四，主观方面是故意。

3. 罪名辨析

第一，关于本罪的立案标准。根据2012年5月16日最高人民检察院、公安部《关于公安机关管辖的刑事案件立案追诉标准的规定（三）》第10条规定，违背他人意志，以暴力、胁迫或者其他强制手段，迫使他人吸食、注射毒品的，应予立案追诉，而没有数额与情节等方面的要求。

第二，要划清此罪与彼罪的界限。对于强迫他人吸食、注射毒品致人死亡案件的认定要区别情况，作出不同处理：一是欲置人于死地，应当以故意杀人罪论处，属于直接故意杀人。二是强迫他人吸食、注射超量毒品，能够认识到这对被害人来说是危险的，可能致其死亡，但是行为人为了追求其他目的，对被害人的死亡采取放任不管的态度，最终造成了被害人死亡的结果，行为构成故意杀人罪，属于间接故意杀人。三是暴力强迫他人吸食、注射常量或者少量的毒品，意外地引起了被害人死亡，应当以强迫他人吸毒罪从重处罚。行为人在强迫他人吸食、注射毒品的过程中，因为捆绑、殴打致人轻伤的，可以按照处理牵连犯的原则，选择其中的一个重罪处罚，即按照强迫他人吸毒罪处罚；如果是致人重伤、死亡，则应当认定为强迫他人吸毒罪和故意杀人罪或者故意伤害罪两个罪，实行数罪并罚。

第三，要划清本罪与贩卖毒品罪的界限。这两种犯罪的区别：一是侵犯的客体和犯罪对象不同。本罪侵犯的是复杂客体，即侵犯了他人的身心健康和社会治安管理秩序，犯罪对象是不愿吸食、注射毒品的人；而后者侵犯的是单一客体，即侵犯的是国家对毒品的管理制度，犯罪对象是毒品。二是在客观方面表现也不同。本罪表现为以暴力、胁迫等手段，迫使他人吸食、注射毒品的行为；而后者表现为非法转手倒卖毒品或者销售自制的毒品的行为。如果行为人既强迫他人吸食、注射毒品，又向其贩卖毒品的，则应当以贩卖毒品罪论处。

4. 刑罚

刑法第353条第2款、第3款分别规定："强迫他人吸食、注射毒品的，处三年以上十年以下有期徒刑，并处罚金。""引诱、教唆、欺骗或者强迫未成年人吸食、注射毒品的，从重处罚。"第356条规定："因走私、贩卖、运输、制造、非法持有毒品罪被判过刑，又犯本节规定之罪的，从重处罚。"

二十三、组织卖淫罪

1. 案例

2010年8月，李某、杨某、朱某经过商议，由李某出资注册域名，杨某、朱某负责管理运营，创建名为某论坛的网站，为卖淫女、卖淫场所与嫖客进行交易提供平台。林某负责制作网站页面、搭建论坛结构及网站安全维护，陈某等人作为各版块管理员协助管理。

网站下设多个版块，分别由李某、杨某、朱某等人负责管理，或组织招募兼职女性从事卖淫活动，或通过收费方式发布卖淫女招嫖信息、包含卖淫等色情内容的娱乐场所信息。李某从兼职女性从事卖淫活动中抽头渔利，杨某、朱某、林某、陈某等人将版块收入按比例分成。

网站具有系统的招嫖规则：卖淫女付费取得在论坛上发帖的权限后，按照规定格式发布自荐帖。如嫖客认为口碑较好或投诉卖淫女存在欺骗、敲诈勒索等行为经查属实的，有相应版主推荐、删帖等奖惩措施。

2013年5月，五名被告人分别被抓获归案后，均如实交代了基本犯罪事实。

一审法院审理认为，被告人李某、杨某、朱某的行为已构成组织卖淫罪，且系共同犯罪；林某、陈某的行为已构成协助组织卖淫罪，且系共同犯罪，均应予处罚。一审判处李某、杨某、朱某有期徒刑十年，剥夺政治权利三年，并处罚金5万元；判处林某有期徒刑三年，缓刑四年，并处罚金2万元；判处陈某有期徒刑三年，缓刑三年，并处罚金2万元。

李某、杨某不服判决，提起上诉称自己的行为并不构成组织卖淫罪，李某的辩护人提出李某的行为不属于"情节严重"。二审法院认为，组织卖淫罪的主要特征为控制多人从事卖淫活动。本案查证属实的证据表明，涉案网站由李、杨、朱三人共同商议并建立，三人对该网站的具体业务及管理方法均有着明确认知。杨某、朱某负责整个网站的日常运营，网站对卖淫女发帖权限、嫖客投诉及相应奖惩措施有着一套系统的规则。本案所涉诸多卖淫女均以涉案网站作为其招嫖的重要甚至全部客户来源，发帖效果及奖惩措施直接关系到其卖淫收入。网站以此实现对相对松散卖淫活动的整合、管理与控制。李某虽不参与网站的全面管理，但其负责的"天使伴游"版块系网站重要组成部分，李某多次通过该版块以招募、介绍并安排卖淫时间地点、接送等方式控制卖淫女卖淫并从中分成。故李、杨、朱三人主观上均有组织卖淫的共同故意，客观上共同参与实施了控制多人卖淫的行为。

经鉴定，网站自2010年建立以来，主题数达9万余个、总帖数达738万余条、总会员数48万余人、帖子评分记录近5万条、收入438万余元。通过该网站，已有多人多次进行了卖淫嫖娼活动。由于互联网对不特定公众开放的特性，该网站所传播的卖淫嫖娼信息还将继续扩散，故李、杨、朱三人的组织卖淫行为已造成恶劣社会影响和严重危害后果，属情节严重。最终，二审认定原审判决定性正确，所判刑罚并无不当，审判程序合法，二审裁定驳回上诉，维持原判。

2. 罪名

刑法第 358 条第 1 款规定的组织卖淫罪，是指以招募、雇佣、引诱、容留等手段，组织、策划、指挥他人从事卖淫的行为。

本罪的构成要件如下：

第一，侵犯的客体是社会道德风尚和社会治安管理秩序。

第二，在客观方面表现为行为人实施了组织他人卖淫的行为。所谓"组织"，是广义的，包括通过招募、雇佣、纠集、引诱、容留等各种手段，有组织地进行卖淫活动。通常表现为两种形式：一是设置卖淫场所或者变相的卖淫场所；二是没有固定的卖淫场所，行为人通过自己掌握控制的卖淫人员，有组织地进行卖淫活动。例如，有些旅馆、饭店、发廊等服务业、娱乐业的老板，公然唆使、允许本店的服务人员陪同顾客到店外进行卖淫嫖娼活动，从中收取钱财；有的老板或者负责人以提供服务为名，向顾客提供各种名义的陪伴女郎，实际上是组织卖淫活动。不论哪种形式，只要是实施了组织他人进行卖淫活动的行为，即构成组织卖淫罪。

根据 2008 年 6 月 25 日最高人民检察院、公关部《关于公安机关管辖的刑事案件立案追诉标准的规定（一）》第 75 条的规定，对于以招募、雇用、强迫、引诱、容留等手段，组织他人卖淫的，应予立案追诉。

第三，本罪的主体必须是卖淫活动的组织者，可以是一个人，也可以是几个人。

第四，主观方面是故意。至于行为人的目的，一般是为了牟利，也可以是出于其他目的。例如有的饭店、宾馆老板为了招徕生意，有的企业组织卖淫妇女向一些厂家的业务人员卖淫，以推销产品，兜揽业务等。

3. 罪名辨析

第一，在组织卖淫罪活动中，又兼有强迫、引诱、介绍、容留他人从事卖淫行为，对这种情况，应该区别对待。如果行为人的强迫、引诱、容留、介绍他人卖淫的行为是在组织他人卖淫过程中发生的，并且其组织的对象与引诱、容留、介绍、强迫的对象是相同的，那么，应当以组织卖淫罪论处，对强迫或者引诱、容留、介绍他人卖淫的行为，可以作为一个情节在量刑时予以考虑。如果强迫或者引诱、容留、介绍他人卖淫的行为与组织他人卖淫的行为之间没有联系，而且其组织的对象与强迫、引诱、容留的对象不同，则应分别定罪，实行数罪并罚。

第二，在组织他人卖淫犯罪活动中，对被组织者又实施了非法拘禁、伤害、强奸等行为时，对此亦应作具体分析。一般而言，行为人在组织他人卖淫活动中，对被组织者进行非法拘禁、侮辱的，仍属于行为人为达到组织他人卖淫的目的而采取的一种手段，可以作为组织卖淫罪的一个情节，在量刑时予以考虑，不实行数罪并罚。行为人在组织他人卖淫活动中有伤害行为的，如果是轻伤害，仍然可以视为组织他人卖淫的一种手段；但如果给被组织者造成的是重伤害，则显然不属于组织卖淫罪的范围了，应定故意伤害罪，与组织卖淫罪实行数罪并罚。如果行为人在组织他人卖淫活动中，对被组织者实施了强奸行为，对此，应当分别定罪，实行数罪并罚。

第三，要注意划清组织卖淫罪与强迫卖淫罪的界限。这两者在侵犯的客体、犯罪的主观方面和犯罪手段等方面均有不同。在组织卖淫罪中，行为人对被组织者有强迫卖淫行为的，应当作为组织卖淫的量刑情节予以考虑，不实行数罪并罚。因为组织卖淫罪是一个概括性罪名，组织卖淫的"组织"手段可以包括强迫、引诱、容留等各种手段。因此，行为人采用强迫、引诱、容留手段，组织他人卖淫的，实际上构成牵连犯和想象竞合犯，应当按照牵连犯或者想象竞合犯的处理原则，选择其中一种重罪处罚。即只定组织卖淫罪。但是，如果行为人强迫他人卖淫的行为与组织卖淫行为并没有必然联系，则应当以强迫卖淫罪和组织卖淫罪分别定罪量刑，实行数罪并罚。

4. 刑罚

刑法第 358 条第 1 款、第 2 款、第 3 款分别规定："组织、强迫他人卖淫的，处五年以上十年以下有期徒刑，并处罚金；情节严重的，处十年以上有期徒刑或者无期徒刑，并处罚金或者没收财产。""组织、强迫未成年人卖淫的，依照前款的规定从重处罚。""犯前两款罪，并有杀害、伤害、强奸、绑架等犯罪行为的，依照数罪并罚的规定处罚。"第 361 条规定："旅馆业、饮食服务业、文化娱乐业、出租汽车业等单位的人员，利用本单位的条件，组织、强迫、引诱、容留、介绍他人卖淫的，依照本法第 358 条、第 359 条的规定定罪处罚。""前款所列单位负责人，犯前款罪的，从重处罚。"

二十四、强迫卖淫罪

1. 案例

2009 年 6 月至 8 月期间，被告人史某某以同他人谈恋爱为手段，诱骗刘某（十五岁）、徐某（十六岁）、王某某（十六岁）后，又以看管、殴打、恐吓等手段先后强迫上述三名少女多次卖淫，从中获利 2000 余元。法院认为，被告人史某某强迫未成年人多人、多次卖淫，其行为构成强迫卖淫罪。据此，依照相关法律规定，判决被告人史某某犯强迫卖淫罪，判处有期徒刑十年，并处罚金人民币 2 万元。

2. 罪名

刑法第 358 条第 1 款规定的强迫卖淫罪，是指以暴力、胁迫、虐待或者其他手段，迫使他人卖淫的行为。

本罪的构成要件如下：

第一，侵犯的客体是他人的人身自由权利和性的不可侵犯的权利。

第二，在客观方面，行为人必须具有违背他人意志、强迫他人卖淫的行为。所谓"强迫"，既包括直接使用各种暴力手段，例如殴打、伤害、捆绑甚至强奸等，或者以暴力手段相威胁；也包括使用非暴力的强迫手段，例如以揭发隐私或者毁坏名誉相威胁，对他人实行肉体上或者精神上的摧残和折磨的行为等。根据 2008 年 6 月 25 日最高人民检察院、公安部《关于公安机关管辖的刑事案件立案追诉标准的规定（一）》第 76 条的规定，对于以暴力、胁迫等手段强迫他人卖淫的，应予立案追诉。

第三，本罪的主体是一般主体。

第四，主观方面是直接故意。

3. 罪名辨析

第一，要注意划清本罪与强奸共犯的界限。这两种犯罪的主要区别：一是强迫卖淫罪的内容是强迫妇女从事卖淫活动；而强奸共犯行为的内容是教唆或者帮助实施强奸。二是强迫卖淫者往往对被害妇女采用暴力、胁迫等手段；而强奸罪的教唆犯，并不直接对被害妇女实施暴力或者胁迫，而主要是教唆他人实施强奸行为；强奸罪的共犯，虽然可以对被害人采用暴力、胁迫等手段，但该手段仅起次要、辅助作用，并且还可采用其他手段，例如暗中出谋划策，提供犯罪工具等。三是本罪具有营利的目的，而强奸共犯一般不具有营利目的。

第二，要划清本罪与组织卖淫罪的界限。这两种犯罪的主要不同点在于：一是要看使用暴力等手段进行强迫的人与卖淫人之间有没有组织和被组织的关系。如有，则属于组织卖淫罪；如无，则属于强迫卖淫罪。二是看这种强迫行为是否属于整个组织他人卖淫活动的需要，如是，则强迫行为属于组织他人卖淫的方法行为和手段行为，其本身失去了单独成罪的意义，而被组织卖淫罪所吸收。

4. 刑罚

刑法第 358 条第 1 款、第 2 款、第 3 款分别规定："组织、强迫他人卖淫的，处五年以上十年以下有期徒刑，并处罚金；情节严重的，处十年以上有期徒刑或者无期徒刑，并处罚金或者没收财产。""组织、强迫未成年人卖淫的，依照前款的规定从重处罚。""犯前两款罪，并有杀害、伤害、强奸、绑架等犯罪行为的，依照数罪并罚的规定处罚。"第 361 条规定："旅馆业、饮食服务业、文化娱乐业、出租汽车业等单位的人员，利用本单位的条件，组织、强迫、引诱、容留、介绍他人卖淫的，依照本法第 358 条、第 359 条的规定定罪处罚。""前款所列单位的主要负责人，犯前款罪的，从重处罚。"

二十五、传播淫秽物品罪

1. 案例

三十一岁的周某在一家化工制药厂上班，工作之余喜欢玩微信。为方便同事之间的联系，周某在 2014 年、2015 年先后创建了两个名为"星乐园2""星乐园 3"的微信群。一开始，群里只有工厂员工，谈论的也只是工作上的事情。某天，有人在群里发了一些黄色视频，其他群员看过之后，纷纷要求再发。当时，周某刚好被好友拉入了其他几个专门发送淫秽"资源"的微信群。出于炫耀的心理，他开始每天在自己管理的群内转发这些小视频，"分享"给群成员，并且不收取任何费用。

一传十传百，不少人陆续把各自的朋友都拉进来，微信群人数越来越多。2015 年 7 月，微信群被人举报，周某随后到公安机关接受讯问。案发时，群内已有近 500 名成员，传播淫秽视频共计 541 部。

法院审理认为，被告人周某传播淫秽物品，其行为已构成传播淫秽物品罪。鉴于周某的犯罪情节和悔罪表现，以传播淫秽物品罪判处被告人周某管制六个月。

2. 罪名

刑法第 364 条第 1 款规定的传播淫秽物品罪，是指不以牟利为目的，传播淫秽的书刊、影片、音像、图片或者其他淫秽物品，情节严重的行为。

本罪的构成要件如下：

第一，侵犯的客体是良好的社会风尚。

第二，在客观方面表现为以出借、展示、赠送、讲解等方式，传播淫秽的书刊、影片、音像、图片或者其他淫秽物品情节严重的行为。

第三，本罪的主体是一般主体，包括自然人和单位。

第四，主观方面是故意，但不具有牟利的目的。传播淫秽物品的目的，有的是寻欢作乐；有的是寻找刺激；有的是取悦他人等。如果是为了牟利而传播淫秽物品，则构成刑法第 363 条第 1 款规定的制作、复制、出版、贩卖、传播淫秽物品牟利罪，而不构成本罪。

3. 罪名辨析

第一，要划清罪与非罪的界限。构成本罪，必须具有两个条件：一是必须是在社会上传播；二是必须是情节严重。因此，对在家庭成员之间、朋友之间私下传播淫秽物品的，或者在社会上传播淫秽物品，情节不严重的，不能以犯罪论处。

根据 2008 年 6 月 25 日最高人民检察院、公安部《关于公安机关管辖的刑事案件立案追诉标准的规定（一）》第 84 条的规定，传播淫秽的书刊、影片、音像、图片或者其他淫秽物品，涉嫌下列情形之一的，应予立案追诉：一是向他人传播三百至五百人次以上的；二是造成恶劣社会影响的。不以牟利为目的，利用互联网、移动通信终端传播淫秽电子信息，涉嫌下列情形之一的，应予立案追诉：一是分以下五种情况，包括：①制作、复制、出版、贩卖、传播淫秽电影、表演、动画等视频文件四十个以上的；②制作、复制、出版、贩卖、传播淫秽音频文件两百个以上的；③制作、复制、出版、贩卖、传播淫秽电子刊物、图片、文章、短信息等四百件以上的；④制作、复制、出版、贩卖、传播淫秽电子信息，实际被点击数达到两万次以上的；⑤以会员制方式出版、贩卖、传播淫秽电子信息，注册会员达四百人以上的。二是数量分别达到上述的两项半数以上标准的。三是造成严重后果的。利用聊天室、论坛、即时通信软件、电子邮件等方式，实施上述行为的，应予立案追诉。

根据2004年9月3日最高人民法院、最高人民检察院《关于办理利用互联网、移动通信终端、声讯台制作、复制、出版、贩卖、传播淫秽电子信息刑事案件具体应用法律若干问题的解释》第3条、第6条的规定，不以牟利为目的，利用互联网或者移动通信终端传播淫秽电子信息，或者利用聊天室、论坛、即时通信软件、电子邮件等方式，具有下列情形之一的，依照刑法第364条第1款的规定，以传播淫秽物品罪定罪处罚：①制作、复制、出版、贩卖、传播淫秽电影、表演、动画等视频文件四十个以上的；②制作、复制、出版、贩卖、传播淫秽音频文件两百个以上的；③制作、复制、出版、贩卖、传播淫秽电子刊物、图片、文章、短信息等四百件以上的；④制作、复制、出版、贩卖、传播的淫秽电子信息，实际被点击数达到两万次以上的；⑤以会员制方式出版、贩卖、传播淫秽电子信息，注册会员达四百人以上的；⑥数量分别达到上述两项半数以上标准的；⑦造成严重后果的。

2010年2月2日最高人民法院、最高人民检察院《关于办理利用互联网、移动通信终端、声讯台制作、复制、出版、贩卖、传播淫秽电子信息刑事案件具体应用法律若干问题的解释（二）》第2条第2款规定："利用互联网、移动通信终端传播内容含有不满十四周岁未成年人的淫秽电子信息，具有下列情形之一的，依照刑法第364条第1款的规定，以传播淫秽物品罪定罪处罚：①数量达到第1条第2款第（一）项至第（五）项①规定标准两倍以上的；②数量分别达到第1条第2款第（一）项至第（五）项两项以上标准的；③造成严重后果的。"

第三条规定："利用互联网建立主要用于传播淫秽电子信息的群组，成员达三十人以上或者造成严重后果的，对建立者、管理者和主要传播者，依照刑法第264条第1款的规定，以传播淫秽物品罪定罪处罚。"

第五条规定："网站建立者、直接负责的管理者明知他人制作、复制、出版、贩卖、传播的是淫秽电子信息，允许或者放任他人在自己所有、管理的网站或者网页上发布，具有下列情形之一的，依照刑法第 364 条第 1 款的规定，以传播淫秽物品罪定罪处罚：①数量达到第 1 条第 2 款第（一）项至第（五）项规定标准十倍以上的；②数量分别达到第 1 条第 2 款第（一）项至第（五）项两项以上标准五倍以上的；③造成严重后果的。"

第二，要划清本罪与制作、复制、出版、贩卖、传播淫秽物品牟利罪的界限。这两种犯罪的区别是：一是主观方面不同。本罪不以营利为目的；而制作、复制、出版、贩卖、传播淫秽物品牟利罪有牟利的目的。二是情节要求不同。本罪要求必须达到情节严重的程度；而制作、复制、出版、贩卖、传播淫秽物品牟利罪，不要求必须是情节严重。

4. 刑罚

刑法第 364 条第 1 款、第 4 款分别规定："传播淫秽的书刊、影片、音像、图片或者其他淫秽物品，情节严重的，处两年以下有期徒刑、拘役或者管制。""向不满十八周岁的未成年人传播淫秽物品的，从重处罚。"第 366 条、第 367 条分别规定："单位犯本节第 363 条、第 364 条、第 365 条规定之罪的，对单位判处罚金，并对其直接负责的主管人员和其他直接责任人员，依照各该条的规定处罚。""本法所称淫秽物品，是指具体描绘性行为或者露骨宣扬色情的淫秽性的书刊、影片、录像带、录音带、图片及其他淫秽物品。""有关人体生理、医学知识的科学著作不是淫秽物品。""包含有色情内容的有艺术价值的文学、艺术作品不视为淫秽物品。""具有下列情形之一的，依法从重处罚：①制作、复制、出版、贩卖、传播具体描绘不满十八周岁未成年人性行为的淫秽电子信息的；②明知是具体描绘不满十八周岁的未成年人性行为的淫秽电子信息而在自己所有、管理或者使用的网站或者网页上提供直接链接的；③向不满十八周岁的未成年人贩卖、传播淫秽电子信息和语音信息的；④通过使用破坏性程序、恶意代码修改用户计算机设置等方法，强制用户访问、下载淫秽电子信息的。"

二十六、组织淫秽表演罪

1. 案例

张某某的儿子即将结婚成家。为了让儿子的婚礼热闹非凡，给儿子办一场体面的婚礼，便给喇叭班班主刘某打电话，让其带四名演员前来表演。同时，二人还商议决定让一名女子表演脱衣舞。随后，刘某便打电话给张某甲，让其联系之前有过合作的女子魏某。喜宴当天晚上，魏某穿着极少的衣服在台上跳舞，并将仅有的衣服脱下，现场观看群众近百名。其间，有村民感觉表演太过暴露，遂选择了报警。后被告人张某某、刘某主动到县公安局投案，并如实供述了全部犯罪事实。

法院审理后认为，被告人张某某、刘某、张某甲妨害社会管理秩序，组织他人进行淫秽表演，其行为均已构成组织淫秽表演罪，应处三年以下有期徒刑、拘役或者管制，并处罚金。被告人张某某、刘某主动投案并如实供述了犯罪事实，系自首，依法均可从轻处罚。被告人张某甲到案后如实供述自己的罪行，系坦白，依法可以从轻处罚。在共同犯罪过程中，被告人张某某、刘某起组织、策划作用，系主犯。被告人张某甲仅帮助联系脱衣舞女且未获利，起次要作用，系从犯，依法应当从轻处罚。鉴于被告人张某某、刘某、张某甲犯罪情节较轻，有悔罪表现，没有再犯罪的危险，宣告缓刑对其所居住的社区亦没有重大不良影响，均可以宣告缓刑。最终，法院分别判处张某某、刘某有期徒刑七个月，缓刑一年，并处罚金人民币3000元；判处张某甲拘役五个月，缓刑六个月，并处罚金人民币2000元。

2. 罪名

刑法第365条规定的组织淫秽表演罪，是指召集多人，在公开或者秘密场合，进行淫秽表演的行为。

本罪的构成要件如下：

第一，侵犯的客体是国家对文艺演出的管理秩序和良好的社会风尚。

第二，在客观方面表现为实施了组织淫秽表演的行为。所谓淫秽表演，是指通过表演者的语言、动作，具体描绘性行为或者露骨地宣扬色情淫秽性的演出。被组织者是男人还是女人，是多个人还是两个人，法律没有作特殊规定。

第三，本罪的主体是淫秽表演者的组织者，包括自然人和单位。

第四，主观方面是故意。组织他人进行淫秽表演的目的，一般是为了牟利，但也可以是出于其他目的，例如有的是为了招徕生意，有的是为了促销产品，有的是为了满足特殊观众的要求，用以达到获取某种不正当利益的目的，等等。

3. 罪名辨析

第一，要划清淫秽表演与夹杂一些色情内容的表演的区别。二者的区别在于：一是从内容上看，淫秽表演无所谓故事情节，整体上是淫秽内容；而夹杂一些色情内容的表演，一般有表现的主题，有一定的故事情节，只是在表现某一剧情时有一些色情内容。二是从表现形式上看，淫秽表演是赤裸裸的表演性行为、暴露生殖器；而夹杂一些色情内容的表演在表现性行为时，往往比较含蓄，有所遮掩，不暴露性器官。三是从给人的感觉上看，淫秽表演只给人以性欲刺激；而夹杂一些色情内容的表演主要是使观众感受全剧的主题，而不仅仅是获得性欲上的刺激。

根据 2008 年 6 月 25 日最高人民检察院、公安部《关于公安机关管辖的刑事案件立案追诉标准的规定（一）》第 86 条的规定，对于以策划、招募、强迫、雇用、引诱、提供场地、提供资金等手段，组织进行淫秽表演，涉嫌下列情形之一的，应予立案追诉：一是组织表演者进行裸体表演的；二是组织表演者利用性器官进行诲淫性表演的；三是组织表演者半裸体或者变相裸体表演并通过语言、动作具体描绘性行为的；四是其他组织进行淫秽表演应予追究刑事责任的情形。

第二，要划清本罪与刑法第 364 条第 1 款规定的传播淫秽物品罪的界限。这两种犯罪的区别在于：一是行为对象不同。后者的行为对象是一切形式的淫秽物品，其行为对象是物；而本罪的行为对象是行为，即淫秽表演行为。二是行为方式不同。后者是以各种手段，不过必须是"在社会上"，即在公共场所或者公众之中进行传播；而本罪的行为方式，只能是组织他人在公开或者秘密场所进行淫秽表演。三是对有无组织行为的要求不同。本罪必须有组织行为；而后者没有组织行为的要求。

第三，要划清本罪与刑法第 301 条第 1 款规定的聚众淫乱罪的界限。这两种犯罪的区别在于：一是前者以"表演"为特征，也就是说，不仅有人作淫秽表演行为，而且要有观众观看，行为人实施的场所可以是公开的，也可以是秘密的；而聚众淫乱罪，不具有旁观的特征，一般是男女为了寻求精神刺激，秘密实施淫乱行为。二是两罪的目的不完全相同。前者一般都具有营利的目的，尽管法律上没有规定是以营利为目的，但在实践中，犯此罪者大多数人都是具有营利的目的；而聚众淫乱罪不具有营利的目的，行为人实施流氓淫乱行为的目的，是为了寻求精神刺激，蔑视社会公德。三是这两种犯罪的主体不同。前者既可以是自然人，也可以是单位；而聚众淫乱罪只能由自然人实施，单位不能实施聚众淫乱罪。

4. 刑罚

刑法第 365 条规定："组织进行淫秽表演的，处三年以下有期徒刑、拘役或者管制，并处罚金；情节严重的，处三年以上十年以下有期徒刑，并处罚金。"第 366 条规定："单位犯本节第 363 条、第 364 条、第 365 条规定之罪的，对单位判处罚金，并对其直接负责的主管人员和其他直接责任人员，依照各该条的规定处罚。"

第二节　特定国家机关工作人员对未成年人渎职犯罪的规定

刑法第 416 条第 1 款规定："对被拐卖、绑架的妇女、儿童负有解救职责的国家机关工作人员，接到被拐卖、绑架的妇女、儿童及其家属的解救要求或者接到其他人的举报，而对被拐卖、绑架的妇女、儿童不进行解救，造成严重后果的，处五年以下有期徒刑或者拘役。"刑法第 416 条第 2 款规定："负有解救职责的国家机关工作人员利用职务阻碍解救的，处两年以上七年以下有期徒刑；情节较重的处两年以下有期徒刑或者拘役。"

一、不解救被拐卖、绑架妇女、儿童罪

1. 案例

张玉芹已与陈某建立了恋爱关系，后来受骗，被拐卖给刘某当妻子。刘某威逼张玉芹到乡政府与自己办理结婚登记手续。张、陈两家知道后，都对该乡办理结婚登记的民政助理周某说明了情况，请求他解救被拐卖妇女张玉芹。周某得到刘某的贿赂，不但不解救张玉芹，也不问其是自愿抑或被逼，马上给二人办理了结婚登记手续。当晚，张玉芹自杀身亡。经张、陈两家检举控告，周某被认定犯不解救被拐卖妇女罪，受到刑罚制裁。

2. 罪名

刑法第 416 条第 1 款规定的不解救被拐卖、被绑架妇女、儿童罪，是指对被拐卖、绑架的妇女、儿童负有解救职责的国家机关工作人员，接到被拐卖、绑架的妇女、儿童及其家属的解救要求或者接到其他人的举报，而对被

拐卖、绑架的妇女、儿童不进行解救，造成严重后果的行为。

本罪的构成要件如下：

第一，本罪侵犯的客体是国家关于保护妇女、儿童，禁止买卖妇女儿童的法律、法规和司法机关的正常工作秩序。

第二，本罪在犯罪客观方面表现为两个方面：一是负有解救被拐卖、被绑架的妇女、儿童的国家机关工作人员违反职责规定不履行解救职责，或者对解救危情充耳不闻、视而不见、坐视不管；二是由于负有解救被拐卖、被绑架的妇女、儿童的国家机关工作人员违反职责规定造成妇女、儿童被拐卖、被绑架及其他严重后果。

第三，本罪的犯罪主体是特殊主体，即构成本罪主体的必须具有负有解救被拐卖、被绑架妇女、儿童职责的身份，实施了不解救行为，才构成本罪主体，其他人不构成本罪主体。

第四，本罪在犯罪主观方面表现为故意，即行为人明知不解救被拐卖、被绑架的妇女、儿童是违反职责规定仍不予解救，放任妇女、儿童被拐卖、被绑架的后果发生的故意行为。

3. 罪名辨析

第一，关于本罪的立案标准。根据 2006 年 7 月 26 日最高人民检察院《关于渎职侵权犯罪案件立案标准的规定》："不解救被拐卖、绑架妇女、儿童罪是指对被拐卖、绑架的妇女、儿童负有解救职责的公安、司法等国家机关工作人员接到被拐卖、绑架的妇女、儿童及其家属的解救要求或者接到其他人的举报，而对被拐卖、绑架的妇女、儿童不进行解救，造成严重后果的行为。"涉嫌下列情形之一的，应予立案：①导致被拐卖、绑架的妇女、儿童或者其家属重伤、死亡或者精神失常的；②导致被拐卖、绑架的妇女、儿童被转移、隐匿、转卖，不能及时进行解救的；③对被拐卖、绑架的妇女、儿童不进行解救三人次以上的；④对被拐卖、绑架的妇女、儿童不进行解救，造成恶劣社会影响的；⑤造成其他严重后果的情形。

第二，要划清本罪与玩忽职守罪的界限。二者的主要区别在于：一是犯罪主体不完全相同。这两种犯罪的主体虽然都是国家机关工作人员，但本罪的主体必须是负有解救被拐卖、绑架的妇女、儿童职责的国家机关工作人员。二是这两种犯罪的主观方面不同。玩忽职守罪的主观是过失，而本罪的主观是故意。

第三，要划清本罪与拐卖、绑架妇女、儿童罪的界限。如果国家机关工作人员与拐卖、绑架妇女、儿童的犯罪分子勾结，拒不解救被拐卖、被绑架的妇女、儿童，则构成拐卖、绑架妇女、儿童罪的共犯。而不以本罪论处。

4. 刑罚

刑法第 416 条第 1 款规定："对被拐卖、绑架的妇女、儿童负有解救职责的国家机关工作人员，接到被拐卖、绑架的妇女、儿童及其家属的解救要求或者接到其他人的举报，而对被拐卖、绑架的妇女、儿童不进行解救，造成严重后果的，处五年以下有期徒刑或者拘役。"

二、阻碍解救被拐卖、绑架的妇女、儿童罪

1. 案例

陈某系某村村委会主任。一日，某县公安干警到其所在村解救被收买的妇女。因收买妇女者系陈某的表弟，陈某便以公安人员"未通知村委会同意"为由，纠集上百名不明真相的村民，对前来解救被收买妇女的公安干警进行围攻、殴打。两名公安干警被打伤。后在当地乡党委与公安机关的干预下，才将被收买的妇女救出。陈某因犯聚众阻碍解救被收买的妇女罪，被判处了刑罚。

2. 罪名

刑法第 416 条第 2 款规定的阻碍解救被拐卖、绑架的妇女、儿童罪，是指负有解救职责的国家机关工作人员利用职务阻碍解救被拐卖、绑架的妇女、儿童的行为。

本罪的构成要件如下：

第一，客体要件。本罪所侵害的客体为复杂客体，其既侵犯了国家机关及其工作人员的信誉，而且还侵犯了被拐卖、绑架妇女、儿童的人身权利。其侵害的对象由其所侵害的客体的多重性所决定，亦具有多重性，一般包括依法正在执行解救公务活动的国家机关工作人员，协助执行解救活动的非国家机关工作人员和被拐卖、绑架的妇女或儿童。

第二，客观要件。本罪在客观方面表现为利用职务阻碍解救被拐卖、被绑架的妇女、儿童的行为。所谓利用职务，是指负有解救职责的国家机关工作人员利用职权范围主管、负责解救被拐卖、绑架的妇女、儿童工作的便利，而不是利用国家机关工作人员身份的便利阻碍解救工作。所谓解救职责是指法律、法规所赋予的把被拐卖、绑架的妇女、儿童从人贩子、收买人或绑架人手中解脱出来、安置或者送返被害人等解救工作的职责。我国目前履行这些职责的机关、组织主要为公安机关、民政、妇联。故主管解救工作的也主要是这些机关和组织的工作人员。

对"解救被拐卖、绑架的妇女、儿童"中的"解救"应作广义的理解。它既包括负有解救职责的国家机关工作人员依法履行职责，以使被拐卖、绑架、收买的妇女、儿童摆脱他人非法控制，解除其与买主非法形成的各种社会关系的公务行为，也应包括被收买的妇女、儿童及其亲友要求解救的行为，或普通公民进行的解救行为。"阻碍解救"中"阻碍"的行为多种多样，如向犯罪分子通风报信，泄露解救的执行人员、时间、步骤等消息；在他人要求解除收买人与被收买人之间非法形成的婚姻、收养关系时，宣布这种关系"合法"予以维护；对要求解救的被收买、绑架的妇女、儿童及其亲属进行威胁、蒙骗，令其不得报案、要求解救；责令被拐卖、绑架的妇女、儿童与买主共同生活；向上级部门或要求提供协助的其他执行解救公务的国家工作人员提供虚假的情况或拒绝提供或隐瞒情况；利用自己知道内情的便利为他人如何阻碍解救出谋划策等。

本罪客观行为可以表现为作为，也可以表现为不作为。

本罪不要求有具体的危害后果，只要负有解救职责的国家机关工作人员利用职务实施了阻碍解救的行为，无论是否得逞，是否造成严重后果，均构成本罪。

根据 1999 年 9 月 16 日最高人民检察院发布施行的《关于人民检察院直接受理立案侦查案件立案标准的规定（试行）》的规定，涉嫌下列情形之一的，应予立案：①利用职权，禁止、阻止或者妨碍有关部门、人员解救被拐卖、绑架的妇女、儿童的；②利用职务上的便利，向拐卖、绑架者或者收买者通风报信，妨碍解救工作正常进行的；③其他利用职务阻碍解救被拐卖、绑架的妇女、儿童的行为。

第三，主体要件。本罪的主体是特殊主体，即负有解救被拐卖、绑架的妇女、儿童职责的国家机关工作人员。国家机关工作人员的范围是非常宽泛的，但只有那些负有特定的解救职责的国家机关工作人员，才可能成为本罪的主体。虽然本人是国家机关工作人员，并且实施了阻碍解救的行为，但其如果不负有特定的解救职责，便不能构成本罪。这里的"解救职责"，是指在职务范围内或责任范围内具有"解救"的内容。根据有关法律规定，各级人民政府对被拐卖、绑架的妇女、儿童有解救职责，解救职责由公安机关会同有关部门执行。具体指各级人民政府、公安、检察、法院、民政、妇联等部门中主管、分管和直接参与解救工作的国家工作人员。上述人员负有把被拐卖、绑架的妇女、儿童从人贩子、收买人或者绑架人手中解脱出来，以及安置送返被害人等解救工作的职责。

第四，主观要件。本罪在主观方面表现为故意且必须是直接故意。行为人既认识到自己的行为是在阻碍解救被拐卖、绑架的妇女、儿童，也希望发生被拐卖、绑架的妇女、儿童未获解救的结果。如只是认识到自己行为可能阻碍解救被拐卖的妇女、儿童，但主观上并不希望发生这种结果的，不构成本罪，导致严重后果的，以玩忽职守罪论处。

3. 罪名辨析

第一，关于本罪的立案标准。根据 2006 年 7 月 26 日最高人民检察院《关于渎职侵权犯罪案件立案标准的规定》："阻碍解救被拐卖、绑架的妇女、儿童罪是指对被拐卖、绑架的妇女、儿童负有解救职责的公安、司法等国家机关工作人员利用职务阻碍解救被拐卖、绑架的妇女、儿童的行为。""涉嫌下列情形之一的，应予立案：①利用职权，禁止、阻止或者妨碍有关部门、人员解救被拐卖、绑架的妇女、儿童的；②利用职务上的便利，向拐卖、绑架者或者收买者通风报信，妨碍解救工作正常进行的；③其他利用职务阻碍解救被拐卖、绑架的妇女、儿童应予追究刑事责任的情形。"

第二，要划清罪与非罪的界限。在这方面要注意两点，一是行为人针对解救被拐卖、绑架妇女、儿童的阻碍行为，是不是利用他的职权所形成的便利条件。是，则构成本罪。不是，则不构成本罪。二是阻碍解救的行为是否表现为实际行动。如果只是不支持、不配合，或者是有不希望解救成功的心理意向，在行动上并没有阻碍的具体表示，这是工作不负责任，不构成本罪。

第三，区分本罪与妨害公务罪的界限，需注意以下四点：

（1）侵犯的客体不同。尽管二者可能同为侵犯国家工作人员解救妇女、儿童的公务活动，然而前罪还侵犯国家机关的声誉。

（2）客观方面不同。妨害公务罪只能是以暴力、威胁的方法阻碍国家工作人员的解救公务，而本罪阻碍的方法多种多样，但都只能是利用职务阻碍，且被阻碍的解救活动。妨害公务罪妨害的公务必须是国家工作人员执行的解救公务；而本罪既可以是阻碍解救妇女、儿童的公务，又可以是其他公民的非公务的解救活动。

（3）主观方面不同。妨害公务罪行为人主观上只需明知阻碍的是国家工作人员执行公务即可，不须明知是何种公务、何类国家工作人员执行公务。而本罪行为人主观上是明知自己阻碍的是解救妇女、儿童的公务活动。

（4）主体的区别。妨害公务罪是一般主体，而本罪主体为特殊主体，仅限于负有解救职责的国家工作人员。

第四，区分本罪与聚众阻碍解救被收买的妇女、儿童罪的界限，需注意以下四点：

（1）侵犯客体不同。本罪除侵犯国家工作人员解救妇女、儿童的公务活动外，还侵犯国家机关的声誉，而聚众阻碍解救被收买的妇女、儿童罪不侵犯国家机关的声誉。

（2）客观方面不同。本罪客观行为多种多样，且限定为利用职务实施，阻碍的解救活动可以是公务也可以是非公务；而聚众阻碍解救被收买的妇女、儿童罪行为形式只限定为以"聚众"的形式，且阻碍的仅限于解救被收买的妇女、儿童的公务行为。

（3）主体上不同。本罪主体仅限于负有解救职责的国家机关工作人员，而聚众阻碍解救被收买的妇女、儿童罪的主体为实施阻碍行为的首要分子，可以是国家机关工作人员，也可以是非国家机关工作人员。

（4）主观方面不同。本罪主观故意的内容是意图阻碍解救被拐卖、绑架的妇女、儿童的公务活动和非公务活动，而聚众阻碍解救被收买的妇女、儿童罪的故意内容是意图阻碍解救被收买的妇女、儿童的公务活动。

第五，本罪与不解救被拐卖、绑架的妇女、儿童罪，二者侵犯的客体和主体要件相同，区别在于：一是客观方面，本罪行为既可以是作为，也可以是不作为，但主要表现为作为形式，且构成该罪不以发生严重后果为条件。但拒不解救妇女、儿童罪行为只能是不作为，且构成要以发生严重后果为条件。二是主观方面，本罪行为人主观上必须是直接故意，不管是明知自己行为必然会发生还是可能会发生阻碍解救活动的结果，但意志因素上均是希望发生阻碍解救活动的后果，拒不解救妇女、儿童罪主观上只能是不希望发生解救妇女、儿童的活动，对不履行解救职责所导致的严重后果没预见到必然发生，或不期望其发生。

4. 刑罚

刑法第 416 条第 2 款规定："负有解救职责的国家机关工作人员利用职务阻碍解救的，处两年以上七年以下有期徒刑；情节较轻的，处两年以下有期徒刑或者拘役。"

第三节　保护未成年人的重点防线

—— 侵犯未成年人权益犯罪的加重处罚

刑法第 236 条规定："奸淫幼女的以强奸罪论处并从重处罚"，同时，该条第 3 款规定："具有奸淫幼女情节恶劣或奸淫幼女多人或者两人以上轮奸的，或致使被害人重伤、死亡或造成其他严重后果之一的处十年以上有期徒刑、无期徒刑或死刑。"该条把犯罪对象作为从重、加重的一个因素，是因为强奸行为对幼女以后的身心健康及思想发展都将产生很大的影响。法律理应制定更为严厉的处罚，对她们加以保护，给予宽慰，帮她们树立自信。刑法第 239 条第 2 款规定："以勒索财物为目的偷盗婴幼儿的，依照前款的规定处罚，即处十年以上有期徒刑或者无期徒刑，并处罚金或者没收财产，致其死亡或杀害的，处死刑并处没收财产。"刑法第 240 条规定："以出卖为目的偷盗婴幼儿的，处十年以上有期徒刑或者无期徒刑，并处罚金或者没收财产，情节特别严重的，处死刑，并处没收财产。"刑法第 237 条第 3 款规定："猥亵儿童的，依照前两款的规定从重处罚。即属于第 1 款规定的暴力、胁迫或者其他方法强制猥亵儿童的，应在五年以下有期徒刑或者拘役的量刑幅度内从重处罚；属于第 2 款规定的聚众或者在公共场所当众以暴力、胁迫或者其他方法强制猥亵儿童的，应在五年以上有期徒刑的量刑幅度内从重处罚。"刑法第 347 条第 6 款规定："利用、教唆未成年人走私、贩卖、制造、运输，或者向未成年人出售毒品的，从重处罚。"使其不受毒品的侵害。刑法第 353 条第 3 款规定："引诱、教唆、欺骗或者强迫未成年人吸食、注射毒品的，从重处罚。"未成年人由于身体、心智方面均不成熟，辨别能力也较低，极易受唆使，容易被利用。前两款的规定既可以对不法分子起到更大的威慑作用，又可以更好地保护未成年人。刑法第 358 条第 1 款规定："组织、强迫不满十四周岁的幼女卖淫的属于组织卖淫罪、强迫卖淫罪的情节严重情形，处十年以上有期徒刑或者无期徒刑，并处罚金或者没收财产；情节特别严重的，处无期徒刑或者死刑，并处没收财产。"刑法第 364 条第 4 款规定："向不满十八周岁的未成年人传播淫秽物品的，从重处罚。"从思想和精神上给予未成年人更为干净的成长空间。刑法第 29 条规定："教唆不满十八周岁的人犯罪的，应当从重处罚。"根据 2002 年最高人民法院《关于审理抢夺刑事案件具体应用法律若干问题的解释》第 2 条的规定：将"抢夺不满十四周岁的未成年人财物的"列为以抢夺罪从重处罚的情形之一。

一、教唆未成年人从事犯罪活动罪

1. 案例

2012 年 4 月至 6 月，以成某为首的盗窃团伙，流窜于江西、浙江、江苏等地，在当地的菜场、服装店等处实施盗窃。他们利用孕妇假扮顾客，分散受害人的注意力，然后让不满八岁的小女孩何某乘隙盗窃。短短两个月时间，该团伙盗窃现金、手机、包等物共价值人民币数万元。同年 6 月，成某等人相继落网。法院经审理认为，被告成某以非法占有为目的，结伙秘密窃取他人财物，数额巨大，其行为已构成盗窃罪，应依法处罚。鉴于被告人成某等教唆未成年人实施盗窃行为，故依法从重处罚。成某等人因犯盗窃罪，判处九年至六个月不等的有期徒刑。何某因不满十四周岁，不负刑事责任。

2. 罪名

成某教唆何某所犯的罪名是盗窃，因此，成某按教唆何某所犯的盗窃罪处罚。

刑法第 29 条规定："教唆他人犯罪的，应当按照他在共同犯罪中所起的作用处罚。教唆不满十八周岁的人犯罪的，应当从重处罚。如果被教唆的人没有犯被教唆的罪，对于教唆犯，可以从轻或者减轻处罚。"

这是刑法对教唆犯处罚原则的规定。该内容分两款。第 1 款是关于对教唆他人犯罪的处罚原则和从重处罚情节的规定。教唆他人犯罪的，在罪犯分类中称"教唆犯"。根据本款的规定，对教唆犯，应当按照他在共同犯罪中所起的作用处罚。教唆犯"在共同犯罪中所起的作用"，是指教唆犯罪的人教唆的方法、手段及教唆的程度，对完成共同犯罪所起的作用，即在实行所教唆的犯罪中所起的作用。由于教唆犯教唆的方法、手段及教唆的程度不同，对完成所教唆的犯罪所起的作用不同，其行为的危害程度也不同，因此规定"应当按照他在共同犯罪中所起的作用处罚"。教唆犯在共同犯罪中起主要作用的，按主犯处罚；起次要作用的，按从犯处罚。由于未成年人经历少，思想尚未成熟，容易被教唆，教唆未成年人犯罪的行为具有更大的社会危害性，因此规定"教唆不满十八周岁的人犯罪，应当从重处罚"。

第 2 款是关于对教唆犯从轻或者减轻处罚的规定。根据本款规定，如果被教唆人没有犯被教唆的罪，对于教唆犯，可以从轻或者减轻处罚。所谓"被教唆的人没有犯被教唆的罪"，包括两种情况：一是教唆犯的教唆，对被教唆人没有起到促成犯意，实施犯罪的作用，被教唆人既没有实施教唆犯教唆的犯罪，也没有实施其他犯罪，其教唆行为没有造成直接的犯罪结果；二是被教唆人没有犯所教唆的罪，但因为受教唆而犯了其他罪。不论哪一种情况，都是教唆犯罪，应当承担刑事责任。一般情况下，被教唆人没有实施所教唆的罪，教唆犯的教唆行为的社会危害性要小。因此，本款规定对于上述教唆犯，可以从轻或者减轻处罚。这里规定"可以"，是因为教唆人没有犯被教唆的罪的实际情况复杂，对于教唆犯不能一律从轻或者减轻处罚，应当根据案件的具体情况决定是否从轻或减轻处罚。

二、强奸罪（奸淫幼女型）

解读同本书第四章"强奸罪"一节。

三、利用未成年人走私、贩卖、运输、制造、出售毒品罪

解读同本书第四章"贩卖毒品罪"一节。

四、强迫（幼女）卖淫罪

解读见本书第五章"强迫卖淫罪"一节。

第三编　家庭保护未成年人相关知识

　　未成年人保护法对家庭保护、学校保护、社会保护、司法保护作出了明确规定，为保护未成年人的健康成长设置了四道防线。

　　家庭保护，是指父母或者其他监护人应当创造良好、和睦的家庭环境，依法履行对未成年人的监护职责和抚养义务，尊重未成年人合法权利。学校保护，是指要求学校等教育机构依照法律的规定，对未成年人进行教育，并对他们的身心健康和合法权益实施保护。社会保护，要求全社会创造一种有利于未成年人健康成长的社会环境。社会保护包括对未成年人的社会文化保护、身体健康保护、劳动保护、自由权和精神的保护等方面。司法保护，要求公安机关、人民检察院、人民法院以及司法行政部门等依法履行职责，对未成年人实施专门保护措施。

　　未成年人的保护工作关系重大、情况多变复杂、涉及人数众多，是一项非常艰巨的系统工程，需要全社会共同来承担。本编主要介绍法律规定的家长、学校、国家机关、社会团体，在保护未成年人的事业上的具体分工，以及工作的方法。其目的是发现未成年人权益受到侵害后，家长、老师及其他相关人员能够及时妥善处理，寻求合适的人或机构获取帮助。

第六章　依法保护未成年人

　　未成年人是国家的未来，未成年人的健康成长对国家未来的发展至关重要。创造一个有利于未成年人健康成长的社会条件和环境，是国家和全社会义不容辞的责任。目前，有关司法活动中未成年人保护问题的探讨，过多停留在刑事活动中，民事诉讼中却很少涉及。而事实上，在民事诉讼中涉及未成年人权益的问题也相当普遍。有关未成年人特殊保护的问题是国家和全社会的责任，各行各业、每一个人都应该为未成年人保护工作贡献自己的一份力量。我国的未成年人权益保护工作是在实践中不断发展起来的，未成年人特殊保护的法律、法规或部门规章以及各地未成年人保护条例或实施办法确定了各方面的权利义务的内容。本章主要分类介绍社会各界保护未成年人的具体内容。

第一节　全社会对未成年人的保护

　　未成年人的保护工作关系重大、情况多变复杂、涉及人数众多，是一项非常艰巨的系统工程，需要全社会共同来承担。承担此责任的社会机构主要如下：

　　国家机关在未成年人保护工作中起着主导作用，其承担非常重大的责任。我国国家机关分为权力机关、行政机关、司法机关等。权力机关有责任制定有关未成年人保护的法律、地方性法规，并对法律、地方性法规的执行情况进行监督；人民政府是未成年人保护工作的行政领导机关，在未成年人保护工作中起组织、协调作用，其既是权力机关的执行机关，负责组织实施人大及其常委会制定的法律、决议、各项国家重大决策，又是政府部门和下级人民政府的领导机关，能总揽全局，统筹兼顾，组织、协调不同的政府部门、各地方人民政府之间的工作，使各方面的工作都服从和服务于国家大局，克服部门主义、地方主义等弊端；政府部门是具体保护未成年人的行政机关，其根据自己的职责履行不同的保护任务，对未成年人有着保护职责的政府部门有教育、公安、民政、卫生等部门；检察机关在控检涉及未成年人权益的刑事案件中有着保护未成年人的职责，其中包括控检犯罪、打击侵犯未成年人的犯罪行为、保护未成年人，以及未成年人涉嫌犯罪的，检察机关有职责采取有关措施保护未成年人等；人民法院在审理涉及未成年人权益的各类案件中有着保护未成年人的职责。

武装力量有责任保护未成年人。广义的武装力量是指各种武装组织和装备设置的总称，既包括武装组织，也包括武器装备。狭义的武装力量是指武装力量组织，国防法中规定的武装力量也是指武装力量组织。根据国防法的规定，我国的武装力量组织由中国人民解放军现役部队和预备役部队、中国人民武装警察部队和民兵组成。武装力量是我国和平与安全的保卫者和维护者，在保护未成年人工作中起着重要作用。

政党是现代社会的一种重要政治组织。在我国，中国共产党是社会主义各项事业的领导核心。我们党历来重视未成年人的保护工作，在未成年人保护工作中起到举足轻重的作用。我们党对未成年人的保护主要体现在制定有关方针政策上。新中国成立以来，中国共产党制定了很多保护未成年人权益的政策文件，并在有关涉及青少年问题的文件中强调对未成年人的保护。我国其他民主党派也承担保护未成年人的相关责任。

社会团体是广大人民群众按照一定的章程自愿结合在一起的群众性组织。

社会团体有利于吸引、号召广大人民群众自发组织起来保护未成年人，同时，又能通过集体的力量对未成年人起到切实的保护作用。目前，我国承担较多保护未成年人工作的社会团体主要有共青团、少先队、青年联合会、学生联合会、工会、妇女联合会等。

企事业单位也承担相应的未成年人保护责任。企业作为经济组织，是国民生产的主要部门，是经济发展的决定力量，在未成年人保护工作中承担重要责任。例如，生产、销售用于未成年人的食品、药品、玩具、用具和游乐设施等，应当符合国家标准或者行业标准，不得有害于未成年人的安全和健康。文化、教育、卫生、科研、体育等事业单位承担着丰富人民精神文化生活、提高人民文化素质、保障人民身体健康、增强人民身体素质、推动社会科学进步、发展社会公益事业、推动社会全面进步的重要使命。事业单位在保护未成年人工作中起着不可替代的作用，承担较大的责任。例如，创造或者提供有利于未成年人健康成长的图书、报刊、音像制品、电子出版物以及网络信息；青少年活动场所对未成年人免费或者优惠开放等。

城乡基层群众性自治组织的保护责任。村民委员会、居民委员会是农村村民或者城市居民自我管理、自我教育、自我服务的基层群众性自治组织，是基层群众实行民主选举、民主决策、民主管理、民主监督的组织。村委会和居委会的工作经常涉及未成年人的保护，其主要责任有：协调未成年人抚养、监护问题；帮助未成年人实现受教育的权利；帮助未成年人运用法律手段，维护自身的合法权利；协助人民政府和有关部门做好保护未成年人的工作等。

监护人也要履行保护未成年人的责任。家庭保护是未成年人保护体系中最重要的环节之一。监护人应切实承担其保护责任，如创造良好、和睦的家庭环境，依法履行对未成年人的监护职责和抚养义务。禁止对未成年人实施家庭暴力，禁止虐待、遗弃未成年人，禁止溺婴和其他残害婴儿的行为，不得歧视女性未成年人或者有残疾的未成年人；尊重未成年人受教育的权利；不得允许或者迫使未成年人结婚等。

其他成年人也有保护未成年人的义务。例如，不得允许未成年人进入营业性歌舞娱乐场所、互联网上网服务营业场所等不适宜未成年人活动的场所；不得向未成年人出售烟酒；不得在中小学校等未成年人集中活动的场所吸烟、饮酒；禁止拐卖、绑架、虐待未成年人，禁止对未成年人实施性侵害等。

法律的实施需要监督，法律监督是多层次的，以是否能对被监督对象产生法律效力为标准，可以分为直接法律监督和间接法律监督。直接法律监督主要是有权机关实施的监督，包括国家权力机关的监督、司法机关的监督和行政机关的监督。间接法律监督不能对被监督对象直接产生法律效力，其只能通过批评、建议或者申诉、控告、检举等方式向有权部门反映，再由有权部门采取相应措施实现监督的目的。与其他监督形式相比，公民和社会组织的监督具有广泛性、全面性的特点，是一种其他监督方式无法取代的监督形式。公民或者社会组织的检举和控告权是宪法性权利，任何机关和个人都不得限制、剥夺公民或者社会组织的检举或者控告权。为充分和及时地保护未成年人的合法权益，对于侵犯未成年人合法权益的行为，任何组织和个人都有权予以劝阻、制止或者向有关部门提出检举或者控告。

任何组织和个人对未成年人的保护都是一种外在保护。外在保护非常重要，其不足在于无法做到时时处处给予保护。为全面保护未成年人，国家、社会、学校和家庭必须通过教育和帮助使未成年人增强自我保护的意识和能力。实践中，很多例子都说明未成年人自我保护意识和能力增强了，会在很大程度上减少受侵害的机会和程度。现代社会是法制社会，国家、社会、学校和家庭应教育和帮助未成年人知法、懂法、守法，积极运用法律武器，维护自身的合法权益。

第二节 政府机构对未成年人的保护

国家机关是依法设立的、有国家财政予以保障的、管理国家各项事务的组织、未成年人保护工作是国家机关职责的重要组成部分，国家机关有义务做好未成年人保护工作，未成年人保护工作的真正落实也离不开国家机关。根据宪法和有关法律的规定，我国国家机关从横向上可分为国家权力机关、行政机关、司法机关；从纵向上可分为中央、省级、县级及乡镇级四级，各级国家机关都有相应的保护未成年人的职责。

国家权力机关，即各级人民代表大会及其常委会，承担制定法律、地方性法规，监督法律、地方性法规的实施等职责。全国人大常委会制定了未成年人保护法，并根据实际情况，及时进行了修订。全国人大及其常委会还制定了很多涉及未成年人保护的法律，包括宪法、刑法、民法通则、婚姻法、收养法、教育法、母婴保健法、妇女权益保护法、刑事诉讼法、义务教育法、预防未成年人犯罪法等。很多省、自治区、直辖市的人大常委会都制定了有关未成年人保护的地方性法规。

国务院是我国中央人民政府，是国家的最高行政机关，负责管理全国的政治、经济、文化、科技、教育、民族、宗教和其他社会事务，领导国务院各部门和地方各级人民政府开展工作。地方各级人民政府是地方的行政机关，分别负责管理其行政区域内的政治、经济、文化、科技、教育和其他社会事务，领导、监督地方政府部门和下级政府开展工作。中央和各级人民政府主要职能是制定有关未成年人保护的行政法规、地方政府规章和其他规范性文件，发布有关未成年人保护的行政决定、命令；编制未成年人事业发展计划，并将其纳入全国和地方国民经济和社会发展规划及年度计划中；在各自行政区域范围内保证有关未成年人法律、法规、规章的实施及政府决定、命令的执行，组织、协调政府部门、下级地方政府切实做好未成年人保护工作等。

各级政府部门在各自职责范围内做好未成年人保护工作。各级教育行政部门应当保障教育活动的正常进行；根据需要制定应对各种灾害、传染性疾病、食物中毒、意外伤害等突发事件的预案；采取措施鼓励和支持中小学校在节假日期间将文化体育设施对未成年人免费或者优惠开放等。各级公安机关应当采取有力措施，依法维护校园周边的治安和交通秩序，预防和制止侵害未成年人合法权益的违法犯罪行为；在办理未成年人犯罪和涉及未成年人权益保护案件中，应照顾未成年人身心发展特点，尊重他们的人格尊严，可根据需要设立专门机构或者指定专人办理；讯问未成年犯罪嫌疑人，询问未成年人证人、被害人，应当保证有监护人在场等。各级民政部门根据需要设立救助场所，对流浪乞讨等生活无着的未成年人实施救助。各级卫生行政部门对未成年人进行卫生保健和营养指导，提供必要的卫生保健条件，做好疾病预防工作；做好对儿童的预防接种工作，积极防治儿童常见病、多发病，加强对传染病防治工作的监督管理和对托儿所、幼儿园卫生保健的业务指导和监督检查等。

各级检察机关的职责是依照刑法、刑事诉讼法、预防未成年人犯罪法、未成年人保护法等法律规定，在检控有关涉及未成年人的犯罪时，履行其保护职责。在办理未成年人犯罪案件中，应照顾未成年人身心发展特点，尊重他们的人格尊严，可根据需要设立专门机构或者指定专人办理；讯问未成年犯罪嫌疑人，询问未成年人证人、被害人，应当保证有监护人在场；对羁押的未成年人，应当与成年人分别关押等。

各级法院在审理涉及未成年人的案件时，有责任保护未成年人的合法权益，如未成年人的合法权益受到侵害，依法向人民法院提起诉讼的，人民法院应当依法及时审理，并考虑未成年人生理、心理特点和健康成长的需要，依具体情况依法保障未成年人的合法权益；依法为未成年人提供法律援助和司法救助；审理继承案件和离婚案件涉及未成年子女抚养问题的，要依法保护未成年人的继承权、受遗赠权，听取未成年子女的意见；在办理未成年人犯罪和涉及未成年人权益保护的案件中，应照顾未成年人身心发展特点，尊重他们的人格尊严，可根据需要设立专门机构或者指定专人办理；讯问未成年犯罪嫌疑人，询问未成年人证人、被害人，应当保证有监护人在场等。

国务院和地方各级人民政府在未成年人保护工作中起着重要的组织和协调作用，主要体现在三个方面：一是领导有关部门做好未成年人保护工作；二是将未成年人工作纳入国民经济和社会发展规划及年度计划中；三是将有关未成年人保护工作的经费纳入本级政府预算。

国务院和省、自治区、直辖市人民政府的协调和组织工作非常重要，但由于人民政府职责非常多，而未成年人保护工作分散于多个政府部门和有关社会团体，缺乏一个专门的机构来负责协调未成年人保护工作，因此需要国务院和省、自治区、直辖市人民政府采取有关组织措施，成立有关机构来协调有关部门做好未成年人保护工作。据统计，全国已有二十九个省、自治区、直辖市和多数市（地）县（区）成立了未成年人保护委员会，负责对未成年人保护工作进行指导和协调。由于各地情况不同，具体的机构设置由国务院和省、自治区、直辖市人民政府作出规定。

另外，政府鼓励社会各界保护未成年人。

奖罚分明是中华民族的优良传统，奖励不仅能够鼓励先进、弘扬正气，而且能对平庸者产生激励，对落后者进行鞭策。奖励与处罚并举在我国很多法律中都有体现。

国家奖励，是指各级人民政府和有关部门为了表彰先进、激励后进、充分调动人们的积极性和创造性，依照法定条件和程序，对作出突出贡献、显著成绩或者模范遵纪守法的组织和个人给予物质的或者精神的奖励的一种具体行政行为。国家奖励包括表彰和奖励，表彰主要是精神奖励，如通报表扬、给予荣誉称号，奖励一般是给予一定的奖金、经费等。

实施表彰、奖励的主体是国家行政机关，包括各级人民政府和行政主管部门。在实践中，进行未成年人保护表彰和奖励主要由各地各级未成年人保护办公室联合有关行政主管部门、人大、法院、检察院等部门开展。有些表彰和奖励由团委、律协等社会团体作出，有的由其他社会组织作出。

受表彰和奖励的对象是在开展未成年人保护工作中有显著成绩的组织和个人，其范围是比较广泛的，包括国家机关及其工作人员、社会团体及其工作人员、企事业单位、普通公民等。所谓显著成绩，是指热爱未成年人保护工作，认真执行国家有关未成年人保护法律法规，模范履行职责，具有奉献精神，积极为未成年人办实事、解决难事、做好事，表现突出，工作有成效，社会评价高等。具体称号有"保护未成年人先进集体""保护未成年人先进公民""保护未成年人优秀公民"等。

国家在进行表彰和奖励工作时，需要注意一些原则：依法表彰、奖励，实事求是；奖励与受奖行为相当；精神奖励和物质奖励相结合；程序民主、公正、及时等。

第三节　社会团体对未成年人的保护

社会团体在未成年人保护工作中有着独特的地位和其他任何组织不可替代的帮助、保护和协助保护的作用。我国经合法登记的各种全国性和地方性社会团体数以千计，其活动宗旨和组织形式千差万别，承担帮助、保护和协助各级人民政府做好未成年人保护工作职责的社会团体主要有共产主义青年团、妇女联合会、工会、青年联合会、学生联合会、少年先锋队等。共青团、妇联、工会、青联、学联、少先队等社会团体与未成年人的关系相当密切，这些社会团体除了要协助各级人民政府做好未成年人保护工作、维护未成年人的合法权益外，还应该有主动开展适合青少年特点的、有利于青少年健康成长的具有知识性、趣味性的各类活动以及帮助未成年人遵纪守法的职责。

共产主义青年团，简称共青团，是中国共产党领导下的先进青年群体，是党联系广大青年的桥梁和纽带，同时也是未成年人保护组织中最主要的社会团体。共青团的任务是团结和教育广大青年积极投身于社会主义现代化建设，具有广泛的代表性和先进性，有着严格的章程和健全的制度。其在未成年人保护工作中起着非常重要的协助作用，具体如下：

1. 参与未成年人保护立法工作，向立法机关提出立法建议，参与国家有关未成年人工作方针政策的制定；

2. 积极创造条件，为未成年人参加文化、娱乐、体育活动以及参与社会民主监督提供机会；

3. 积极引导未成年人学习马克思主义，学习科学文化知识，帮助他们树立远大理想和形成良好品德，成为有理想、有道德、有文化、有纪律的社会主义建设者和接班人；

4. 依法维护未成年人的合法权益，同各种侵犯未成年人合法权益的行为做斗争等。

妇女联合会全称为中华全国妇女联合会，简称"妇联"，是全国各族各界妇女在党的领导下为争取进一步解放而联合起来的社会团体，是党和政府联系妇女群众的桥梁和纽带。妇女儿童工作委员会设立在妇女联合会中，妇女联合会不仅保护妇女的权益，对儿童也有保护的职责，其在未成年人保护工作中也起到了很重要的协助作用。其主要职责包括：代表和维护妇女权益，促进男女平等；参与有关妇女、儿童法律、法规和规章的制定；维护妇女儿童的合法权益等。

工会在我国的全称为中华全国总工会，简称"中华全总"，是自愿结合的中国工人阶级的群众组织。实践中，有一部分年满十六周岁没有继续上学深造的未成年人提前走上了工作岗位，这部分未成年工是工人的一部分，享有工人应享有的一切权利，作为工会会员受到工会的保护。工会在保护未成年人工作中的协助职责主要有：维护工人的合法权益和民主权利，代表和组织职工参与国家和社会事务管理，参与企业民主管理。对未成年工人，工会还要积极维护有关法律法规赋予未成年工人的特殊权利，如加强对未成年工人的劳动保护和劳动安全、开展定期体检等。

青年联合会全称中华全国青年联合会，简称"青联"，是党领导下的基本社会团体之一，是以中国共产主义青年团为核心力量的各青年团体的联合组织，是我国各族各界青年广泛的爱国统一战线组织。青年联合会的章程中规定，会员团体有维护青年的合法权益、反映各族各界青年意见和要求的义务，因此青年联合会在未成年人保护工作中有相应的协助职责。

学生联合会全称中华全国学生联合会，简称"全国学联"，是中国共产党领导下的中国高等学校学生会、研究生会和中等学校学生会的联合组织。它是中华全国青年联合会的团体会员。学生联合会的基本任务是：遵循和贯彻党的教育方针，促进同学德、智、体全面发展，团结和引导同学成为热爱祖国、适应中国特色社会主义现代化建设事业要求的合格人才；发挥作为党和政府联系同学的桥梁和纽带作用，在维护国家和全国人民整体利益的同时，表达和维护同学的具体利益等。学生联合会在保护未成年人工作中有着相应的协助职责。

少年先锋队简称"少先队"，是中国共产主义青年团领导下的少年先锋队组织，是党团结、教育广大少年儿童的桥梁和纽带。在众多的社会团体中，少年先锋队是唯一全部由未成年人参加的全国性少年组织，是未成年人自己的组织。少年先锋队的主要任务和主要作用是通过各种集体活动，团结、教育少年儿童，培养他们成为爱祖国、爱人民、爱劳动、爱科学、爱社会主义，有理想、有道德、有纪律、有文化的社会主义新人。少年先锋队为中国儿童事业的发展作出了巨大贡献。

除了共产主义青年团、妇女联合会、工会、青年联合会、学生联合会、少年先锋队之外，我国还有一些社会团体有帮助、保护和协助保护未成年人的职责。这些社会团体有关心下一代工作委员会、残疾人联合会、律协等。

第四节　家庭对未成年人的保护

中共十六大通过了《中共中央关于构建社会主义和谐社会若干重大问题的决定》，指出社会和谐是中国特色社会主义的本质属性。家庭是社会的细胞，创造和谐的家庭是人民幸福的重要保证，是社会稳定的基石。家庭、学校、社会在未成年人教育中是相互关联、相互作用、相互制约、缺一不可的有机整体。家庭环境与社会环境相辅相成，对未成年人身心的健康发育成长至关重要。家庭是孩子成长过程中最重要的因素，父母或其他监护人对未成年人心理、性格和人格的影响是决定性的，未成年人的心理和行为往往带着家庭的影子。根据国内外多项调查显示，父母经常吵架、家庭生活不协调的未成年人，特别是父母离婚后生活在单亲家庭的孩子，学习差得更多，有心理问题的更多。

家庭环境包括家庭结构、家庭成员之间的关系、家庭生活方式三个方面。其中良好的家庭生活方式包括：①树立良好家风；②严格规范的家庭生活制度；③勤劳节俭的生活作风；④整洁的家居环境。

家庭环境对监护人履行监护义务和实施家庭教育起着基础性的作用。和谐的家庭环境能使监护人更好地履行监护义务和有效地实施家庭教育；反之，则很难达到家庭保护的目的。创造良好、和睦的家庭环境，对未成年人的成长是一种积极的助力和催化剂，特别有助于未成年人形成完整健康的人格。

监护是指对未成年人和精神病人的人身、财产及其他合法权益进行监督和保护的一项民事法律制度。监督和保护人简称监护人，受到监督和保护的无民事行为能力人和限制民事行为能力人称为被监护人。目前我国的法律中规定的被监护人有两类：一是无民事行为能力或限制民事行为能力的未成年人；二是不能辨认自己行为或不能完全辨认自己行为的精神病人。监护制度具有如下作用：

1. 监护制度使无民事行为能力和限制民事行为能力的公民的民事权利能力得到真正的实现。监护制度赋予监护人代理被监护人进行民事活动的权利，解决了无民事行为能力人和限制民事行为能力人在民事行为能力方面的困难，从而使公民的民事权利能力得以顺利实现。

2. 监护制度使无民事行为能力和限制民事行为能力的公民的民事行为能力得到弥补，使其合法的民事权益得到有效的保护。

3. 监护制度有利于稳定社会的正常秩序。监护制度要求监护人对无民事行为能力人和限制民事行为能力人加以监督和管束，以防止他们实施违法行为，从而有利于社会秩序的稳定。

未成年人监护人的设定有两种方式，即法定监护和指定监护。

法定监护人主要分为三类：①未成年人的父母是未成年人的监护人。民法通则规定："无民事行为能力人、限制民事行为能力人的监护人是他的法定代理人。"未成年人的父母是其自然的监护人，这种监护资格因未成年人的出生而开始。②夫妻离婚后，孩子的父母仍都是监护人，与子女共同生活的一方无权取消对方对孩子的监护权，但以下情况除外：未与该子女共同生活的一方对该子女有犯罪、虐待行为或者对该子女明显不利的；人民法院认为可以取消监护权的。③未成年人的父母已经死亡或者没有监护能力的，由下列人员中有监护能力的人担任监护人：祖父母、外祖父母；兄、姐；关系密切的其他亲属、朋友愿意承担监护责任，经未成年人的父、母的所在单位或者未成年人住所地的居民委员会、村民委员会同意的。

指定监护指没有法定监护人，或者对担任监护人有争议的，监护人由有关部门或人民法院指定而设置的监护。民法通则规定："对担任监护人有争议的，由未成年人的父母的所在单位或者未成年人住所地的居民委员会、村民委员会在近亲属中指定。对指定不服提起诉讼的，由人民法院裁决。"

根据有关法律和司法解释的规定，监护人应承担的职责有：①保护被监护人的身体健康；②照顾被监护人的生活；③管理和保护被监护人的财产；④代理被监护人进行民事活动；⑤对被监护人进行管束和教育；⑥在被监护人合法权益受到侵害或者与人发生争议时，代理其进行诉讼；⑦承担因不履行监护职责致使被监护人实施侵权行为而给他人造成损害的赔偿责任。

监护人应当履行监护职责，保护被监护人的人身、财产及其他合法权益，除为保护被监护人的利益外，不得处理被监护人的财产。监护人依法履行监护的权利，受法律保护。监护人不履行监护职责或者侵害被监护人的合法权益的，应当承担责任；给被监护人造成财产损失的，应当赔偿损失。人民法院可以根据有关人员或者有关单位的申请，撤销监护人的资格。监护人依法行使监护的权利，受法律保护。监护人依法行使监护权利的，任何组织或个人均无权干涉。如果监护人的合法监护权利遭到不法侵害，监护人有权向人民法院提起诉讼，请求给予必要的法律保护，排除侵害。

宪法规定："父母或者其他监护人有抚养教育未成年子女的义务。"抚养，是指父母或者其他监护人抚育未成年子女的成长，并为他们的生活、学习提供一定的物质条件的责任。抚养义务与监护职责不同：抚养是一种供养责任，实质内容重在金钱和物质上的供给；监护职责是一种监督保护责任，其实质内容是对被监护人的人身权利的保护、合法财产的保管、民事行为的代理等。

按照抚养主体的不同，并根据婚姻法和有关司法解释，可以将抚养分为三类：

父母抚养。父母对子女有抚养教育的义务。父母不履行抚养义务时，未成年的或不能独立生活的子女，有要求父母给付抚养费的权利。抚养费，包括子女生活费、教育费、医疗费等费用。父母抚养有几种特殊情况：①继父或继母和受其抚养教育的继子女间的权利和义务，适用对父母子女关系的有关规定。②非婚生子女的抚养。非婚生子女享有与婚生子女同等的权利。不直接抚养非婚生子女的生父或生母，应当负担子女的生活费和教育费，直至子女能独立生活为止。③离婚后，父母对于子女仍有抚养和教育的权利和义务。离婚后，哺乳期内的子女，以随哺乳的母亲抚养为原则。哺乳期后的子女，如双方因抚养问题发生争执不能达成协议时，由人民法院根据子女的权益和双方的具体情况判决。离婚后，一方抚养的子女，另一方应负担必要的生活费和教育费的一部或全部，负担费用的多少和期限的长短由双方协议；协议不成时，由人民法院判决。

有负担能力的祖父母、外祖父母，对于父母已经死亡或父母无力抚养的未成年的孙子女、外孙子女，有抚养的义务。有负担能力的兄、姐，对于父母已经死亡或父母无力抚养的未成年的弟、妹，有扶养的义务。由兄、姐抚养长大的有负担能力的弟、妹，对于缺乏劳动能力又缺乏生活来源的兄、姐，有扶养的义务。

父母或者其他监护人依法履行对未成年人的监护职责和抚养义务时，禁止实施以下行为：

1. 禁止对未成年人使用家庭暴力

最高人民法院在《关于适用〈中华人民共和国婚姻法〉若干问题的解释（一）》中明确规定："家庭暴力是指行为人以殴打、捆绑、残害、强行限制人身自由或者其他手段，给其家庭成员的身体、精神等方面造成一定伤害后果的行为。"

对未成年人实施的家庭暴力有以下特点：①社会容忍度高。受"孩子不打不成器""棒打出孝子"等传统思想的影响，许多人认为父母打孩子是正常的教育方式。②行为的隐蔽性。家庭暴力发生在家庭中，仅涉及未成年人子女，一般不与外人发生关系，很少被外人知晓。未成年人心智尚不成熟，并与施暴者存在紧密的亲情、经济联系，一般不愿意公开。③过程的反复性。一般来说，家庭暴力从第一次发生后，便往往持续发生。④后果的不确定性。家庭暴力的后果有轻有重，危害程度不一。较轻的有罚站、扇巴掌等，重的可能导致重伤或死亡。

目前，全国县级以上政府都成立了维护妇女儿童权益的专门性政府机构——妇女儿童工作委员会。国家将反家庭暴力列为精神文明建设中"文明城市"创建的考核指标，许多地方政府把它作为社会治安综合治理的重要内容，纳入各地"平安建设"的体系当中。全国妇联、中央综治办、公安部、司法部、共青团中央、国家新闻出版总署共同开展的"平安家庭"创建活动把家庭无暴力列为一项重要目标。全国大部分省、自治区、直辖市的公安厅建立了"110反家庭暴力报警中心"，有一万两千多个派出所、社区警务室挂牌成立维权投诉站或反家庭暴力投诉报警点。

2. 禁止虐待、遗弃未成年人

（1）我国宪法规定："禁止虐待老人、妇女和儿童。"1999年世界卫生组织（WHO）对虐待儿童的描述如下："虐待儿童指对儿童有义务抚养、监督及有操纵权的人，作出的足以对儿童的健康、生存、生长发育及尊严造成实际的，或潜在的伤害行为，包括各种形式的躯体和（或）情感虐待、性虐待、忽视及对其进行经济性剥削。"该定义从三个方面作出限定：①施虐者与受虐儿童之间有密切的人际关系；②指出虐待的严重程度标准；③描述虐待儿童的类型即言语虐待、躯体虐待、情感虐待、忽视、性虐待（包括强迫卖淫）等。我国最高人民法院《关于适用〈中华人民共和国婚姻法〉若干问题的解释（一）》中规定："持续性、经常性的家庭暴力，构成虐待。"

婚姻法有关虐待家庭成员的法律责任和实施家庭暴力的法律责任相同。治安管理处罚法规定："虐待家庭成员，被虐待人要求处理的，处五日以下拘留或者警告。"刑法规定："虐待家庭成员，情节恶劣的，处两年以下有期徒刑、拘役或者管制。犯该罪，致使被害人重伤、死亡的，处两年以上七年以下有期徒刑。虐待罪，告诉的才处理。"

（2）遗弃是指对于年老、年幼、患病或者其他没有独立生活能力的家庭成员，负有赡养、抚养、扶养义务而拒不履行法定义务的行为。遗弃是以不作为的方式出现的，即应为而不为，致使家庭成员的合法权益遭受侵害。

婚姻法规定："对遗弃家庭成员，受害人有权提出请求，居民委员会、村民委员会以及所在单位应当予以劝阻、调解。对遗弃家庭成员，受害人提出请求的，人民法院应当依法作出支付扶养费、抚养费、赡养费的判决。"治安管理处罚法规定："遗弃没有独立生活能力的被扶养人的，处五日以下拘留或者警告。"刑法规定："构成遗弃罪的，依法应处五年以下有期徒刑、拘役或者管制。"

3. 禁止溺婴和其他残害未成年人的行为

婚姻法规定："禁止溺婴、弃婴和其他残害婴儿的行为。"溺婴，泛指一切剥夺婴儿生命的行为，不仅仅指父母用水溺杀自己的婴儿的行为，用手扼死、用绳索勒死、活埋、闷死、饿死或冻死等行为都属于溺婴。溺婴构成犯罪的，按照刑法中有关故意杀人罪的规定追究刑事责任：对行为人处死刑、无期徒刑或者十年以上有期徒刑；情节较轻的，处三年以上十年以下有期徒刑。

其他残害未成年人的行为，包括伤害等，依法应受到处罚。

4. 禁止歧视未成年人

未成年人保护法规定："未成年人不分性别、民族、种族、家庭财产状况、宗教信仰等，依法平等地享有权利。"《公民权利和政治权利国际公约》规定："每个儿童应有权享受家庭、社会和国家为其未成年地位给予的必要保护措施，不因种族、肤色、性别、语言、宗教、国籍或社会出身、财产或出生而受任何歧视。"

我国宪法规定："中华人民共和国妇女在政治的、经济的、文化的、社会的和家庭的生活等各方面享有同男子平等的权利。"《消除对妇女一切形式歧视公约》中规定："'对妇女的歧视'一词是指基于性别而做的任何区别、排除和限制其作用或目的是要妨碍或破坏对在政治、经济、社会、文化、公民或任何其他方面的人权和基本自由的承认以及妇女（不论已婚未婚）在男女平等的基础上享有或行使这些人权和基本自由。"因此,不得歧视女性未成年人。

我国残疾人保障法规定:"残疾人在政治、经济、文化、社会和家庭生活等方面享有同其他公民平等的权利;残疾人的公民权利和人格尊严受法律保护;禁止歧视、侮辱、侵害残疾人。"因此,不得歧视有残疾的未成年人。

第五节　家庭应保障未成年人教育

一、接受教育是未成年人的权利

1. 接受学校教育是未成年人的法定权利

未成年人,特别是未满十六周岁的未成年人,正是接受义务教育的年龄。国家、社会、学校和家庭都应依法保障其接受义务教育,对其进行德育、智育、体育、美育、劳动教育以及社会生活指导和青春期教育。由于我国经济发展不平衡,贫困、边远山区学校的数量和规模与实际需求还相差甚远。为此,一方面国家正在逐步增加教育经费;另一方面社会各界正积极为边远山区、贫困地区开展"希望工程"活动,力争尽快解决贫困家庭子女的接受义务教育的问题。

学校是培养人、教育人的园地,应坚持国家的教育方针,切实担负起社会赋予的责任,加强素质教育,以培养合格人才为己任。学校对于品行有缺点、学习有困难或违纪、违法的学生应重在教育,不得轻易开除学生,使其混迹于社会或走上违法犯罪的道路。

未成年人的家长要珍惜社会创造的条件,珍惜孩子个人的发展前途,不能因家庭婚变等原因剥夺孩子受教育的权利。

义务教育法中的法律条文对未成年人的受教育权问题作了明确规定,具体如下：

第一章第四条："凡具有中华人民共和国国籍的适龄儿童、少年，不分性别、民族、种族、家庭财产状况、宗教信仰等，依法享有平等接受义务教育的权利，并履行接受义务教育的义务。"

第一章第五条："各级人民政府及其有关部门应当履行本法规定的各项职责，保障适龄儿童、少年接受义务教育的权利。适龄儿童、少年的父母或者其他法定监护人应当依法保证其按时入学接受并完成义务教育。"

第七条："义务教育实行国务院领导，省、自治区、直辖市人民政府统筹规划实施，县级人民政府为主管理的体制。县级以上人民政府教育行政部门具体负责义务教育实施工作；县级以上人民政府其他有关部门在各自的职责范围内负责义务教育实施工作。"

第九条："任何社会组织或者个人有权对违反本法的行为向有关国家机关提出检举或者控告。发生违反本法的重大事件，妨碍义务教育实施，造成重大社会影响的，负有领导责任的人民政府或者人民政府教育行政部门负责人应当引咎辞职。"

第三章第二十七条："对违反学校管理制度的学生，学校应当予以批评教育，不得开除。"

2. 未成年人接受家庭教育有重要的意义

家庭教育是指在家庭生活中，由父母或者其他监护人自觉地、有意识地根据社会需求和未成年人身心发展特点，通过自己的言传身教和家庭生活实践，对未成年人施以一定教育影响的社会活动。

家庭是社会的细胞，是人才成长的摇篮。家庭是孩子的第一所学校，父母是孩子的第一任教师，无论从家庭教育的内容来看，还是从家庭教育与学校教育、社会教育的关系来看，家庭教育在整个教育中都起着十分重要的作用。未成年人在独立生活之前约有三分之二的时间在家庭中度过，他们的生活习惯、性格、道德品质及基本的行为方式的形成受家庭环境的影响最大。

从社会学角度看，家庭教育是人类从自然的人发展为社会的人，实现人类社会化的必由之路。从教育学角度看，家庭教育对于人的德智体美劳等各种素质的形成和发展起着全面的作用，尤其对于人的思想品德及个性的形成和发展，起着"形塑"的决定性作用。

家庭教育基本原则是：①成才教育与成人教育并举的原则；②尊重爱护与严格要求互动的原则；③潜移默化与言传身教同行的原则；④强化教育和因材施教协同的原则。

家庭教育的特点有：①感受的早期性。未成年人的认知、情感、行为培养以及日后的能力形成，从出生那一天甚至更早便在家庭中默默进行着。早期的家庭教育，为子女日后的健康成长奠定初步基础。②潜移默化性。一方面家庭教育注重身教。身教是一种感染力大、说服力强的无声之教。另一方面家庭教育不具有严格的目的性、计划性和系统性。人们只是在一个具有多种内容和功能的综合空间内接受教育、训练和影响，从中受到多方面的熏陶浸染。③亲情的感染性。孩子的生命是父母给予的，孩子赖以生存、生活的物质、精神条件也是父母提供的，孩子的每一步成长都凝结着父母的心血和辛劳，孩子与父母之间有着最紧密的情感关系。这种情感在教育过程中有巨大的感化作用，即使逻辑性、说服力很强的语言也难以比拟。④方法的灵活性。正所谓相机而教，家庭教育一般没有固定的模式和内容，也不受时间、地点、条件的种种限制，可以在娱乐、休闲、走亲访友、家务劳动等一切可能利用的机会中进行。⑤家庭教育的全程性。全程性指家庭对未成年人子女成长发展的全过程施加一定的教育影响。因此，中外的教育理论都将家庭教育视为启蒙或起步教育，而且视为终身教育。⑥连续性。学校教育中，每个老师、每一所学校都有自己的教育特点，在不同的年级之间、各学科之间，也往往不统一。家庭教育则不然，孩子十几年都在父母跟前受教育，前后容易衔接，教法统一。许多家庭还有数代人延续下来的良好家风，对子女的成长和发展很有利。

实施家庭教育的前提条件包括三个方面：①关注未成年人的生理、心理状况和行为习惯。未成年人生长期大致包括以下几个阶段：新生儿期、婴儿期、先童年期、童年早期、童年中期、少年期（童年后期）、青年初期。未成年人具有显著的生理、心理特征和行为习惯。只有掌握了未成年人的特殊性，才能真正做到因材施教。②父母或者其他监护人要有健康的思想、良好的品行。监护人应以身作则，正人先正己，注重言传和身教。③家庭教育要采取适当的方法。虽然家庭教育的方法相对于学校教育更加灵活多样，有相机而教的特点，但仍然有一定的模式可以遵循。父母或其他监护人应当根据未成年人的生理、心理状况和行为习惯找到适合未成年人的家庭教育方法。归纳起来，家庭教育的方法可以包括：环境熏陶法、说服教育法、模仿榜样法、挫折磨炼法、行为训练法、鼓励启示法、表扬奖励法、批评惩罚法、社会实践法等。

关于家庭教育的内容。家庭教育首先是德育。德育是家庭教育中最重要的内容。2004 年《中共中央、国务院关于进一步加强和改进未成年人思想道德建设的若干意见》指出："未成年人思想道德建设的主要任务有：①从增强爱国情感做起，弘扬和培育以爱国主义为核心的伟大民族精神。深入进行中华民族优良传统教育和中国革命传统教育、中国历史特别是近现代史教育，引导广大未成年人认识中华民族的历史和传统，了解近代以来中华民族的深重灾难和中国人民进行的英勇斗争，从小树立民族自尊心、自信心和自豪感。②从确立远大志向做起，树立和培育正确的理想信念。进行中国革命、建设和改革开放的历史教育与国情教育，引导广大未成年人正确认识社会发展规律，正确认识国家的前途和命运，把个人的成长进步同中国特色社会主义伟大事业、祖国的繁荣富强紧密联系在一起，为担负起建设祖国、振兴中华的光荣使命做好准备。③从规范行为习惯做起，培养良好道德品质和文明行为。大力普及"爱国守法、明礼诚信、团结友善、勤俭自强、敬业奉献"的基本道德规范，积极倡导集体主义精神和社会主义人道主义精神，引导广大未成年人牢固树立心中有祖国、心中有集体、心中有他人的意识，懂得为人做事的基本道理，具备文明生活的基本素养，学会处理人与人、人与社会、人与自然等基本关系。④从提高基本素质做起，促进未成年人的全面发展。努力培育未成年人的劳动意识、创造意识、效率意识、环境意识和进取精神、科学精神以及民主法制观念，增强他们的动手能力、自主能力和自我保护能力，引导未成年人保持蓬勃朝气、旺盛活力和昂扬向上的精神状态，激励他们勤奋学习、大胆实践、勇于创造，使他们的思想道德素质、科学文化素质和健康素质得到全面提高。"

其他家庭教育的内容还包括智育、体育、美育和劳动教育。家庭应对未成年人提倡爱祖国、爱人民、爱劳动、爱科学、爱社会主义的公德，反对资本主义的、封建主义的和其他的腐朽思想的侵蚀，把未成年人培养成德智体美劳全面发展的有用之才。

教育基本功能之一是预防。家庭教育要对未成年人不良行为、严重不良行为及其他失当行为进行预防。

预防未成年人犯罪法规定了九种不良行为：①旷课、夜不归宿；②携带管制刀具；③打架斗殴、辱骂他人；④强行向他人索要财物；⑤偷窃、故意毁坏财物；⑥参与赌博或者变相赌博；⑦观看、收听色情、淫秽的音像制品、读物等；⑧进入法律、法规规定未成年人不适宜进入的营业性歌舞厅等场所；⑨其他严重违背社会公德的不良行为。

家庭教育的误区。目前未成年人家庭教育中仍然存在诸多问题，主要有以下几个方面的误区：①孩子是家庭的中心。一切都为了孩子，一切都为了满足孩子的要求。这样教育出的孩子容易缺乏家庭伦理观念。②"不打不成才"。许多家长认为"棍棒底下出孝子"，"不打不成才"。家长教育孩子的态度生硬、言语粗鲁、缺乏感情，甚至挖苦、打骂孩子，损伤孩子的自尊心。由于家长的严厉教育方式，往往造成孩子性格压抑、心理自卑、胆小怕事、缺乏自信。③冷漠。在不少家庭里，孩子犯了错，家长往往采取不理不睬的方式来对待，有的甚至一个星期甚至十几天都不与孩子说话。④"望子成龙"和"望女成凤"。家长为了让孩子以后"出人头地"，强迫孩子学习各种技能，忽视未成年人的年龄和智力水平，一味"拔苗助长"，结果害了孩子。⑤事事包办。独生子女在家庭中的特殊地位，很可能导致部分家长对孩子过分溺爱，事无巨细，包办代替。这样做的结果，不仅不能使孩子受到教益，反而滋长了孩子的依赖心理和惰性心态，把孩子娇惯成缺乏自信甚至骄横自私的人，使家庭教育无法实施。⑥百般袒护犯错的孩子。家长对于孩子的错误总是百般袒护，为孩子开脱。这样培养出的孩子容易缺乏责任感。⑦家长教育孩子的态度不一致，宽严尺度不一，导致父母一方管、一方宠。这种教育方式容易造成孩子是非不清，莫衷一是，同时也会使父母在子女心目中的威信降低。⑧放任自流。这一类家庭把教育孩子的主要责任推给学校，对孩子在校表现不管不问。这些家庭中的孩子，在放学以后无所去处，很容易和社会上一些有不良行为的少年混在一起，从而成为问题少年，甚至走向违法犯罪的道路。

家庭教育的观念应与时俱进，改变陈旧的观念，树立新的观念。家庭教育应当由经验育人向科学育人转变，由片面注重书本知识向注重教孩子怎样正确做人转变，由简单命令向平等沟通转变，发挥家庭教育的优势，克服家庭教育的局限性，使家庭教育真正发挥应有的作用，为提高全民族整体素质打下坚实基础。

第六节　未成年人监护人应当学习家庭教育知识

关于父母或者其他监护人应当学习家庭教育知识

科学研究表明，家庭对孩子的影响程度，尤其是非智力因素的培养，是超过集体教育机构的。也就是说，社会环境相同，学校环境相同，学生年龄相同，由于所受家庭教育不同，其结果就会不同。专家们认为，其原因主要是家长的素质不同，从而造成孩子智力因素与非智力因素的差异。长期以来，我们的社会一直十分重视教师素质的提高，但是，对孩子生活中最重要的人，也是孩子的第一任教师和终身教师——父母，却缺少专门培训，因而在我国的家庭教育中存在许多薄弱环节。

当前，我国许多家庭教育中都存在问题，只有通过加强对家长的教育，帮助他们提高对家庭教育的认识，促使他们掌握家庭教育的基本理论和基础知识，才能从根本上解决这一问题。家长对孩子进行的家庭教育，是一种专门知识，而且这种专门知识又因为社会时尚的变化而不断变化，不断被注入新的内容。要想教育好孩子，关键在于提高家长的自身素质，提高家庭教育的水平。

合格的家长是学习的结果。合格的家长应具备的素质有：①良好的道德修养，事事处处发挥榜样作用。家长首先自己能够做到凡事为孩子作出表率，用榜样和人格的力量教育孩子。②掌握一定的科学文化知识。家长应学习一些生理学、心理学和教育学的有关知识，结合孩子的实际情况加以灵活运用。③科学的教育方式。要爱之有度，要热情耐心，要鼓励帮助，要严格要求。④树立正确的成才观。把孩子培养成什么样的人，是家长必须正确对待的问题。"望子成龙""望女成凤"是每一位家长美好的意愿，但更应关注未成年人的生理、心理状况和行为习惯，以健康的思想、良好的品行和适当的方法教育和影响未成年人，引导未成年人进行有益身心健康的活动。家长应以素质教育的思想培养孩子，即要教孩子会做人、会求知、会做事、会创造、会健体、会劳动。⑤做到家庭教育与学校教育的和谐统一。家庭教育和学校教育是教育孩子的两个不同的教育环境，内容和方式有很大差别，但其最终目的是一致的。家长在进行家庭教育的同时，要及时了解孩子在学校的生活、学习等方面的表现，认真听取老师对孩子各方面的评价，并认真如实地向老师介绍孩子在家庭中的表现，帮助老师全面了解孩子。这样家庭、学校双方及时沟通，有利于做好孩子的教育工作。

未成年人的父母及其他监护人接受家庭教育指导是提高广大家长自身素养和家庭教育水平的重要途径，是父母终身教育的一部分。家庭教育指导工作是社会主义精神文明建设和实施素质教育的重要组成部分。家庭教育指导的主体是有关国家机关和社会组织。家庭教育指导的对象是未成年人的父母及其他监护人。

2004年《中共中央、国务院关于进一步加强和改进未成年人思想道德建设的若干意见》指出，家庭教育在未成年人思想道德建设中具有特殊重要的作用，要重视和发展家庭教育，把家庭教育与学校教育、社会教育紧密结合起来，并明确要求各级妇联组织、教育行政部门和中小学校要切实担负起指导和推进家庭教育的重要责任。

全国妇联、教育部2004年在《关于进一步加强家庭教育工作的意见》中指出了家庭教育工作的主要任务："一是教育和引导家长更新家庭教育观念，树立为国教子、以德育人的思想，改变重智轻德、重知轻能的倾向，重视子女思想品德教育，促进子女全面发展；二是教育和引导家长掌握科学教子知识，实现教育角色和教育方式的转变，从单纯教育者转变为共同学习者，由单向灌输转变为双向互动，增强家庭教育的针对性、科学性和有效性；三是教育和引导家长加强自我约束，重视言传身教，以自身良好的品德修养、行为习惯影响子女，努力建立民主平等和睦的家庭关系，为子女健康成长营造良好的家庭环境；四是教育和引导家长拓展家庭教育空间，支持子女参加社会实践，家庭教育要主动配合学校教育、社会教育，促进'三教'结合，实现家庭教育由封闭型向开放型转变。"

家庭教育指导要以人的发展为本，遵循孩子身心发展的规律、家庭教育规律，满足家长自身的需求和社会发展的要求。家庭教育指导遵循下列原则：①方向性原则。家庭教育指导应与国家的教育方针和全面推进素质教育的目标相一致，有利于培养有理想、有道德、有文化、有纪律的社会主义建设者和接班人。②家长主体原则。指导者应尊重家长，确立为家长服务的观念，调动家长参与的积极性，发挥家长在指导过程中的主体作用。指导者应鼓励家长根据家庭的特点，结合孩子的实际情况，选择家庭教育的内容和方法，提高指导的针对性和实效性。③双向互动原则。家庭教育是家长与孩子互动的过程；家庭教育指导是指导者与家长、指导者与孩子、家长与家长互动的过程，是家长自我教育的过程。要努力创设指导者与家长、家长与家长之间互相学习、家长与孩子双向沟通的环境与条件。④分类分层指导原则。按照家庭教育总体目标，确定不同学龄段孩子家长和不同类型家长的指导内容和要求，形成分类指导、分层递进的指导工作体系。⑤整体性原则。家庭教育指导是一项社会系统工程，要坚持学校、家庭、社会合力实施的整体性；坚持素质教育贯穿人的一生，与创建学习型家庭和推行终身教育相结合；充分利用社区、大众传媒的资源优势，形成全社会重视家庭教育的整体氛围。

推进家庭教育指导的重点工作是大力发展家长学校。《中国妇女发展纲要（2001—2010 年）》指出："要提高家庭教育水平，建立多元化的家长学校办学体制，增加各种家长学校的数量。提高儿童家长家庭教育知识的知晓率。"开办家长学校的目的是把家庭教育的科学知识和方法传授给家长。其主要任务有：向家长宣传党和政府的有关教育工作的政策和方针；传授教育孩子的科学知识和一般教育理论；交流探讨教育子女的经验和方法；帮助家长了解学校的教育情况和教育意图；认识教育子女是公民应尽的义务和责任；为子女树立良好的榜样，等等。目前，全国已有各种家长学校，已初步形成了覆盖全国的家庭教育网络。

第七节　家庭教育也要尊重未成年人

　　青少年的健康成长，需要家庭、学校和全社会的共同关注，其中家庭教育尤其重要。家庭是对青少年教育的第一课堂，家长是培育青少年成长的第一责任人。

　　随着全面建设小康社会的开始，随着以人为本的"人本社会"的到来，家庭教育进入了一个新的发展时期。面对新形势，负有重要责任的家长，要及时转变观念，加强自我教育，掌握孩子的心态变化，不断提高应变能力，才能取得预期的效果。

　　现提出几点提示和建议，供家长更新观念，施教时参照。

　　1. 家庭教育，首先是自我教育

　　好父母都是学出来的。没有天生的成功父母，也没有不需要学习的父母，成功的父母都是不断学习提高的结果。经验表明，自我教育是父母影响孩子的最有力的方法。家长要与时俱进，主动加入社区家长学校接受培训，并积极与学校教师沟通联系，取得共识，与孩子一同成长。孩子进入新学年，父母都要提前学习相关的知识，知识准备得越早越好，越充分效果越好。

　　2. 好孩子都是教出来的，一个好的学习环境是重要前提

　　我们接触过众多优秀的父母，其共同点就是在教育孩子上费尽心思。"孟母三迁"的故事众所周知。为了能有一个好的学习环境，孟子的母亲可谓用尽心思，所以才能成就这么一位圣人。奉劝家长们在孩子学习时，不要吸烟、搓麻将、大声喧闹或大声播放电视节目，以减少对孩子学习的干扰，要肯下功夫为孩子营造出一个好的学习环境。

3. 培养孩子养成好习惯，要靠家长自身检点、言传身教

孩子身上的多数习惯，无论是好习惯还是坏习惯，通常是父母有意无意培养出来的。父母要意识到"潜教育"是比"显教育"威力大得多的本质教育。孩子的问题往往是父母问题的折射，父母常常是孩子问题的最大制造者，同时，也是孩子改正错误与缺点的最大障碍。要知道，没有不想学好的孩子，只有不能学好的孩子；没有教育不好的孩子，只有不会教育的父母。父母对自己一举一动的检点，是首要的和最基本的教育方法。

4. 好成绩是帮出来的

应试教育与素质教育并不矛盾，没有应试能力的素质教育不是真正的教育。帮助孩子适应应试教育也是做父母的一份应尽的义务，而帮助孩子减负的最好方法就是做父母的能够成为孩子的导师。

5. "沟通"是家长与孩子和谐进步的一扇门

沟通，对于家庭，对于社会，对于任何一种场合都非常重要。沟通需要有共同的基础。

当孩子进入初中、高中，家长们会普遍产生与孩子难以沟通的困惑。只要父母放低姿态，虚心倾听孩子的心声，沟通也不是难事。良好的沟通源于自觉遵循"三条原则"：一是倾听，就是平等对待，尊重孩子，让孩子把话说出来，并且听懂他们话里的真实意思；二是理解，就是站在孩子的角度换位思考，他们的很多诉求未尝没有道理；三是建议，懂道理的孩子并不一定能采取正确的行动，父母应该给予建议。

6. "品德"是孩子成长的坚强支柱

智力不是最重要的，比智力重要的是意志，比意志重要的是胸怀，比胸怀重要的是一个人的品德。品德教育正是一个人成长中最重要的教育。意志、胸怀、品德等这些最重要的因素，不是通过父母的传教等"显教育"就能产生效果的，而是通过父母的行为即"潜教育"融进孩子的血肉里的。让孩子养成博大襟怀的最好方式，除了父母能做好的表率外，就是让孩子多读名著，多读伟人的传记，鼓励他们多实践，从小学会站在巨人的肩膀上看待社会和自己，多从英雄人物的艰苦沧桑、英勇牺牲的壮烈事迹中，学会吃苦磨炼，坚定意志，立志成才。

第八节　禁止父母损害未成年人的合法权益

一、禁止给未成年人包办婚姻

1. 有关结婚的法律效力

婚姻，是男女双方以永久共同生活为目的，以夫妻的权利义务为内容的合法结合。结婚是一种法律行为，必须符合法律规定的结婚条件。结婚条件包括结婚的实质要件和形式要件，凡欠缺结婚要件的男女结合，都不具有婚姻的法律效力。

2. 禁止未成年人结婚

父母或者其他监护人允许或者迫使未成年人结婚不但违反了结婚的实质要件中的婚姻自由原则和法定婚龄的要求，也不符合结婚的形式要件的要求，属于无效婚姻。

未成年人早婚有以下几种形式：

包办婚姻。是指父母或者其他监护人违反婚姻自由原则，强制、干涉他人婚姻的行为。其特征是父母或者其他监护人侵犯了当事人的婚姻自主权。包办婚姻是封建主义婚姻制度的产物。婚姻须从父母之命，这是由封建的族权和父权思想所决定的。在现实社会生活中，有少数家长受封建余毒的影响较深，不顾儿女反对，仍包办婚事。包办婚姻的具体方式主要有以下几种：①指腹婚。是指男女双方父母在母亲怀孕时互为腹中胎儿定亲，相约如生下一男一女，须按约定结为夫妻的形式。也就是说，当儿女尚在母亲腹中时，父母就已为他们订下了婚事。②童养媳。是指父母为自己年幼的儿子娶回媳妇，待子成年以后，再完婚的形式。③娃娃亲。是指父母为年幼的子女订下婚事，待子女成年后再完婚的形式。

买卖婚姻。是指第三者（包括父母在内）以索取大量财物为目的，强制干涉他人婚姻的行为。男女结婚应以感情为基础，但买卖婚姻则将婚姻罩上了浓厚的金钱色彩，以交付财物作为婚姻关系产生的前提条件，与婚姻的本质相悖。例如有些偏远的农村家庭"以女聘钱"，解决家庭困难。

"早恋失控"的早婚早育。未成年人缺乏相关教育，过早谈恋爱，有的失去理性控制而发生性关系，甚至导致女性未成年人怀孕。在这种情况下，双方家长为了保持"体面"，维护子女"名誉"，而迫不及待地同意未成年子女结婚。

近年来，在一些地方尤其是少数民族和贫困地区，早婚现象又开始重新抬头。越来越多的未成年人加入到早婚行列，订婚年龄逐渐下降，且相当一部分是尚在读书的初高中生。而从订婚到结婚，短则半年，长不过两三年。联合国儿童基金会 2006 年发布的《世界儿童状况》报告指出，十八周岁以下的男女结婚生子被称为"童婚或早婚"。全球未成年女子生育现象普遍，在中国，未成年母亲的数量占全世界的 1%。

3. 未成年人结婚或订婚的弊端

父母或者其他监护人允许或者迫使未成年人结婚会造成如下弊端：①不利于未成年人身心健康成长。未成年人正处在生理和心理发育的重要阶段。未成年人早婚会使未成年人过多考虑两性问题，破坏整个身心发育平衡。②影响未成年人的正常学习。未成年人早婚会分散未成年人的精力，使学习成绩下降。有的未成年人因此过早地中断学业，丧失了继续接受教育的机会。③给生活造成混乱。早婚未成年人一般缺乏家庭责任感，不会关心对方，不会料理家务。突如其来地要他们承担家庭重任，会给他们造成巨大的心理压力，不利于未成年人成长。④导致早育。未成年人早育现象将严重影响少女的身体健康。据有关资料表明，早育会增加产期母婴的死亡率。青春期怀孕，孕妇易患高血压、心脏病、风湿热等多种并发症；同时，在分娩时又易出现软产道裂伤、产后出血、胎盘早剥等产时并发症，造成母婴死亡率增高。未成年人父母本身身心还发育不健全，有了子女后，更谈不上知道如何教育和抚养子女。⑤家庭不稳定。家庭稳定需要双方心智的成熟和一定物质条件的保障。未成年人缺乏对婚姻生活的心理准备，也没有谋生的手段和固定的经济来源，因此家庭关系脆弱，容易导致家庭破裂。

总之，父母或其他监护人不应强行送未成年人走进婚姻的"牢笼"，承载起与他们的年龄不相匹配的家庭生活和生儿育女的重担，使他们丧失了童年，泯灭了童心。因此，父母或其他监护人不应让未成年人结婚或订婚。

二、对未成年人的保护是法定的职责，不得以任何借口放弃

20 世纪 80 年代中期农民工进城务工潮兴起。目前，我国已有将近一亿五千万的农民在外务工，打工者数量还在以每年五百万人的速度递增。就此产生了一大批父母不在身边的留守儿童。留守儿童是指父母双方或一方流动到其他地区，孩子留在户籍所在地并因此不能和父母双方共同生活在一起的儿童。从实质上看，留守儿童问题是我国城乡之间、个人与社会之间不协调发展的一种重要表征，是"三农"问题的另一种现象。我国人口流动的主要流向是由乡村到城市。与此相对应，留守儿童也主要分布在农村地区。留守儿童家庭主要包括以下类型：①父母一方外出，另一方与孩子一起留守的家庭；②父母双方均外出，孩子与祖父母（外祖父母）在一起生活的家庭；③父母双方均外出，孩子与其他亲属在一起的家庭；④父母双方均外出，孩子单独留守的家庭。其中以单亲监护为主，其次是隔代监护。

留守儿童出现的问题，很大程度上与缺乏父母的情感支持有关。由于家

长和孩子长期分离，导致亲情缺失、监护不力，留守儿童在生存发展中面临六个方面的突出问题：①留守儿童生活问题。由于没有父母很好的生活照顾，部分留守儿童营养严重不足，身体健康受到很大损害。②留守儿童教育问题。父母在外打工，一些留守儿童农活、家务活增多，学习成绩下降，有些还由于厌学等原因逃学辍学。③留守儿童心理问题。由于亲情缺失，儿童缺少情感和心理关怀，缺少倾诉和寻求帮助的对象，与外界不愿意接触或接触太少，一些留守儿童表现出内心封闭、情感冷漠、行为孤僻等个性特征。一部分留守儿童会出现退缩的情绪，没有足够的自信，这些儿童与同龄人相比在身心发育上表现出滞后状态。另外，还有一些留守儿童，因监护人监护力度不足，常常会有失控倾向，严重的会发展成为"问题少年"。④留守儿童道德行为问题。由于家庭教育的缺失，缺乏道德约束，一些留守儿童没有养成良好的生活习惯和道德品行，出现行为偏差，留守儿童违法违纪案件呈现上升趋势。⑤留守儿童安全问题。部分留守儿童因父母不在身边，经常受到同学、邻居的欺负。由于大多数主要劳动力外出，一些不法分子往往趁机对"留守儿童"家庭实施不法侵害。包括入室盗窃时打伤留守儿童，对留守女童进行猥亵、骗诱、强奸，企图拐卖"留守男童"等。由于缺乏有效监督和教育，留守儿童对突发性事件几乎没有应变和自救的能力。⑥离家出走。留守儿童缺少家庭观念，再加上城市生活的诱惑，他们中的一些人容易选择离家出走的危险方式。

留守儿童问题已经成为大家普遍关注的社会问题，必须找到妥善方法解决这一问题。委托监护是解决这一问题的主要途径。

委托监护是一项民法制度。委托监护是指监护人委托他人代行监护的职责。委托监护具有如下特征：①委托监护是一种双方的民事法律行为，须有监护人委托与被委托人接受委托的意思表示一致才能成立。监护权转移应该有监护人与受托人口头的或者书面的协议，双方意思表示一致才能发生法律效力，同时，口头协议还应有第三人证明。②被委托人应为有监护能力的成年人。成年人是指十八周岁以上具有完全民事行为能力的人。监护能力是指实际具有对未成年人履行监督保护职责的能力。最高人民法院《关于贯彻执行〈中华人民共和国民法通则〉若干问题的意见（试行）》（1988年）概括地对监护能力进行了说明，"认定监护人的监护能力，应当根据监护人的身体健康状况、经济条件，以及与被监护人在生活上的联系状况等原因确定。"③可以将监护职责部分或者全部委托给他人，要视双方约定的内容而定。④监护人承担责任。由于一般来说未成年人是无民事行为能力人和限制民事行为能力人，其不是责任承担的主体。原则上，因被监护人的侵权行为需要承担民事责任的，应当由监护人承担。⑤受托人确有过错的，负连带责任。如果受托人确有过错，被侵权人可以要求监护人和受托人双方或者任何一方承担民事责任，这种请求权及于民事责任的全部。当事人之间的约定原则上不能对第三人发生效力。在监护人或受托人承担了民事责任后，监护人和受托人存在如下内部关系：监护人对被侵权人承担了全部责任的，可以要求受托人在其过错范围内予以补偿；受托人承担了全部责任的，可以要求监护人在受托人过错范围以外予以补偿。⑥监护权转移不消灭监护人资格，不是监护人资格的转移。如果允许监护人通过委托的形式变更监护人，不仅使法律规定的监护设立方式失去了意义，更主要的是动摇了监护人确定的基础——本人的信赖。所以，委托监护不具有变更监护人的作用。监护人与受托人不同。受托人因监护人的委托而代行监护的职责，其本身并不一定在法律规定的监护人范围之内。